Walter Dubislav · Die Definition

WALTER DUBISLAV

Die Definition

Vierte Auflage

Mit einer Einführung von
Wilhelm K. Essler

FELIX MEINER VERLAG
HAMBURG

Vierte Auflage. Unveränderter Nachdruck der dritten völlig umgearbeiteten und erweiterten Auflage von 1931 mit einer Einführung von Wilhelm K. Essler.

CIP-Kurztitelaufnahme der Deutschen Bibliothek

Dubislav, Walter:
Die Definition / Walter Dubislav. — 4. Aufl., unveränd. Nachdr. d. 3., völlig umgearb. u. erw. Aufl. von 1931 / mit e. Einf. von Wilhelm K. Essler. — Hamburg: Meiner, 1981.
ISBN 3-7873-0513-0

© Felix Meiner Verlag GmbH, Hamburg 1981
Alle Rechte, auch die des auszugsweisen Nachdrucks, der fotomechanischen Wiedergabe und der Übersetzung vorbehalten. Dies betrifft auch die Vervielfältigung und Übertragung einzelner Textabschnitte durch alle Verfahren wie Speicherung und Übertragung auf Papier, Filme, Bänder, Platten und andere Medien, soweit es nicht §§ 53 und 54 URG ausdrücklich gestatten. — Neusatz: münchner fotoprint, München. Druck: Proff GmbH & Co KG, Bad Honnef. Buchbinderische Verarbeitung: Kränkel, Heppenheim. Printed in Germany.

Inhaltsverzeichnis

Einführung. Von Wilhelm Essler IX

WALTER DUBISLAV · DIE DEFINITION

Einleitung I
    1 Kurze Charakterisierung der Untersuchungen

Erster Hauptabschnitt
Auf Klärung der Probleme gerichtete Übersicht über die wichtigsten Lehren von der Definition
    2 Aufzählung der wichtigsten Lehren von der Definition 2

Erstes Kapitel: Die Definition als Wesensbestimmung 2
    3 Die Definition nach Aristoteles eine Wesensbestimmung 2 **4** Die Interpretation von Ueberweg 3 **5** Die Interpretation von Bolzano 4 **6** Die charakteristischen Beschaffenheiten einer Definition nach Aristoteles 5 **7** Real- und Nominaldefinitionen 6

Zweites Kapitel: Die Definition als Begriffsbestimmung 7
    8 Die methodologischen Grundlagen der Kant-Friesschen Definitionslehre 7 **9** Die Begriffskonstruktionen und die Begriffszergliederungen, deren Beschaffenheiten und Anwendungsgebiete 11 **10** Noch einmal Real- und Nominaldefinitionen 17

Drittes Kapitel: Die Definition als Feststellung der Bedeutung, die ein Zeichen besitzt, bzw. der Verwendung, die es findet 17
    11 Vermengung von Real- und Nominaldefinitionen 17 **12** Definitionen in der Jurisprudenz 18 **13** Die Verbalmethode der Erschleichungen 19

Viertes Kapitel: Die Definition als Festsetzung über die Bedeutung eines neu einzuführenden Zeichens bzw. über die Verwendung, die es finden soll 20

14 Die Pascalsche Definitionslehre 20 **15** Die Leibnizsche Definitionslehre 23 **16** Die Definitionslehre innerhalb der neueren, nicht an der Mathematik orientierten Logik 25 **17** Ausblick auf die Definitionslehre innerhalb der an der Mathematik orientierten Logik 27

Zweiter Hauptabschnitt
Die Lehre von der Definition

Erstes Kapitel: Die Lehre von der Definition im engeren Sinne 28

I. *Einleitende Bemerkungen* 28

18 Die Definitionen als Substitutionsregeln über Zeichen 28 **19** Die Definitionen als Koppelungen von Zeichen mit zu erforschenden Objekten 29

II. *Die Definitionen als Substitutionsregeln über Zeichen* 30

   A. Die Fregesche Theorie 30

      a) Allgemeine Charakterisierung der Definitionen 30

      20 Über Zeichen 30 **21** Die Hauptbeschaffenheiten einer Definition 32

      b) Die Definitionsregeln 33

      22 Das Peanosche Beispiel und die Peanoschen Regeln 33 **23** Konstante und Variable 35 **24** Diskussion der Peanoschen Regeln 37 **25** Die beiden Hauptregeln 38

      c) Die Definitionsarten 39

      26 Die Definitionen vollständiger Zeichen oder die expliziten Definitionen 39 **27** Die Gebrauchsdefinitionen oder die impliziten Definitionen erster Art 39 **28** Die Definitionen durch Postulate oder die impliziten Definitionen zweiter Art 42 **29** Die beiden Interpretationen der Definitionen durch Postulate 42 **30** Die Definitionen durch Abstraktion und ihre Verallgemeinerungen 45 **31** Die sogenannten schöpferischen Definitionen 57 **32** Die Definitionen durch Induktion 60

      d) Über Grundzeichen 61

      33 Die Pascalsche These 61 **34** Beispiele 62 **35** Die Bolzanosche Vermutung 64

      e) Axiome und Definitionen 64

      36 Definitionen und Prämissen 64 **37** Diskussion eines Beispieles und Verallgemeinerung der Resultate 65 **38** Das Verfahren Spinozas 66 **39** Zusammenfassung 67

   B. Die formalistische oder Spieltheorie 68

      40 Von den Mängeln der Fregeschen Theorie und vom Ursprung der formalistischen 68 **41** Die Formalisierung einer Disziplin 69 **42** Die sich aus der Formalisierung einer Disziplin für die in ihr enthaltenen Definitionen ergebenden Resultate 71 **43** Der Aufbau des Logikkalküls 72 **44** Die Definitionen im Logikkalkül 77 **45** Die rein kalkülmäßige Charakterisierung der Definitionen 80 **46** Die nicht-prädikativen Definitionen und die Paradoxien 86 **47** Die unverzweigte Hierarchie der Typen 91 **48** Der Behmannsche Lösungsversuch und seine Widerlegung 94

III. *Die Definitionen als Zuordnungen von Zeichen zu Objekten* 96
    A. Die Strukturtheorie 96
        49 Über die Prüfung der Wahrheit bzw. Falschheit von Behauptungen 96 **50** Diskussion zweier Beispiele nebst Folgerungen 99 **51** Die Hertzsche These und ihre Präzisierung 102 **52** Die Einbeziehung statistischer Überlegungen 104

    B. Die Deutungsvorschrift eines Kalküls als Definition im Sinne einer Koppelung von Zeichen und Objekten 106
        53 Die logische Willkür einer Definition im Sinne einer Deutungsvorschrift eines Kalküls 106 **54** Die Beschaffenheiten einer derartigen Deutungsvorschrift 107 **55** Diskussion eines Beispiels 107 **56** Vom Messen 110 **57** Die Definitionen im Sinne von Substitutionsvorschriften über Zeichen und im Sinne von Deutungsvorschriften von Kalkülen 112

Zweites Kapitel: Die Begriffsbestimmung 113
    58 Was ist ein Begriff? 113 **59** Das Kriterium für Aussagen im Unterschiede zu sinnlosen Sätzen im Hinblick auf Begriffskonstruktionen 117 **60** Der Zusammenhang zwischen den drei behandelten Begriffstheorien 117 **61** Die Begriffskonstruktionen 118 **62** Über die mit den Begriffskonstruktionen verknüpfte Einteilung der Urteile in analytische und synthetische 119 **63** Umfang und Inhalt von Begriffen 120 **64** Die ontologischen Pseudokonstruktionen 122 **65** Das ontologische Argument und seine Widerlegung 124 **66** Von den Chimären 128 **67** Die Begriffszergliederungen 129 **68** Die konventionellen Definitionsregeln 130

Drittes Kapitel: Die Zeichenerklärung 131
    69 Was ist eine Zeichenerklärung? 131 **70** Einige Regeln 132

Viertes Kapitel: Die Sacherklärung 132
    71 Vom sogenannten Wesen der Objekte 132 **72** Die Bolzanosche These 133 **73** Das einschlägige Resultat der Strukturtheorie 137 **74** Vom Gegebenen 135 **75** Weitere Resultate auf Grund der Strukturtheorie 136 **76** Betrachtung zweier isomorpher Kalküle im Hinblick auf die gefundenen Ergebnisse 138 **77** Beschreibungen und Erklärungen 142 **78** Vom sogenannten „Verstehen" 144 **79** Die Leistung der Sacherklärung 146

Zusammenfassung 148

Literaturverzeichnis 149

Alphabetisches Namen- und Sachverzeichnis 158

Einführung

I

Die Vorsokratiker haben, den uns zugänglichen Überlieferungen nach, Theorien über die Dinge und über deren allgemeine Strukturen entwickelt, sie haben etwa postuliert, daß alles aus Feuer oder daß alles aus Wasser entsteht, oder sie haben behauptet, daß das Sein keine Bewegung kennt und daß das Sein eins ist. Sie haben dabei Theorien formuliert, die durchweg objektbezogen waren, die also nur Aussagen über Gegenstände bzw. über Personen machten, die jedoch keine Urteile über Aussagen eben dieser Art enthielten. Letzteres finden wir — und dies bereits sehr ausgeprägt — in den Platonischen Schriften überliefert, und es darf angenommen werden, daß Platon — wie übrigens auch Xenophon — in dieser Hinsicht das Philosophieren des Sokrates getreu dargestellt haben.

Platon postuliert nicht mehr eine Meinung, eine Theorie, die alles zu erklären beansprucht und die sich um konkurrierende Theorien nicht kümmert, sondern untersucht in seinen Dialogen den Wahrheitsanspruch solcher Theorien und macht diese somit zum Gegenstand seiner Untersuchungen. Es wird bei ihm bzw. bei seinem Vorgänger also erstmals — und für die Geschichte der westlichen Philosophie mit dauerhaftem Erfolg — die Philosophie als eine *Meta*disziplin entworfen, und es werden dazu, ohne dies seinerseits zu reflektieren, die für die philosophische Arbeit entscheidenden Methoden benützt, nämlich das *Argumentieren* als eine Methode des Schließens von vorausgesetzten Behauptungen auf andere Urteile, und das *Analysieren* als eine Methode der Bestimmung eines Begriffs in seiner Relation zu anderen Begriffen. Die *Urteile*, die den Gegenstand des *Argumentierens* ausmachen, sind dabei aus Begriffen zusammengesetzt, die man durch *Analysen* zu bestimmen hat.

Um durch Argumente belegen zu können, daß die Vorstellungen anderer Denker falsch sind, und um eigene Vorstellungen begründen zu können, wird in Platons Dialogen somit um jene Begriffe gerungen, die für seine Philosophie zentral sind und von deren Festlegung abhängt, wie die zu rechtfertigende philosophische Theorie auszusehen hat. So analysiert und diskutiert er die damals gängigen und zum Teil auch heute noch naheliegenden Bestimmungen von Ausdrücken wie „Tugend", „Gerechtigkeit", „Schönheit", „Gestalt", „Kleidung" und „Mensch". Derartige Festlegungen, ob sie nun von ihm akzeptiert oder im Verlauf der Analyse verworfen werden, sind dabei immer Aussagen der Art „Das Schöne ist das Brauchbare, insofern es etwas Gutes zu verrichten vermag", „Das Schöne ist das, was uns durch Gehör oder durch Gesicht Vergnügen bereitet", oder auch „Kleidung sind die durch sich selbst verbundenen gefertigten Anzüge"; sie haben also die Form „Die Eigenschaft F ist das, was..." bzw. „Die Dinge der Art F sind jene, welche...".

Über die *Methode des Philosophierens*, so wie diese bei Platon benützt worden ist, hat erstmals Aristoteles *reflektiert*. Bekannt ist seine Syllogistik als eine Theorie des logischen Schließens, von der Kant gesagt hat, sie sei von Aristoteles so vollständig entwickelt worden, daß sie danach keinen Schritt habe vor oder zurück tun können. Über dessen Definitionslehre hat er sich nicht geäußert, obwohl die traditionelle Logik seit dem ausgehenden Mittelalter stets mit einer Lehre vom Begriff, also mit einer Definitionslehre, begonnen wurde. Obwohl fast alle Werke Kants von Begriffsbestimmungen und den sich daraus ergebenden Konsequenzen ihren Inhalt beziehen, hat er sich über die Frage, wie Begriffsbestimmungen korrekt vorzunehmen sind, keine Gedanken gemacht; die Definitionslehre ist sein Stiefkind gewesen.

Sie ist auch nach ihm ein Stiefkind der Philosophie geblieben, und Dubislavs Buch über die Definitionen ist das erste Werk gewesen, das sich — und dann vom Standpunkt der modernen Form der Logik aus — ausschließlich mit Fragen der Bestimmung und der Einführung von Begriffen befaßt hat; und es ist für Jahrzehnte das einzige dieser Art geblieben. Ein Stiefkind der Philosophie ist die Definitionslehre aber auch heute noch: Auch wenn man keine exakte Statistik zur Hand hat, darf man mit Fug und Recht behaupten, daß die Anzahl der Bücher, deren Gegenstand in erster Linie die Theorie der Begriffsbildung ist, erheblich weniger als ein Zehntel der Anzahl jener Bücher ausmacht, die von den Gesetzen und Schlüssen der Logik handeln. Allein die Tatsache also, daß es an Darstellungen zur Definitionslehre mangelt, würde somit ausreichen, die Neuauflage von Dubislavs Werk zu rechtfertigen.

Wer dieses Werk auch nur flüchtig durchblättert, stellt aber sehr rasch fest, daß es auch Argumente für dessen Neuauflage gibt, die weniger marktorientiert und dafür von handfester philosophisch-inhaltlicher Art sind.

Vom philosophie-historischen Gesichtspunkt aus ist Dubislavs Werk eine Fundgrube für alle, die sich mit der Entwicklung des Begriffs „Begriff" befassen. Dubislav hat darin das Augenmerk auf die Art der Begriffsbestimmung gelegt, wie man sie bei Kant vorgezeichnet finden kann und wie sie später insbesondere in der Friesschen Schule ausgearbeitet und entwickelt worden ist; Hinweise auf die Begriffslehre des Deutschen Idealismus fehlen allerdings fast völlig, und vom Standpunkt der Definitionslehre aus zu Recht: denn obwohl diese philosophische Richtung viel über Begriffe gesagt hat, ist eine *konkrete* Theorie der Begriffe weder bei den Philosophen jener Philosophieepoche noch bei ihren Nachfolgern oder bei ihren gegenwärtigen Interpreten in Sicht.

Vom systematischen Gesichtspunkt aus enthält Dubislavs Buch des weiteren alle Elemente dessen, was eine mit den Mitteln der gegenwärtigen Logik operierende Definitionslehre für den an der theoretischen Durchdringung wie auch für den an der praktischen Anwendung interessierten Leser bieten muß: Die Explikation des Begriffs der Definition wie auch die Lehre von der expliziten oder vollständigen Definition von Begriffen ist das ständig und in den verschiedensten Variationen wiederholte Hauptthema; man findet darüber hinaus etwa auf S. 28 formale Bestimmungen über die Variablen im Definiendum (das den zu definierenden Ausdruck enthält), die insbesondere betonen, daß darin alle Variablen des Definiens vorzukommen haben (das besagt, wie der zu definierende Ausdruck zu verstehen ist); man findet des weiteren auf S. 34 f. Regeln für Explizit-Definitionen und auf S. 38 die wichtigen Kriterien der Eliminierbarkeit und der Nichtkreativität, von denen später noch die Rede sein wird. Daß insbesondere auf S. 54, aber nicht nur an dieser Stelle, auch andere Formen des Definierens erörtert werden, wie etwa die Gebrauchsdefinition, die Kontextdefinition und die Definition unvollständiger Symbole, sei hier nur am Rande erwähnt.

Daß die Aufgabe dieser Einführung nicht nur in der Aufzählung der Verdienste des Dubislavschen Werkes bestehen kann, liegt auf der Hand. Fünfzig Jahre sind vergangen, seitdem es in dritter Auflage erschienen ist, und in diesen fünfzig Jahren ist das eine oder andere Problem der Definitionslehre ausfindig gemacht und gelöst worden, sei es in mehr formaler Hinsicht, daß man etwa den Begriff der Definition jetzt selbst definitionsmäßig erfassen kann, oder sei es in mehr inhaltlicher Hinsicht, daß neue Bereiche einer Definitionslehre erschlossen worden sind, insbesondere die Lehre von den partiellen Definitionen und die Lehre von der Definierbarkeit von Begriffen[1]. Ich widerspreche mir nicht, wenn ich einerseits darauf bestehe, daß Dubislavs Werk insbesondere für

---

[1] Genannt seien hier nur die Arbeiten von R. Robinson, „Definition", Oxford 1950; D.P. Gorski, „Über die Arten der Definition und ihre Bedeutung in den Wiss. Stud. zur Logik der wiss. Erkenntnis", Moskau 1964 (dt. 1967); W. Stegmüller, „Probleme und Resultate der Wissenschaftstheorie und analytischen Philosophie I – Wissenschaftliche Erklärung und Begründung", Berlin 1969; W.K. Essler, „Wissenschaftstheorie I – Definition und Reduktion", Freiburg 1970; E. v. Savigny, „Grundkurs im wissenschaftlichen Definieren", München 1970.

den an der Anwendung interessierten Philosophen und Einzelwissenschaftler nach wie vor aktuell ist, und wenn ich im folgenden andeuten möchte, wie man die von ihm beschriebenen Ergebnisse heute formuliert und was in den letzten fünfzig Jahren an neuen Ergebnissen erzielt worden ist. Vielleicht werden die folgenden Aussagen dem Leser etwas abstrakt erscheinen, abstrakter jedenfalls als Dubislavs Ausführungen selbst; er möge das dann als Beleg dafür nehmen, daß Dubislav alle wichtigen Problemstellungen der Definitionslehre anschaulich und an Beispielen entwickelt, während gegenwärtig der Zug zum Abstrahieren und zum formalen Darstellen vorherrscht. Wer das eine tun und das andere nicht lassen will, wird mit diesen formalen Ergänzungen, die Dubislav selber ohne Zweifel viel besser in sein Werk hätte einbringen können, eine für praktische wie für theoretische Zwecke optimale Darstellung dieser philosophischen Disziplin zur Hand haben.

II

Wer in einer vorgegebenen wissenschaftlichen Theorie oder auch in der Theorie, die unser Alltagswissen ausmacht, durch eine *Definition* einen neuen Begriff einführt, mag dabei von allerhand Motiven geleitet worden sein; für die *Definitionslehre* ist dabei nur von Interesse, ob er mit dieser Definition der Theorie nur ein *begriffliches* oder *analytisches* Wissen hinzufügt, das, *für sich allein* genommen, keine neuen *faktischen* Erkenntnisse nach sich zieht, oder aber ob gerade dies der Fall ist, ob also *keine Definition*, sondern ein *synthetisches Urteil* und damit ein *Axiom* vorliegt. Die beiden im folgenden skizzierten Kriterien der Eliminierbarkeit und der Nichtkreativität, die Dubislav bereits klar gesehen hat (vgl. S. 38), sind geeignete Instrumente dafür, die Urteile einer vorgegebenen Theorie M daraufhin zu unterscheiden, ob sie in dieser Theorie analytisch und also Definitionen oder aber ob sie in ihr synthetisch und damit Postulate sind. Analytisch ist ein Urteil A einer Theorie M zweifellos dann, wenn dieses A selbst anzeigt, wie man einen Begriff von M vermeiden und in anderen Urteilen das gleiche aussagen kann wie in Sätzen, die ihn benützen, wie man also unter Beibehaltung eines Inhalts einen Begriff aus Sätzen *eliminieren* kann. Denn Definitionen sollen sich von Postulaten ja gerdae dadurch unterscheiden, daß die durch sie eingeführten Begriffe zwar vielleicht von großer praktischer Relevanz sind, daß man sie jedoch zumindest in theoretischer Hinsicht entbehren kann. Eine Definition A impliziert also, daß ein jeder Satz B der Theorie M, der den definierten Begriff enthält, aufgrund von A einer Aussage C gleichwertig ist, in der dieser Begriff nicht mehr vorkommt, sondern nur noch andere Begriffe des Vokabulars N der Theorie M. Formal kann dieser Begriff der Eliminierbarkeit durch die folgende (metasprachliche) partielle Definition so dargestellt werden:

„Es sei A ein Satz, S ein Ausdruck und N das Vokabular einer Theorie; dann gilt:

durch A ist S in N generell eliminierbar genau dann, wenn

es zu jedem beliebigen Satz B, der aus Ausdrücken des Vokabulars N gebildet ist und in dem S vorkommt, einen Satz C aus dem Vokabular N gibt, in dem S nicht mehr vorkommt, so daß aus A logisch $B \leftrightarrow C$ folgt"

Definitionen sollen die über die logischen Wahrheiten hinausgehenden *analytischen* Urteile einer Theorie M festlegen. Sie sollen also insbesondere *keine neuen inhaltlichen Zusammenhänge* dieser Theorie schaffen, d. h. sie sollen *nicht synthetisch* sein. Ein solcher Inhalt wird aber geschaffen, wenn sich folgendes herausstellt: Fügt man einer Theorie M eine Definition A hinzu, so werden Sätze der *früheren* Theorie, die diese Definition A noch *nicht* enthält und deren Sätze diesen definierten Begriff somit noch *nicht* enthalten, beweisbar, obwohl sie *zuvor* in ihr *nicht* beweisbar gewesen sind; liegt dies vor, so ist das Urteil, das der Theorie hinzugefügt worden ist, *kreativ* und ist *in ihr* somit ein *Postulat*. Von einer Definition ist daher zu fordern, daß sie nichtkreativ ist, und dieser Begriff der Nichtkreativität ist dabei wie folgt partiell zu definieren:

„Es sei A ein Satz, S ein Ausdruck und N das Vokabular einer Theorie; dann gilt:

A ist bezüglich S in N nichtkreativ genau dann, wenn

für beliebige Sätze B und C, die an außerlogischen Ausdrücken nur die aus N und jedenfalls nicht S enthalten, gilt, daß C schon dann aus B logisch folgt, wenn C aus $B \wedge A$ logisch folgt (daß also, falls C nicht aus B folgt, C auch nicht aus $B \wedge A$ folgt)"

Diese beiden Kriterien grenzen nicht nur die *Definitionen* von den *Postulaten* ab, sondern auch von den *durch die Logik determinierten Sätzen*, d. h. von den logisch wahren sowie von den logisch falschen Urteilen. Es gilt nämlich[2]:

(1) „Wird ein Satz A einer Theorie M hinzugefügt, durch den ein Ausdruck im Vokabular dieser Theorie generell eliminierbar ist, so folgt A nicht logisch aus den Sätzen von M"

(2) „Wird ein Satz A einer Theorie M hinzugefügt, der hinsichtlich eines Ausdrucks im Vokabular dieser Theorie nichtkreativ ist, so widerspricht er nicht logisch M"

---

[2] Vgl. W. K. Essler, „Wissenschaftstheorie I – Definition und Reduktion", Verlag Karl Alber, Freiburg–München, ²1981, Kap. II.

III

Diese beiden *Adäquatheitskriterien* für Definitionen, nämlich das der *Eliminierbarkeit* und das der *Nichtkreativität*, bestimmen nicht nur einerseits den formalen Unterschied von Definitionen und logisch determinierten (d. h. logisch wahren oder aber logisch falschen) Sätzen, sondern sie legen auch im Detail fest, wie die Regeln zur Definition von Ausdrücken auszusehen haben. Sie tun dies, da für die verschiedenen Typen von Begriffen folgendes gilt[3]:

„Es sei A ein Satz, S ein Ausdruck und N das Vokabular einer Theorie; dann gilt:
Durch A ist S in N generell eliminierbar und A ist bezüglich S in N nichtkreativ genau dann, wenn
S durch A in N definiert wird"

Was eine Definition eines n-stelligen Relationsausdrucks in einem Vokabular ist, wird dabei durch die folgende partielle Definition bestimmt:

„Es sei A ein Satz, S^n ein n-stelliger Relationsausdruck und N das Vokabular einer Theorie; dann gilt:
Durch A wird S^n in N definiert genau dann, wenn
es einen Satz D und eine Menge mit n Gegenstandsvariablen von $x_1, \ldots, x_n$ gibt, so daß

(1) A logisch äquivalent ist mit der universellen Äquivalenz $\wedge x_1 \ldots \wedge x_n [\langle x_1, \ldots, x_n \rangle \in S^n \leftrightarrow D]$,

(2) die n Variablen $x_1, \ldots, x_n$ voneinander paarweise verschieden sind,

(3) im Satz D an Variablen nur $x_1, \ldots, x_n$ *frei* vorkommen,

(4) S^n in D nicht vorkommt, und

(5) D ein Satz ist, der neben $x_1, \ldots, x_n$, logischen Konstanten, gebundenen Variablen und Hilfszeichen (oder Satzzeichen) nur Ausdrücke aus N enthält.

In Bedingung (1) wird *nicht* verlangt, daß die Definition A identisch mit der angegebenen universellen Äquivalenz ist, sondern lediglich, daß sie mit ihr *logisch äquivalent* ist, daß sie also den gleichen Inhalt hat wie diese. Es wird demnach z. B. als belanglos angesehen, auf welcher Seite der Äquivalenz das Definiendum $\langle x_1, \ldots, x_n \rangle \in S^n$ und auf welcher Seite das Definiens D steht; es können in A also die Seiten relativ zur vorgegebenen Äquivalenz vertauscht sein. Es kann A aber auch aus der Konjunktion zweier universeller Implikationen bestehen, die mit jener universellen Äquivalenz logisch äquivalent ist, oder es kann A von noch anderer äußerer Form sein. — Die Bedingung (2) verhindert,

---

[3] Vgl. W.K. Essler, a.a.O.

daß anstelle des gewünschten n-stelligen Begriffs ein Begriff von geringerer Stellenzahl definiert wird, und die Bedingung (3) schließt aus, daß eigentlich ein Begriff von höherer Stellenzahl zu definieren gewesen wäre. — Die Bedingung (4) verhindert, daß eine *Definition* zirkulär ist, daß man also *bei* der Definition eines Begriffs *diesen* Begriff selber verwendet, und die Bedingung (5) wird gebraucht, um feststellen zu können, ob eine *Klasse von Definitionen* zirkulär ist, was zum Beispiel dann der Fall ist, wenn F unter Verwendung von G, sodann G unter Verwendung von H und schließlich H unter Verwendung von F (und vielleicht auch noch zusätzlich von G) definiert wird.

Eine Theorie des Alltags oder einer Wissenschaft ist unter Verwendung eines Vokabulars formuliert, das aus den undefinierten Begriffen (oder Grundbegriffen) und den definierten (oder abgeleiteten) besteht. Von der *Klasse der Definitionen* dieser Theorie ist zu verlangen, daß sie hinsichtlich dieses Vokabulars nicht zirkulär ist. Dieser Begriff der Nichtzirkularität ist dann so zu fassen:

„Es sei K eine Klasse von Definitionen und N ein Vokabular (eine Klasse von Ausdrücken) einer Theorie; dann gilt:
K ist im Hinblick auf N nichtzirkulär genau dann, wenn
es eine Anordnung von N gibt, d. h. eine umkehrbar eindeutige Abbildung von N auf eine Klasse von natürlichen Zahlen, so daß gilt:
(1) Jeder Satz aus K definiert genau einen Ausdruck aus N (aber nicht notwendigerweise umgekehrt: es kann Ausdrücke aus N geben, nämlich Grundbegriffe, die nicht durch einen Satz aus K definiert werden), und
(2) wenn ein Satz A aus K einen Ausdruck S aus N in einem Vokabular M definiert, so gilt:
 (a) M ist eine Teilklasse von N, und
 (b) M enthält *keine* Ausdrücke aus N, die im Sinne der vorgegebenen Anordnung der Ausdrücke aus N auf den Ausdruck S folgen"

Funktionen können als Relationen angesehen werden, die im Hinblick auf eine bestimmte Argumentstelle eindeutig sind. So ist etwa die Relation *Mutter von* hinsichtlich der ersten Argumentstelle eindeutig, da es zu jedem x nur ein y gibt, so daß y Mutter von x ist. Will man den Begriff der Definition also auch für Funktionsausdrücke bestimmen, so hat man eine Bedingung (6) hinzuzufügen, die besagt, daß eine solche Eindeutigkeit vorliegt und daß darüber hinaus das betreffende Element auch existiert.

In der Mathematik werden Funktions- und gelegentlich auch andere Relationsausdrücke häufig rekursiv erklärt. Solche rekursive Definitionen können, wie sich schon aus den Schriften Dedekinds ergibt, dadurch in Definitionen des oben entwickelten Typs übergeführt werden, daß man den zu definierenden Begriff als die *kleinste* Relation annimmt, die man durch diese rekursiven Schritte erhält, was formal als der *Durchschnitt aller* auf diese Art erzeugbaren Relationen darzustellen ist.[4]

Gegenstandausdrücke können als nullstellige Funktionsausdrücke angesehen werden; die Festlegung dessen, was die Definition eines Gegenstandausdruckes ist, ergibt sich dann als Spezialfall der Bestimmung des Begriffs von Funktionsausdrücken.

IV

Nicht immer lassen sich Begriffe vollständig definieren. In der Mathematik etwa wird zwar die Operation der Division auf die der Multiplikation zurückgeführt, jedoch nur für den Fall (= unter der Bedingung), daß der Nenner nicht 0 wird. In den Erfahrungswissenschaften werden insbesondere die Dispositionsbegriffe operational bestimmt, indem man sie mit der Verknüpfung eines Handlungsschemas mit dessen Resultat im Sinne einer universellen Implikation gleichsetzt; daß ein Gegenstand etwa wasserlöslich ist, wird dann als gleichwertig damit angesehen, daß, wann immer man ihn in eine hinreichend große Menge Wasser gibt, er sich darin auflöst. Wie man seit Carnaps Untersuchungen weiß, führt dieses Definitionsschema dann zu absurden Ergebnissen, wenn es mit Gegenständen konfrontiert wird, die während ihrer Existenz nie im Sinne des Handlungsschemas getestet worden sind; es muß diesem Schema daher die Bedingung vorangestellt werden, *daß* der jeweilige Gegenstand in Vergangenheit, Gegenwart oder Zukunft wenigstens einmal getestet worden ist. Für n-stellige Relationsausdrücke ist der Begriff der partiellen (oder bedingten) Definition dann so partiell zu bestimmen:

„Es sei A ein Satz, S^n ein n-stelliger Relationsausdruck und N das Vokabular einer Theorie; dann gilt:
Durch A wird S^n in N partiell definiert genau dann, wenn es Sätze D und E und eine Menge von n Gegenstandsausdrücken $x_1, \ldots, x_n$, so daß
(1) A logisch äquivalent ist mit
$\wedge x_1 \ldots \wedge x_n [E \rightarrow [\langle x_1, \ldots, x_n \rangle \in S^n \leftrightarrow D]]$,
(2) die n Variablen $x_1, \ldots, x_n$ voneinander paarweise verschieden sind,

---

[4] Zu Einzelheiten vgl. W.K. Essler, a.a.O., Kap. III.

Einführung XVII

(3) in den Sätzen D und E an Variablen nur $x_1,\ldots,x_n$ *frei* vorkommen,
(4) S^n in D und E nicht *frei* vorkommt, und
(5) D und E Sätze sind, die neben $x_1,\ldots,x_n$, logischen Konstanten, gebundenen Variablen und Hilfszeichen (oder Satzzeichen) nur Ausdrücke aus M enthalten.

Das Kriterium der Nichtkreativität kann für partielle Definitionen ohne Beschränkungen übernommen werden. Daß bei partiellen Definitionen jedoch nicht für jeden Fall Eliminierbarkeit des definierten Ausdrucks gewährleistet ist, nämlich dann nicht, wenn die Voraussetzung E nicht erfüllt ist, liegt auf der Hand. Von *partiellen* Definitionen ist daher zu verlangen, daß sie *partielle* Eliminierbarkeit gewährleisten, worunter man folgendes zu verstehen hat:

„Es sei A ein Satz, S^n ein Ausdruck und N das Vokabular einer Theorie; dann gilt:
Durch A ist S in N partiell eliminierbar genau dann, wenn es eine Klasse von n Gegenstandsausdrücken $x_1,\ldots,x_n$ und Sätze D und E gibt, so daß
(1) A logisch äquivalent ist mit $\wedge x_1\ldots\wedge x_n [E \to D]$,
(2) durch den Satz $\wedge x_1\ldots\wedge x_n$ D der Ausdruck S in N generell eliminierbar ist.

Es kann dann gezeigt werden, daß ein Relationsausdruck S^n genau dann partiell definierbar ist, wenn er nichtkreativ ist und wenn er partielle Eliminierbarkeit gewährleistet.

Für bestimmte Zwecke wird es erforderlich sein, den Begriff der partiellen Definition zu verschärfen, in dem über die Voraussetzung E zusätzliche Bedingungen gemacht werden, nämlich:
(a) daß sie nicht logisch wahr ist, oder zusätzlich, daß sie nicht aus der Theorie, in deren Bereich die Definition A formuliert worden ist, logisch folgt (und daß also die partielle Definition nicht zu einer generellen spezialisiert werden kann), und
(b) daß sie nicht logisch falsch ist, oder zusätzlich, daß sie nicht der Theorie, in deren Bereich die Definition A formuliert worden ist, logisch widerspricht (und daß also eine partielle Definition nicht zu einem unverwendbaren Satz degenerieren kann).

V

Enthält die Theorie M (die eine Menge von Sätzen ist) den zu definierenden Ausdruck S noch nicht, so wird mit Hinzufügung der Definition A zu M dieser Theorie eine *Nominaldefinition* beigegeben. Der *Zweck* dieser Definition besteht dann im Normalfall darin, daß ein längerer komplexer Ausdruck jetzt mit einem einzigen Wort wiedergegeben wird und daß bislang kompliziert zu beschreibende Sachverhalte nun einfach formuliert werden können. Anders ist es, wenn M bereits Aussagen über S macht: Falls diese Aussagen bereits einen Teil der Struktur des Begriffs bestimmen, so hat man beim Definieren für diesen Teil keine Freiheit mehr, wenn man die Theorie nicht durch Hinzufügung der Definition widerspruchsvoll machen will. Diese theoretische Freiheit verschwindet vollends, wenn die Theorie (des Alltags oder einer Wissenschaft) bereits aussagt, d. h. logisch impliziert, wie die Definition des Ausdrucks S auszusehen hat, wenn dieser Ausdruck also in ihr *definierbar* ist: Dann kann die Definition nicht an dem Faktum einer solchen Folgerung der tatsächlich akzeptierten Theorie vorbeigehen, so daß es dann zu einer Realdefinition kommt, die man als *wahr* (besser: als *richtig*) ansieht, wenn sie aus ihr *logisch folgt,* und als *falsch* (besser: als *verkehrt*), wenn sie ihr *logisch widerspricht.* (Es wäre interessant, die zwischen *richtig* und *verkehrt* liegende dritte Möglichkeit in wissenschaftstheoretischer Hinsicht zu untersuchen.) Dieser Begriff der Definierbarkeit ist folgendermaßen zu definieren:

„Es sei M eine Menge von Sätzen, es sei S ein Ausdruck, der in Sätzen aus M vorkommt, und es sei N eine Menge von Ausdrücken von M (die also in Sätzen von M vorkommen); dann gilt:
S ist durch M in N definierbar genau dann, wenn
es eine Aussage A gibt, von der gilt:
(a) A folgt logisch aus M, und
(b) A definiert S in N"

Man kann Ausdrücke, die in einer Theorie definierbar sind, aus ihr eliminieren, indem man die Definition, die aus der Theorie logisch folgt, dazu verwendet, um den definierten Ausdruck in jedem Kontext, in dem er vorkommt, durch sein Definiens (durch den Kontext D, der ihn definiert) zu ersetzen. Tut man dies für jeden definierbaren Term, so erhält man schließlich eine Formulierung dieser Theorie, in der nur noch Grundausdrücke (d. h.: in ihr nicht mehr weiter definierbare Ausdrücke) benützt werden. Die Verwendung dieser Grundausdrücke wird dann durch eben diese von definierten Ausdrücken befreite Theorie beschrieben; diese bildet eine *implizite Definition* dieser Grundausdrücke, wie man seit Hilbert sagt.

Diese impliziten Definitionen enthalten somit Regeln, die besagen, wie die Grundausdrücke anzuwenden sind, um sowohl zu einzelnen als auch zu generellen Resultaten zu gelangen; im Fall der Naturwissenschaften werden häufig die Ausdrücke „Zeit", „Länge" (oder „Ort") und „Impuls" als Grundbegriffe fungieren, über deren Verwendung somit überhaupt erst die Theorie Aussagen macht, und in den Sozialwissenschaften vielleicht Ausdrücke der Art „Person" und „Gesellschaft".

Hätten diese Ausdrücke in ihren jeweiligen Theorien und durch sie keinen geregelten Gebrauch, so würden sie den definierten Ausdrücken ebenfalls keinen solchen vermitteln.

Diese kurzen Ausführungen zeigen, welches interessante und wichtige Gebiet die Definitionslehre der wissenschaftstheoretischen Forschung eröffnet. Der Logik steht sie an Wichtigkeit nicht nach, und die in ihr erzielbaren Ergebnisse sind genauso präzise faßbar wie die der Logik. Es ist zu hoffen, daß die vorliegende Neuauflage des grundlegenden Werkes von Dubislav der Anlaß zu einer breiten und intensiven Beschäftigung mit der Lehre von der Definition und allgemein mit der vom Begriff wird. Eine solche Beschäftigung ist vonnöten, um hinreichend genau ermitteln zu können, was uns Theorien des Alltags wie auch der Wissenschaften unter erkenntnistheoretischen Gesichtspunkten liefern.

Einleitung

§ 1. Darüber, was eine „Definition" sei, herrscht nicht nur unter den Logikern Streit, sondern auch die Mathematiker, Physiker und Juristen, um von anderen zu schweigen, sind sich darüber nicht einig. Aber es gilt noch mehr. Selbst unter denen, die unter einer Definition dasselbe verstehen, gibt es weitgehende Differenzen hinsichtlich der Stellung dessen, was sie eine Definition nennen, beim Aufbau einer Wissenschaft. Man kann geradezu behaupten, alle Probleme, die mit der Frage nach der Definition und ihrer Stellung bei Darstellung einer Wissenschaft enger zusammenhängen, befinden sich in einem wenig erfreulichen Zustande. Dieser Umstand ist um so bemerkenswerter, als die Darlegungen zur Lehre von der Definition selbst in den bekannteren Lehrbüchern der Logik den Anschein erwecken, als sei hier alles in Ordnung, als habe man bereits mit nahezu erschöpfender Vollständigkeit sämtliche auf diesem Gebiete in Frage kommenden Probleme gelöst. Und es zeigt sich hier wie anderwärts, daß sowohl das hinreichend in logischer Hinsicht Einfache — und die Lehre von der Definition dürfte an Einfachheit in logischer Hinsicht kaum übertroffen werden können — wie das hinreichend in logischer Hinsicht Komplizierte allenthalben großen und besonders schwierig zu beseitigenden Mißverständnissen begegnet.

Im nachstehenden wollen wir versuchen, in gedrängter Kürze, aber dabei doch in dem Wichtigsten vollständig, die Lehre von der Definition zu entwickeln. Wir werden zunächst eine auf Klärung der Probleme gerichtete Übersicht über die markantesten Definitionstheorien geben, um dann die Lehre von der Definition in einer dem Stand der mathematisch-logischen Forschung entsprechenden Weise zu behandeln. Was die Literatur über unseren Gegenstand betrifft, sei auf das am Ende befindliche Verzeichnis verwiesen.

Erster Hauptabschnitt

Auf Klärung der Probleme gerichtete Übersicht über die wichtigsten Lehren von der Definition

§ 2. Die wichtigsten über die Definition aufgestellten Lehren sind die folgenden:
- A. Eine Definition besteht in der Hauptsache[1]) aus einer Wesensbestimmung (Sacherklärung).
- B. Eine Definition besteht in der Hauptsache aus einer Begriffsbestimmung (Begriffskonstruktion bzw. -zergliederung).
- C. Eine Definition besteht in der Hauptsache aus einer Feststellung (nicht Festsetzung) der Bedeutung, die ein Zeichen besitzt, bzw. der Verwendung, die es findet.
- D. Eine Definition besteht in der Hauptsache aus einer Festsetzung (nicht Feststellung) über die Bedeutung eines (neu einzuführenden) Zeichens bzw. über die Verwendung, die es finden soll.

Erstes Kapitel
Die Definition als Wesensbestimmung

§ 3. Die Lehre (A) hat in Aristoteles ihren klassischen Vertreter gefunden. Für Aristoteles[2]) ist eine Definition eine Aussage, in der das „Wesen" des zu Definierenden angegeben wird. Dabei fällt einer derartigen Wesensbestimmung u. a. die Ermittlung der sogenannten wesentlichen Merkmale zu, während die Existenz des hinsichtlich seines Wesens zu bestimmenden Gegen-

---

[1]) Wir sagen „in der Hauptsache", denn es gilt das geistreiche Wort D'Alemberts, daß das, was man so eine Definition nennt, in der Regel ein wenig mehr als eine willkürliche Festsetzung in Form einer Benennung und ein wenig weniger als eine Begriffs- bzw. eine Wesensbestimmung ist.

[2]) Angabe der Stellen bei Aristoteles im Literaturverzeichnis.

standes als bereits anderweitig erhärtet bzw. als unmittelbar gewiß betrachtet wird. Was heißt aber hier „Wesen" und weiterhin „wesentliches Merkmal"? Aristoteles hat es nicht mit gebotener Klarheit gesagt. Seine diesbezüglichen zahlreichen Aussagen befinden sich vielmehr miteinander nicht in restloser Einstimmung. Sein Sprachgebrauch hinsichtlich des Terminus „Wesen" ist, wie die Geschichte der Logik zeigt, verwirrend vieldeutig.

§ 4. Man kann Aristoteles vorzugsweise metaphysisch oder logisch interpretieren. Eine mehr metaphysische leidlich klare, freilich freiere Auslegung des Aristotelischen Wesensbegriffes findet man zum Beispiel bei F. Ueberweg[1]): Versteht man unter einem „Merkmale" eines Gegenstandes alles, was in irgendeiner Weise dem Gegenstand angehört, dann mögen diejenigen Merkmale „wesentliche" (essentialia) heißen, welche erstens den gemeinsamen und bleibenden Grund (Ueberweg will wohl sagen „Ursache") einer Mannigfaltigkeit anderer enthalten und von welchen zweitens das Bestehen des Gegenstandes und der Wert und die Bedeutung (was heißt hier „Bedeutung"?) abhängt, die demselben teils als einem Mittel für anderes, teils und vornehmlich an sich oder als einem Selbstzwecke in der Stufenreihe der Gegenstände zukommt. In einem weiteren Sinne werden ferner diejenigen Merkmale „wesentliche" genannt, welche mit den im engeren Sinne wesentlichen Merkmalen und nur mit diesen notwendig verbunden sind, und deren Vorhandensein daher das Vorhandensein jener mit Gewißheit anzeigt. Die im engeren Sinne wesentlichen Merkmale werden auch „grundwesentliche" (essentialia constitutiva oder auch essentialia schlechthin) genannt im Unterschiede zu den wesentlichen Merkmalen im weiteren Sinne, die nicht grundwesentliche sind, und „abgeleitet-wesentliche" oder „Attribute" (essentialia consecutiva, attributa) heißen. Hiernach liegt auf der Hand, daß innerhalb der angegebenen Erläuterung dessen, was Aristoteles unter einer Definition verstanden wissen wollte, „Wesen" gemäß dieser vorwiegend metaphysischen Auslegung so viel zu bedeuten hat wie: Gesamtheit der in obigem Sinne grundwesentlichen Merkmale. Eine Definition gemäß dieser Auslegung ist dann also eine Aussage, in der die Gesamtheit der

---

[1]) F. Ueberweg, System d. Logik, 1865, S. 106 ff. Ueberweg selbst weicht, was seine Ausführungen über die „Definition" betrifft, weit von Aristoteles ab. Wir halten uns hier nur an seine den Terminus „Wesen" behandelnden Auslassungen.

in obigem Sinne grundwesentlichen Merkmale des zu Definierenden angegeben wird.

§ 5. Eine mehr logische Interpretation, die auf das sorgfältigste durchdacht ist, gibt Bolzano[1]): Wenn die Behauptung, „A hat die Beschaffenheit b" eine gültige ist, dann heißt b eine „richtige Beschaffenheitsvorstellung" derjenigen Gegenstände, die unter der Vorstellung A stehen; im entgegengesetzten Falle eine „unrichtige". Eine Vorstellung V heißt ein „Begriff", wenn sie keine Anschauung, das heißt keine einfache Einzelvorstellung ist. Eine Vorstellung V, die zusammengesetzt ist und unter ihren Teilen auch Anschauungen enthält, gesetzt auch den Fall, daß ihre Teile, wenn dies möglich wäre, sämtlich nur Anschauungen sind, heißt eine „gemischte Vorstellung". Je nachdem der Bestandteil, den man in einer gemischten Vorstellung als den vorzüglichsten betrachtet, bald eine Anschauung, bald ein Begriff ist, möge die ganze Vorstellung selbst bald eine „gemischte Anschauung", bald ein „gemischter Begriff" heißen. Im Unterschiede hierzu sollen die „Anschauungen" bzw. „Begriffe", welche keine gemischten sind, „reine Anschauungen" bzw. „Begriffe" heißen.

Ist jetzt die Vorstellung b im obigen Sinne eine richtige Beschaffenheitsvorstellung und ist A im obigen Sinne ein reiner Begriff, so wird die Beschaffenheit, welche die Vorstellung b in der Behauptung „A hat die Beschaffenheit b" ausdrückt, den Gegenständen, welche unter A stehen, vermöge des bloßen Begriffs zukommen, unter dem wir sie auffassen. Alsdann heißt eine solche Vorstellung b eine „wesentliche Beschaffenheit" der unter A stehenden Gegenstände; im entgegengesetzten Falle eine „außerwesentliche". Die Vorstellung von einer wesentlichen bzw. außerwesentlichen Beschaffenheit möge ferner selbst eine wesentliche bzw. außerwesentliche genannt werden. Unter der „Natur" oder dem „Wesen" oder gelegentlich auch der „Wesenheit" eines Gegenstandes ist schließlich der Inbegriff der im obigen Sinne wesentlichen Beschaffenheiten zu verstehen. In etwas anderer Wendung kann man also das „Wesen" eines Gegenstandes als den Inbegriff derjenigen Beschaffenheiten desselben bezeichnen, die dem gedachten Gegenstande zufolge des Begriffs zukommen, dem wir den Gegenstand zu unterstellen pflegen.

---

[1]) Bolzano, Wissenschaftslehre, 1837, Neudruck 1929 ff., §§ 111, 209, (72, 73), 502.

Die letztangeführte Bedeutung des Terminus „Wesen" gibt noch Anlaß, das Wesen eines Gegenstandes von seinem „Grundwesen" zu unterscheiden. Als „Grundwesen" eines Gegenstandes gilt dann der Inbegriff nur aller derjenigen aus seinem bloßen Begriffe sich ergebenden Beschaffenheiten, die sich aus keinem andern Begriffe desselben wie (logische) Folgen aus ihrem (logischen) Grunde herleiten lassen.

Akzeptiert man diese ein wenig subtile, aber überaus präzise Interpretation des Terminus „Wesen" bzw. „Grundwesen", dann ist also eine Definition eine Aussage, in der der Inbegriff der in obigem Sinne des Wortes wesentlichen Beschaffenheiten des zu Definierenden angegeben wird, bzw. eine Aussage, in der der Inbegriff derjenigen Beschaffenheiten des zu Definierenden angegeben wird, welche bereits aus dem bloßen Begriffe desselben ableitbar sind (bei Annahme, was selbstverständlich ist, eines Systems von Voraussetzungen, in dem dieser Begriff enthalten ist), bzw. eine Aussage, in der der Inbegriff nur derjenigen Beschaffenheiten des zu Definierenden angegeben wird, die sich aus keinem andern Begriffe desselben wie (logische) Folgen aus ihrem (logischen) Grunde herleiten lassen.

§ 6. Es ist klar, daß eine Definition hiernach, ob man nun „Wesen" mehr logisch oder mehr metaphysisch interpretiert, alles andere denn etwas in jeder Hinsicht Willkürliches ist. Die Forderung, eine Definition eines Gegenstandes zu geben, stellt einen vielmehr nach der Lehre des Aristoteles vor eine unter Umständen nur sehr schwer zu lösende Aufgabe, welche Aufgabe zudem jedenfalls in der überwiegenden Anzahl aller Fälle nicht von der Logik zu lösen ist. Deren Aufgabe kann nämlich der Natur dieser Wissenschaft zufolge höchstens in der Aufstellung einiger methodischer Anleitungen bestehen, wie man hierbei am sichersten u. U. zum Ziele zu gelangen vermag.

Ferner folgt unschwer, daß eine Definition in diesem Sinne, da sie doch eine Angabe des Wesens bzw. des Grundwesens des zu Definierenden darstellen soll, dieses ihr Ziel erreichen oder verfehlen kann und also eine gültige oder eine ungültige Behauptung ist, je nachdem das erste oder das letzte zutrifft. Gültige bzw. ungültige Behauptungen können aber als Prämissen bzw. als Konklusionen von Schlüssen (vollständigen, unvollständigen [Fehlschlüssen]) erscheinen. Damit ist zwanglos die den Historikern der Logik mancherlei Schwierigkeiten bereitende Behauptung von Aristoteles erklärt, daß Definitionen in seinem Sinne gelegentlich als Prämissen, gelegentlich als Konklusionen von Syllogismen auftreten.

Da eine Definition als eine auf das Wesen bzw. Grundwesen eines Gegenstandes sich beziehende Behauptung als Behauptung, sofern sie nicht als eine einer Begründung nicht fähige und vielleicht auch nicht bedürftige betrachtet wird, zu begründen ist, folgt schließlich auch noch, sofern man zu einer Definition die gedachte Begründung mit hinzuzieht, die dritte in diesen Zusammenhang gehörende These des Aristoteles. Eine Definition in diesem Sinne kann nämlich auch gelegentlich selbst als ein Syllogismus aufgefaßt werden, der sich nur der Form nach von einem solchen unterscheidet.

Was nun die bereits erwähnten methodischen Anleitungen behufs Aufstellung von Definitionen anbelangt, so lassen sie sich in die bekannte, wohl erstmalig bei Boethius nachweisbare Formel zusammenfassen: Definitio fit per genus proximum et differentiam specificam. M. a. W. man definiert einen Gegenstand, indem man erstens die niedrigste Gattung von Gegenständen, zu der er gehört, angibt und zweitens die ihn von anderen Gegenständen dieser Gattung unterscheidenden Beschaffenheiten (Unterschiede hinsichtlich der Art). Hierbei gilt als „Gattung"[1]) dasjenige, was von einander der Art nach verschiedenen Gegenständen hinsichtlich ihres Wesens auszusagen ist, und der sogenannte „Artunterschied" (differentia specifica) wird als ein Etwas bezeichnet, welches die Arten, die zu derselben Gattung gehören, scheidet, und zu dem Wesen der in ihr enthaltenen Gegenstände gehört.[2]) Ohne auf diese einigermaßen unscharfen Erläuterungen näher einzugehen, wollen wir nur noch hervorheben, daß dieser Definitionstechnik zufolge also weder das schlechthin Allgemeine noch das schlechthin Vereinzelte definiert werden kann, denn sowohl hinsichtlich des ersten wie des zweiten gibt es weder eine nach oben nächst benachbarte Gattung noch innerhalb derselben Artunterschiede.

§ 7. Die hiermit in allem wichtigen hinreichend eingehend auseinandergesetzte Lehre (A) bedarf aber noch einer Ergänzung hinsichtlich einer mit dem Irrtum eng verbundenen Ungenauigkeit, die Aristoteles, dem klassischen Vertreter dieser Lehre, und damit

---

[1]) Vgl. Aristoteles, Metaphysik X, 3, 1054b, Topik, I, 5, 102a; Porphyrius, Isagoge, 2.

[2]) Vgl. Porphyrius, Isagoge, 3.

angesichts seiner Autorität auch fast allen seinen Nachfolgern unterlaufen ist. Aristoteles bezeichnet nämlich mit demselben Terminus „Definition"[1]), vielleicht weil er das, was ein Name benennt, als das Wesen des Namens ansah, auch die Angabe dessen, was man durch einen Namen bezeichnet wissen will. Spätere Logiker unterschieden dementsprechend in bekannter Weise zwischen Realdefinitionen (Angaben des Wesens, Begriffskonstruktionen) und Nominaldefinitionen (Benennungen), wobei sie vielfach kritiklos teils die Beschaffenheiten der Realdefinitionen auf die Nominaldefinitionen übertrugen, teils umgekehrt die Beschaffenheiten der letzten auf die ersten. Es liegt auf der Hand, daß die Übertragung derjenigen Willkürlichkeit, welche bei den Nominaldefinitionen herrscht, auf die Realdefinitionen, die doch auf Wahrheit Anspruch machen, zu folgenschweren Irrtümern Anlaß gibt. Und daß umgekehrt die Geltendmachung eines Anspruches auf Wahrheit bei der Aufstellung von Nominaldefinitionen entweder dazu führt, daß man eine Nominaldefinition nur auffaßt als Wiedergabe bestehenden Sprachgebrauches oder aber bewirkt, daß man bei Einführung willkürlicher Benennungen in Gestalt von Nominaldefinitionen vergißt, daß man es bloß mit willkürlichen Benennungen zu tun hat, aus denen allein keine Beschaffenheiten des so willkürlich Bezeichneten gefolgert werden können. Und zwar auch nicht unter der doch keineswegs immer selbstverständlichen Voraussetzung, daß das neu eingeführte Zeichen ein Objekt bezeichnet.

Zweites Kapitel
Die Definition als Begriffsbestimmung

§ 8. Die Lehre (B) hat ihre beiden hervorragendsten, in allem wichtigen miteinander übereinstimmenden Vertreter in Kant und Fries[2]) gefunden, von denen der letzte die bereits in der Kantischen Lehre von der Definition enthaltenen bzw. ihr zugrunde liegenden methodologischen Einsichten weiter entwickelt hat. Da diese Definitionstheorie zutreffend nur im Zusammenhang mit der Kantischen Methodenlehre und mit seiner Auffassung von der Eigenart der philosophischen Forschung im Unterschiede zu der

---
[1]) Aristoteles, Analyt. post. II, 10, 93b.
[2]) Angabe der Stellen bei Kant und Fries im Literaturverzeichnis.

mathematischen dargestellt werden kann, werden wir dieselbe zunächst in Kürze charakterisieren.

In völligem Gegensatze zu der weit verbreiteten Lehre, wonach man innerhalb philosophischer Untersuchungen, wenn man vorwärts kommen wolle, das methodische Gebaren des Mathematikers zu befolgen habe, behauptet Kant und mit ihm, ihn vielfach vertiefend und klärend, Fries, daß die „wahre" Methode der wissenschaftlichen Philosophie eine gänzlich andere sein müsse. Sie stellen in diesem Zusammenhange die These auf, daß die sogenannte reine Philosophie, also ausschließlich der Anwendungen, aus der formalen Logik, der Kritik (der Vernunft) und der Metaphysik bestehe. Die formale Logik gilt als das System der analytischen Urteile, während die Metaphysik, im Kantischen Sinne dieses vielfach belasteten Terminus, als die Wissenschaft aus denjenigen synthetischen Urteilen a priori hingestellt wird, deren Gründe jedenfalls nicht Anschauungen seien. Der Kritik schließlich falle u. a. die Aufgabe zu, das System der Grundvoraussetzungen der Metaphysik abschließend zu begründen und als vollständig zu erhärten. Die genannte Metaphysik zerfalle in die theoretische Metaphysik, auch Metaphysik der Natur genannt, und die praktische Metaphysik, die auch als Ethik oder als Metaphysik der Sitten bezeichnet wird. Die Aufgabe jener sei es, die obersten nicht-empirischen Gesetze über das Dasein der Dinge zu erforschen. Diese habe die allgemeinsten Prinzipien über das, was sein soll, zu ermitteln. Die Mathematik nun, so lehrt Kant weiter, bestehe aus dem System derjenigen synthetischen Urteile a priori, deren Gründe Anschauungen, und zwar reine = nicht-empirische seien. Hierbei gilt ein Urteil als ein analytisches, wenn sein Prädikat Bestandteil des Inhaltes seiner Subjektsvorstellung ist bzw. mit einem solchen Bestandteil in der Relation des logischen Ausschlusses steht. Ein nicht-analytisches Urteil wird dann ein synthetisches genannt. Weiterhin heißt in diesem Zusammenhange ein (wahres) Urteil ein solches a priori, wenn es keine Erfahrungen zu Gründen hat, anderenfalls ein solches a posteriori. Metaphysik und Mathematik sind also Kant zufolge Disziplinen, die aus synthetischen Urteilen a priori ausschließlich oder jedenfalls vorzugsweise bestehen. Aber diese ihre Verwandtschaft reicht nicht allzuweit, denn die Wahrheiten der Metaphysik sind nach Kant unanschauliche, die der Mathematik anschauliche.

Daraus folgert Kant — die betreffenden Begründungsversuche haben wir hier nicht zu behandeln —, daß die Mathematik die Sicherheit ihrer Resultate nicht der Vorzüglichkeit ihres methodischen Vorgehens verdankt, sondern daß umgekehrt die charakteristische Eigentümlichkeit unseres sich auf mathematische Gegenstände beziehenden Erkennens die Anwendung der in der Mathematik üblichen Methoden gestattet. In der Mathematik nämlich, so behauptet Kant, verfüge man über ein einsichtiges System von Grundvoraussetzungen, die man unmittelbar als wahre Grundbehauptungen bzw. als erfüllte Grundbegriffe zu qualifizieren in der Lage sei. Und diese Tatsache, daß man unmittelbar die Wahrheit der Grundbehauptungen wie die Erfülltheit der Grundbegriffe der Mathematik erkennen könne, finde ihre Erklärung darin, daß man auf dem Gebiete der Mathematik sich des Erkenntnisvermögens einer nicht-empirischen Anschauung, von Kant auch reine Anschauung genannt, zu bedienen in der Lage sei, welche einem mit unmittelbarer Gewißheit die Gründe des Systems der Grundvoraussetzungen klar und deutlich an die Hand gebe und damit auch die Auffindung dieser selbst ermögliche. Auf dem Gebiete der Mathematik also seien die Grundvoraussetzungen das Klarste und Offenkundigste, während die Lehrsätze und die abgeleiteten Begriffe das Schwierigste und Verborgenste bildeten. In der Philosophie aber, so behauptet Kant, herrsche der umgekehrte Sachverhalt. Das System der Grundvoraussetzungen der Philosophie, wenigstens das ihrer nicht-empirischen Disziplinen, bilde vielmehr das Verborgene und Schwierige, während die aus diesem System zu begründenden Behauptungen und abzuleitenden Begriffe vergleichsweise leicht zu gewinnen seien. Während also der Mathematiker von einem einsichtigen System von Grundvoraussetzungen seinen Ausgang nehme, also progressiv seine Wissenschaft entwickeln könne, müsse der Philosoph umgekehrt regressiv vorgehen. Er müsse ausgehen von den in der gewöhnlichen Erfahrung und in den Einzelwissenschaften in concreto benützten philosophischen Behauptungen und Begriffen. So bediene sich z. B. der Astronom in concreto des Satzes der Kausalität, wenn er etwa die Bahn eines Kometen berechne und danach dessen jeweilige Stellung ermittele. Aufgabe des Philosophen sei es nun, zunächst durch Zergliederung derartiger Benützungen philosophischer Behauptungen bzw. Begriffe diese Behauptungen bzw. Begriffe in abstracto, in voller Reinheit herauszuschälen. Dieses regressive Verfahren, das also vom Besonderen zum Allgemeinen gleichsam hinuntersteige, sei aber nicht zu verwechseln mit dem auf dem Gebiete der Mathematik und

Naturwissenschaft wohlbekannten Verfahren der Induktion, bei dem man bekanntlich auch von den Fällen zum Gesetz gelange, jedoch durch Schlüsse und nicht wie bei dem regressiven Verfahren durch Zergliederungen.

Aber nicht nur regressiv habe der Philosoph im Unterschiede zum Mathematiker vorzugehen. Hinsichtlich der Begriffsbildung lasse sich noch ein weiteres ergänzendes Merkmal der philosophischen Forschungsmethode im Unterschied zu der mathematischen angeben. In der Mathematik nämlich bilde man aus den vorliegenden Grundbegriffen alle weiteren Begriffe durch Determination, indem man, geleitet von dem Erkenntnisvermögen der reinen Anschauung, die Grundbegriffe zu neuen, nicht-leeren Begriffen verknüpfe. Diese Art der Begriffsbildung durch Determination bietet zwar an sich ersichtlich keine Garantie dafür, daß ein ihr gemäß erzeugter Begriff auch ein nicht-leerer ist, d. h. daß es Gegenstände, jedenfalls mindestens einen, gibt, die unter ihn fallen. In der Mathematik verfüge man aber über ein Kriterium, das einem die Erfülltheit eines durch Determination erzeugten Begriffes gegebenenfalls anzeige. Dieses Kriterium liefere nämlich das Erkenntnisvermögen der reinen Anschauung in Gestalt eines ihr eigentümlichen Konstruktionsverfahrens, das Kant kurz die Konstruktion in reiner Anschauung nennt. Dasselbe soll ihmzufolge in der Darstellung eines bzw. des dem Begriff entsprechenden Gegenstandes in der reinen Anschauung bestehen. Nur wenn eine solche „Konstruktion" sich als durchführbar erweise, sei die betreffende Begriffsbildung als eine erlaubte anzusprechen. Da man nun aber nicht über eine sich auf das von der Philosophie zu erforschende Gebiet erstreckende reine Anschauung verfüge und damit auch nicht über ein solches „Konstruktionsverfahren", sei es gänzlich verfehlt, sich bei der Entwicklung einer philosophischen Disziplin willkürlicher Begriffsbildungen in Gestalt von derartigen Determinationen zu bedienen, die Kant auch als Definitionen bezeichnet. Man habe vielmehr die erforderlichen Begriffe im Gegensatz zu dem aufbauenden („konstruktiven") Verfahren, das man in der Mathematik bei der Begriffsbildung anwende, durch ein zergliederndes Vorgehen, durch Abstraktion, ausfindig zu machen. Und zwar derart, daß man diese Begriffe, die im gewöhnlichen Verstandes- bzw. Vernunftgebrauch des täglichen Lebens wie der Einzelwissenschaften vermischt mit anderen vorkommen, aus dieser Verbindung herauszuschälen suche. Das Verfahren der Philosophie hinsichtlich der

Begriffsbildung habe also nicht aufbauend („konstruktiv") wie in der Mathematik zu sein, sondern zergliedernd.

Schließlich läßt sich noch ein dritter Unterschied zwischen dem methodischen Gebaren des Mathematikers und dem des Philosophen Kant zufolge angeben. Nennt man nämlich ein Verfahren beim Aufbau einer Wissenschaft ein dogmatisches, bei welchem man mit der Aufstellung der Grundvoraussetzungen der betreffenden Disziplin beginnt und dieselbe dann vom Allgemeinen zum Besonderen fortschreitend entwickelt, und im Gegensatz hierzu ein solches Verfahren ein kritisches, wenn man soweit angängig das Vorgehen bei der Auffindung der Grundvoraussetzungen einer Prüfung unterwirft, so kann man mit Aussicht auf Erfolg Kant zufolge nur in der Mathematik dogmatisch vorgehen. Denn der Mathematiker könne sich auf seinem Gebiete der Erkenntnis der reinen Anschauung bedienen, die ihm die Gründe seiner Grundvoraussetzungen klar und deutlich an die Hand gebe und damit auch deren Aufstellung ohne weiteres möglich mache. Der Philosoph aber verfüge im Hinblick auf seine Disziplin nun einmal nicht über eine solche Erkenntnis. Ein im angegebenen Sinne dogmatisches Vorgehen führe ihn vielmehr, wie der Mißerfolg aller philosophischen Dogmatiker zeige, nur dazu, voreilig als Prinzipien hingestellte Irrtümer in ihre Konsequenzen zu verfolgen. Die „wahre" Methode der Philosophie habe also im Unterschiede zu der dogmatischen der Mathematik die kritische zu sein.

Zu dem geschilderten regressiven, zergliedernden und kritischen Verfahren, Fries nennt es das regressive Verfahren der Aufweisung, tritt bei Kant als abschließende Begründung des Systems der Grundvoraussetzungen der Philosophie noch das Verfahren der sogenannten transzendentalen Deduktionen einschließlich der sogenannten transzendentalen Beweise, welches von Fries weitgehend umgewandelt und vertieft worden ist. Da aber diese Deduktionen, so wichtig sie für das Kantische System der Philosophie sind, mit seiner Definitionslehre in keinem näheren Zusammenhange stehen, brauchen wir dieselben nicht zu erörtern.[1]

§ 9. Die auseinandergesetzte methodische Einstellung Kants wie seine Auffassung von der Eigenart der Philosophie im Unterschiede zur Mathematik führen zu einer Zweiteilung der Definitionslehre, die ihm zufolge einmal die Lehre von der Begriffskonstruktion

---

[1] Vgl. W. Dubislav, Die Friessche Lehre von der Begründung. Darstellung und Kritik, 1926; Derselbe, Zur Methodenlehre des Kritizismus, 1929.

(Begriffserklärung) und zum anderen die Lehre von der Begriffszergliederung zuzüglich der sogenannten Exposition ist. Dabei wird ein Begriff als ein Prädikat möglicher Urteile hingestellt. Und zwar genauer als das Bewußtsein einer analytischen Einheit, d. h. einer solchen, die in Form der Allgemeinheit viele Vorstellungen unter sich enthält, dabei aber ihrerseits selbst auftritt in Gestalt einer herausgehobenen Vorstellung, die in vielen anderen Vorstellungen enthalten ist und darum auch Teilvorstellung heißt. Ein Begriff soll also dadurch zustande kommen, daß man aus vielen Vorstellungen, über die man schon irgendwie verfügt, ein und dieselbe Vorstellung, die in jeder derselben als Bestandteil vorkommt, heraushebt und für sich betrachtet. Ein Begriff gilt also als eine Vorstellung, und als „Inhalt" eines Begriffes wird mithin wie bei den Vorstellungen die Gesamtheit seiner „Teilvorstellungen" betrachtet, d. h. derjenigen Vorstellungen, die in ihm zu einer Einheit verbunden sind. Diese sogenannten Teilvorstellungen werden dann, und das ist für die Lehre von der Begriffskonstruktion bzw. Begriffszergliederung von Wichtigkeit, als Merkmale derjenigen Gegenstände hingestellt, welche unter den Begriff fallen, zu dem die betreffenden Teilvorstellungen vereint sind. Schließlich wird noch in bekannter Weise von der Gesamtheit der unter einen Begriff fallenden Gegenstände als von seinem „Umfang" gesprochen.

Diese eigenartige, übrigens schon vor Kant vielfach vertretene Lehre beachtet ersichtlich bei der Bildung des Inhaltes eines Begriffes überhaupt nicht die Knüpfoperationen, durch die man die erwähnten „Teilvorstellungen" zu einer Einheit gegebenenfalls verknüpfen kann. Diese Unterlassung führte dann Kant dazu, wie erstmalig Bolzano[1] bemerkte, die im Rahmen seiner Begriffstheorie irrige These der Logik von Port-Royal aufrecht zu erhalten, wonach Umfang und Inhalt eines Begriffes sich zueinander reziprok verhalten sollen. Ferner wird mit dieser Begriffslehre die weitreichende, übrigens ebenfalls von Bolzano[2] als unrichtig erwiesene Behauptung verbunden, daß die sogenannten Teilvorstellungen eines Begriffes immer zugleich auch Merkmale der unter den Begriff fallenden Gegenstände im üblichen Sinne des Terminus „Merkmal" sein sollen. Daraus hat sich dann bei Verwechslung der beiden Sachverhalte „Von einem Begriffe umfaßt werden" und „Unter

---

[1] Vgl. Bolzano, Wissenschaftslehre, 1837, § 120; W. Dubislav, Über die sog. analytischen u. synthetischen Urteile, 1926, S. 11.

[2] Vgl. Bolzano, Wissenschaftslehre, 1837, §§ 63 ff.

einen Begriff fallen" die verwirrende Terminologie entwickelt, die sogenannten Teilvorstellungen eines Begriffes Merkmale desselben zu nennen, weil unter der erwähnten Annahme die Teilvorstellungen eines Begriffes diesen Begriff u. U. umfassen würden.

Gestützt auf diese Begriffslehre bestimmen nun Kant und Fries die Aufgabe der Definitionen dahin: Die synthetische Definition = Begriffskonstruktion = Begriffserklärung hat die Aufgabe, einen nicht als gegeben betrachteten Begriff durch Angabe seiner Bestandteile = Teilvorstellungen zu bilden, wodurch zugleich die Ermittlung seines Inhaltes geleistet wird. Der analytischen Definition = Begriffszergliederung liegt ob, einen als gegeben betrachteten Begriff in seine Bestandteile = Teilvorstellungen zu zergliedern, um so zur Kenntnis seines Inhaltes vorzudringen. In einer weiteren Bedeutung wird dann die Begriffszergliederung, sei es als Begriffszergliederung im früheren Sinne, sei es als sogenannte Begriffsexposition = Begriffserörterung, hingestellt. Die Exposition besteht dann darin, die in einem als gegeben zu betrachtenden Begriffe sicher enthaltenen Teilvorstellungen zu ermitteln, um sich durch Fortsetzung dieses Verfahrens einer Begriffszergliederung im engeren Sinne soweit wie möglich zu nähern, ohne daß mit einer derartigen Exposition beansprucht wird, eine vollständige Angabe des Inhaltes des betreffenden Begriffes zu liefern.

Die Begriffskonstruktionen — die durch sie gebildeten Begriffe werden auch als „gemachte" bezeichnet im Unterschiede zu allen anderen, den „gegebenen" — sollen nun vorzugsweise der Mathematik eigentümlich sein, während sie in der Philosophie höchstens dann zulässigerweise auftreten könnten, wenn man sich bereits im Besitze des Systems der Grundvoraussetzungen der Philosophie befindet.

Die Kantische Begründung dafür ist schon bei Gelegenheit der Darstellung der Kantischen Methodenlehre gegeben worden, kann aber im Rahmen seiner Überlegungen auch folgendermaßen erbracht werden: Da man bei der synthetischen Definition eines Begriffes auf andere Begriffe zurückgreifen muß und infolgedessen bei Fortsetzung des Definitionsverfahrens hinsichtlich dieser Begriffe usw. schließlich auf die Grundbegriffe stößt, die bei derartigem Vorgehen als gegeben hingenommen werden müssen, erhebt sich die Frage, wenn man innerhalb einer Wissenschaft überhaupt definieren will, ob einem die Grundbegriffe derselben auch hinreichend bekannt sind, und also auch tatsächlich als klare und deutliche hingenommen werden können. Nur in dem

Falle nämlich, in welchem diese Annahme zutrifft, ist das Definieren am Platze. In dem Falle aber, in dem diese Annahme nicht als zutreffend zu betrachten ist, kann einem alles Definieren allein nichts helfen. Man würde nämlich durch Definitionen die mangelnde Geklärtheit der Grundbegriffe in keiner Weise abstellen können. Man würde vielmehr in einem solchen Falle durch Definieren alle Ungenauigkeiten, die in den zu Grundbegriffen genommenen Gebilden enthalten sind, mit peinlicher Genauigkeit auf alle weiteren Begriffsbildungen übertragen. Nur innerhalb derjenigen Wissenschaften also, bei denen über die Grundlagen, jedenfalls soweit auf dieselben zum Definieren zurückgegriffen werden müßte, keine Zweifel bestehen, kann ein definitorisches Vorgehen am Platze sein. Bei allen anderen aber würde die Anwendung der Definitionstechnik bei der Begriffsbildung nur dazu dienen, die in den mangelhaften Grundlagen enthaltenen Vorurteile zu systematisieren.

Da nun der Mathematiker, so behauptet Kant, in Form derjenigen unmittelbaren Erkenntnis, die sich als reine Anschauung erweise, sich jederzeit in den Besitz einer einwandfreien Kenntnis der Grundlagen seiner Wissenschaft zu setzen vermöge, könne er bei der Begriffsbildung mittels synthetischer Definitionen fortschreiten. Und dies um so mehr, da er seine Begriffe unmittelbar und zwar in abstracto und nicht nur in concreto in der reinen Anschauung darzustellen in der Lage sei. Der Mathematiker könne also die Erfülltheit oder wie Kant und Fries sich ausdrücken, die Realität seiner Begriffe jederzeit in der reinen Anschauung dartun, das heißt durch Darstellung unter diese Begriffe fallender Gegenstände in der reinen Anschauung begründen, daß es Gegenstände gibt, die unter diese Begriffe fallen. Der Mathematiker könne mithin an die Spitze der Darstellung seiner Wissenschaft ein System von Grundbehauptungen stellen, in welchem die Grundbegriffe miteinander verknüpft würden, ohne befürchten zu müssen, daß ein derartiges System von Voraussetzungen eventuell ein widerspruchserfülltes wäre, oder noch schärfer ausgedrückt, ohne befürchten zu müssen, daß sich ein derartiges System nicht als ein brauchbares System von Voraussetzungen, sondern als ein unbrauchbares System von Vorurteilen u. U. darstellen könnte. Der Mathematiker könne und dürfe also, im früher angegebenen Sinne, progressiv, konstruktiv und dogmatisch vorgehen.

Was nun die Begriffskonstruktionen = synthetischen Definitionen im einzelnen betrifft, so reiht eine solche den durch sie im

Rahmen einer Disziplin konstruierten Begriff an die Kette der Begriffskonstruktionen an, die von den Grundbegriffen der betreffenden Disziplin ausgeht. Bei einer vollständig angegebenen synthetischen Definition muß man also bei den Prinzipien beginnen, kann die in ihnen enthaltenen Begriffe — es sind dies keine gemachten — ihrerseits aber nicht mehr definieren. Jeder definierte Begriff tritt also an einer bestimmten Stelle in die Kette der Definitionen ein, die bei den Begriffen beginnt, welche in den Prinzipien enthalten sind. Zu einer Definition wird man also, so schließen Kant und Fries, einen ersten Begriff, den Gattungsbegriff, anzugeben haben, durch den er „nach oben" mit den Prinzipien verbunden ist, und ferner einen zweiten, den Artunterschied, der ihn von anderen mit dem genannten Gattungsbegriffe verbundenen Begriffen zu unterscheiden erlaubt. Die alte auf Aristoteles zurückgehende Regel: Definitio fit per genus proximum et differentiam specificam, wird also, was ihre Anwendung auf Begriffe betrifft, aufrecht erhalten.

Von den Begriffskonstruktionen wird dann weiter noch verlangt, daß sie folgende Eigenschaften besitzen: Sie sollen adäquat sein, d. h. den Inhalt des zu konstruierenden Begriffes restlos liefern. Sie sollen ausführlich sein, d. h. jede konstitutive Teilvorstellung (jedes konstitutive Merkmal) des zu konstruierenden Begriffes angeben, wobei eine Teilvorstellung als eine konstitutive betrachtet wird, die unmittelbar verwendet werden muß, um den Inhalt des fraglichen Begriffes zu bilden. Sie sollen präzise sein, d. h. den bei der Konstruktion zu benutzenden Gattungsbegriff wie Artunterschied als klare und deutliche Vorstellungen derart verwenden, daß das zwischen beiden im einzelnen obwaltende Verhältnis genau angegeben wird. Sie sollen ursprünglich sein, d. h. so beschaffen sein, daß sie nicht noch eines Beweises bedürfen, denn dann, wird behauptet, wären sie ungeeignet, an der Spitze aller einschlägigen Urteile zu stehen. Sie sollen schließlich im bekannten Sinne des Wortes zirkelfrei sein.

Bilden Kant zufolge die Mathematik und die mathematischen Naturwissenschaften die eigentliche Domäne der Begriffskonstruktionen, so müsse das Verfahren des Philosophen entsprechend dem Wesen seiner Disziplin ein völlig anderes sein. Denn der Philosoph könne sich einmal zum Zwecke der Begründung der Wahrheit seiner Grundbehauptungen und Erfülltheit seiner Grundbegriffe nicht der unmittelbaren Erkenntnis der reinen Anschauung, die einer Begründung weder fähig noch bedürftig sei, bedienen, da seine Begriffe mit der reinen Anschauung nichts zu tun hätten. Er könne sich zum anderen auch nicht auf eine intellektuelle Anschauung berufen, welche im gleichen Verhältnis zur Philosophie stünde wie die reine Anschauung zur Mathematik, da es eine solche überhaupt nicht gebe. Dem Philosophen bleibe also, was die Begriffsbildung betreffe, gar nichts anderes übrig, als die Begriffe, die wir schon im gewöhnlichen Verstandesgebrauche verwendeten, kritisch zu sichten, um aus ihnen allmählich durch Exposition zu seinen Begriffen zu gelangen. In der Philosophie handele es sich also bei der Feststellung der Grundbegriffe darum, aus den von jedermann benutzten Begriffen die eigentlichen Grundbegriffe durch Zergliederung herauszuschälen. Das Verfahren des Philosophen bei der Definition seiner Begriffe dürfe also im Unterschiede zu dem des Mathematikers nur regressiv, zergliedernd und kritisch sein.

Eine derartige Begriffszergliederung wie sie hiernach in der Philosophie und in den beschreibenden Naturwissenschaften und in den Geisteswissenschaften am Platze ist, kann sich naturgemäß nur auf einen bereits gegebenen, wenn zunächst auch nur unklar oder provisorisch gegebenen Begriff erstrecken. An solchen gegebenen Begriffen kennt Kant, übrigens wendet er diese Unterscheidung auch hinsichtlich der „gemachten" Begriffe an, zwei Arten: die empirischen und diejenigen a priori.

Hierbei wird ein Begriff als ein solcher „a priori" betrachtet, wenn er nicht von der Erfahrung abgezogen ist, sondern auch dem Inhalte nach aus dem Verstande oder der Vernunft entspringt; anderenfalls heißt er ein „empirischer". Kant behauptet nun: Die empirisch gegebenen Begriffe können überhaupt nicht sensu stricto definiert werden im Sinne einer erschöpfenden Begriffszergliederung. Denn um zu einem empirisch gegebenen Begriffe im obigen Sinne zu gelangen, bedürfe man der Absonderung vieler vielen wirklichen Gegenständen gemeinsamer Merkmale aus der gewöhnlichen Anschauung, und man sei nie sicher, ob man hierbei auch die sämtlichen in Frage kommenden (konstitutiven) Merkmale ermittelt habe. Eine Begriffszergliederung im strengen Sinne sei also bei einem empirisch gegebenen Begriffe nicht zu erreichen. Man müsse sich mit Annäherungen an eine solche zufrieden geben; den betreffenden Begriff könne man nur „erörtern" oder „exponieren". Das soll, wie gesagt, heißen, man könne sich nur eine deutliche, aber eben nicht erschöpfende Vorstellung von dem verschaffen, was zu dem betreffenden Begriffe hinsichtlich seines Inhaltes gehöre. Man müsse sich damit begnügen, die in dem Begriffe enthaltenen Merkmale, soweit sie einem bekannt sind, anzugeben und sich durch Fortsetzung dieses Verfahrens einer vollständigen Begriffszergliederung zu nähern, ohne sie jedoch zu erreichen.

Aber auch die reinen, gegebenen Begriffe seien nur im Idealfall einer eigentlichen Begriffszergliederung zu unterwerfen. Denn bei ihnen könne man in praxi niemals sicher sein, daß man den Inhalt eines verworrenen, gegebenen Begriffes auch ausführlich entwickelt habe. Der Begriff nämlich, so wie er einem gegeben ist, könne viele dunkle Teilvorstellungen enthalten, die man zwar in der Anwendung jederzeit brauche, die man aber bei der Zergliederung u. U. übergehe, so daß die Ausführlichkeit der Zergliederung des Begriffes immer bezweifelbar bleibe. Man könne im besten Falle nur durch zahlreiche, zutreffend gewählte Beispiele sich einer eigentlichen Begriffszergliederung nähern, komme also auch bei den reinen, gegebenen Begriffen streng genommen nur zu einer Exposition derselben. Hinsichtlich der Begriffszergliederungen einschließlich der Expositionen ist endlich noch abschließend hervorzuheben, daß sie entsprechend ihrer Eigenart naturgemäß mehr Untersuchungen beenden als eröffnen können.

§ 10. Am Schluß unserer Darstellung der Lehre (B) müssen wir aber die gleiche Bemerkung machen wie am Schluß unserer Darstellung der Lehre (A). Auch Kant und Fries, offenbar hier im Banne der Aristotelischen Tradition, verwenden den Terminus Definition nicht nur zur Bezeichnung einer Begriffsbestimmung, sondern auch zur Bezeichnung für eine völlig willkürliche Festsetzung über die Bedeutung eines neu einzuführenden Terminus technicus bzw. zur Bezeichnung für die Angabe der Bedeutung, die ein Zeichen besitzt. Sie unterscheiden also zwischen Nominal- und Realdefinitionen (Fries kennt sogar Verbal-, Nominal- und Realdefinitionen), ohne zu beachten, daß durch eine derartige Benennung Dinge miteinander in enge Beziehung gebracht werden, die besser auf das Sorgfältigste voneinander zu trennen sind.

Drittes Kapitel
Die Definition als Feststellung der Bedeutung, die ein Zeichen besitzt, bzw. der Verwendung, die es findet

§ 11. Im Unterschiede zu den Lehren (A) und (B), die sehr zahlreiche ausdrückliche Vertreter gefunden haben, ist die Lehre (C) explizit wohl überhaupt nicht vertreten worden. Aber auch wenn sie nicht ausdrücklich aufgestellt sein dürfte, so haben sie doch zahlreiche Forscher der Tat nach vertreten, indem sie die Geltendmachung eines Anspruches auf Wahrheit, welche mit jeder Realdefinition verbunden ist, auf jede Nominaldefinition zu übertragen suchten.

Wie kann man aber bei Angabe einer Benennung auf irgendwelche Wahrheit Anspruch erheben? Man kann das nur insofern tun, als man mit der Angabe der Benennung stillschweigend oder ausdrücklich den Anspruch erhebt, daß diese Benennung keine willkürlich neu ersonnene ist, sondern nur einen bereits bestehenden Sprachgebrauch getreu wiedergibt. Es wird dann also eine Definition, sofern es sich um eine Nominaldefinition handelt, zwar der Form nach in Gestalt einer willkürlichen Verabredung über ein neu einzuführendes Zeichen gegeben werden, aber sie wird gekoppelt mit der stillschweigenden These auftreten, daß sie sich bestehendem Sprachgebrauch anpaßt. Und die Begründung, die alsdann erforderlich ist, um die Richtigkeit der stillschweigenden These zu erhärten, wird zu einer mehr oder weniger umständlichen, vorwiegend historisch-philologischen Arbeit ausarten.

§ 12. Typische Beispiele für derartige Nominaldefinitionen, die mit dem Anspruch auftreten, bestehenden Sprachgebrauch innerhalb einer Gemeinschaft oder Gesellschaft zu präzisieren, findet man innerhalb der Jurisprudenz, und wir wollen, um diese Definitionsweise für unsere Zwecke zu kennzeichnen, ein besonders charakteristisches anführen: Was ist eine Eisenbahn? „Eine Eisenbahn ist ein Unternehmen, gerichtet auf wiederholte Fortbewegung von Personen oder Sachen über nicht ganz unbedeutende Raumstrecken auf metallener Grundlage, welche durch ihre Konsistenz, Konstruktion und Glätte den Transport großer Gewichtsmassen bzw. die Erzielung einer verhältnismäßig bedeutenden Schnelligkeit der Transportbewegung zu ermöglichen bestimmt ist und durch diese Eigenart in Verbindung mit den außerdem zur Erzeugung der Transportbewegung benutzten Naturkräften (Dampf, Elektrizität, tierischer oder menschlicher Muskeltätigkeit, bei geneigter Ebene der Bahn auch schon der eigenen Schwere der Transportgefäße und deren Ladung usw.) bei dem Betriebe des Unternehmens auf derselben eine verhältnismäßig gewaltige (je nach den Umständen nur in bezweckter Weise nützliche oder auch Menschenleben vernichtende und die menschliche Gesundheit verletzende) Wirkung zu erzeugen fähig ist." (Entscheidung des Deutschen Reichsgerichtes in Zivilsachen, Band I, Seite 252.)

Man ersieht aus diesem Beispiele besonders deutlich, wie die Absicht, für die Zwecke einer geordneten Rechtsprechung eine brauchbare Fassung dessen zu geben, was als „Eisenbahn" im Sinne der Gesetze zu gelten hat, dazu führte, an Stelle einer Nominaldefinition die Form einer sich bestehendem Sprachgebrauch anpassenden Beschreibung zu wählen: „Eine Eisenbahn ist . . ." Es liegt aber auf der Hand, daß diese Form der Beschreibung einer „Eisenbahn", weit davon entfernt eine wissenschaftlich-technisch einwandfreie zu sein, tatsächlich nur, etwa im Hinblick auf Entschädigungsprozesse bei Unglücksfällen, den Zweck hat festzulegen, was von Stund ab im Sinne der geltenden Gesetze als „Eisenbahn" zu betrachten ist. Und dabei kann man nicht etwa aus den „Tiefen der Vernunft" heraus ermitteln, was nun eben eine „Eisenbahn" ist, sondern man kann lediglich, sich tunlichst dem Sprachgebrauch des täglichen Lebens anpassend, in logischer Hinsicht willkürlich festsetzen, was vom Gesetzgeber bzw. Richter als eine „Eisenbahn" angesehen wird. Diese logische Willkür, die sich innerhalb der Jurisprudenz natürlich nicht allein auf „Nominaldefinitionen" erstreckt, hat übrigens zwar keinen hinreichenden Grund, aber einen verständlichen Anlaß abgegeben für die bekannte These von Kirchmanns: Ein Wort des Gesetzgebers und ganze juristische Bibliotheken sind Makulatur.

§ 13. Schon innerhalb der Jurisprudenz liefert das gelegentliche Ineinandergreifen von willkürlichen Vereinbarungen, die sich der landläufigen Ausdrucksweise oft, aber eben nicht immer weitgehend anpassen, mit dem unabhängig von der juristischen Terminologie faktisch bestehenden Sprachgebrauch, dem sich u. U. auch der Jurist nicht entziehen kann, mancherlei Quellen für irrtümliche Folgerungen. Dieses Ineinandergreifen wirkt sich aber geradezu verhängnisvoll bei vielen Philosophen aus, die der heilsamen Zucht mathematischer Bildung nicht oder nur merklich unvollkommen teilhaftig geworden sind.

Zergliedern wir ein Beispiel: Sei etwa zu begründen, daß die sogenannte Erfahrung sich darstelle als eine Vereinigung von synthetischen Urteilen a priori mit gewöhnlichen Wahrnehmungsurteilen. Dazu ist „nur" nötig, daß man sich einer an früherer Stelle gegebenen „Nominaldefinition" des Terminus „Erfahrung" erinnert, wonach „Erfahrung" nichts anderes sein sollte als der Name für das Resultat der Unterordnung von bloßen Wahrnehmungsurteilen unter synthetische Prinzipien a priori. Aus dem bei der gewählten Vereinbarung über den Sprachgebrauch zwar wahren, aber gänzlich trivialen Satze, daß „Erfahrung" im Sinne der Nominaldefinition sich als eine Vereinigung von synthetischen Urteilen a priori mit gewöhnlichen Wahrnehmungsteilen erweist, kann man nun eine „tiefe philosophische Wahrheit" machen und auf derselben u. U. ein System errichten. Man braucht dazu „nur noch" an Stelle der willkürlich gewählten Bedeutung des Terminus „Erfahrung" die übliche zu setzen, um dann im weiteren Fortgang der Untersuchungen schließlich zu der Überzeugung zu gelangen, man habe von der „Erfahrung" im üblichen Sinne des Wortes einwandfrei begründet, daß sie synthetische Prinzipien a priori mitenthalte.

Man verdankt L. Nelson[1]) eine ebenso vorzügliche wie kurze Schilderung dieser, wie er sie genannt hat, „Verbalmethode der Erschleichungen": Man stelle unter dem Titel einer unbezweifelbaren Wahrheit einen Satz auf, der nur den Wert einer leeren Trivialität hat, dessen trivialer Charakter aber durch die Wahl einer willkürlichen Terminologie verschleiert wird. Alsdann setze man an Stelle der willkürlich gewählten Bedeutung der benützten Termini, in welcher der Satz zwar wahr, aber, wie gesagt, ein gänzlich trivialer ist, die sprachübliche Bedeutung. Dann erscheint der Satz in Gestalt einer „tiefen philosophischen Wahrheit" scheinbar aus bloßer Logik abgeleitet vermittels bündiger Überlegungen.

Viertes Kapitel
Die Definition als Festsetzung
über die Bedeutung eines neu einzuführenden Zeichens bzw. über die Verwendung, die es finden soll

§ 14. Wir kommen nun zu der letzten als typisch zu bezeichnenden Lehre von der Definition, zu der Lehre (D). Ihr zufolge ist eine Definition eine Festsetzung über die Bedeutung, die man einem neu einzuführenden Terminus zu geben beabsichtigt bzw. über die Verwendung, die er finden soll. Da wir in dem anschließenden

---

[1]) Vgl. L. Nelson, Über das sog. Erkenntnisproblem, 1908, S. 287 ff. des Sonderdruckes.

systematischen Teil diese Lehre in allen Einzelheiten behandeln werden, können wir uns an dieser Stelle kurz fassen.

Einer der ersten, die eine Definition mit Entschiedenheit als eine Festsetzung über die Bedeutung eines Zeichens auffaßten, war Hobbes. Aber da er zugleich Zeichen und Bezeichnetes nicht hinreichend unterschied, so daß ihm zufolge eine auf französisch ausgedrückte Wahrheit von derselben auf englisch ausgesprochenen Wahrheit zu unterscheiden ist, weil beide zwei ganz verschiedene Wahrheiten sein sollen, obwohl sie doch nur verschiedene sprachschriftliche Fixierungen ein und derselben Wahrheit sind, war seine Definitionslehre wenig fruchtbar. In einer lediglich auf Klärung der Probleme gerichteten Übersicht über die wichtigsten Lehren von der Definition braucht deshalb nicht näher auf seine einschlägigen Theorien eingegangen werden.

War Hobbes einer der ersten, der mit Entschiedenheit die Definitionen als willkürliche Benennungen auffaßte, so war Pascal der erste, der die Hobbessche Lehre in gereinigte Form zu bringen wußte, so daß einige Fundamentallehren der modernen Theorie der Definition, wie sie innerhalb der an der Mathematik orientierten Logik dargestellt werden, auch heute noch aus der Abhandlung De L'Esprit Géométrique oder aus den betreffenden Teilen der Logik von Port-Royal geradezu entnommen werden können.

Zunächst entwickelt Pascal daselbst die Grundeigenschaften der von ihm sogenannten „vollkommensten Methode", die einen instand setzen soll, Wahrheiten abschließend zu beweisen, in deren Besitz man sich u. U. bereits befindet. Diese allerdings für Menschen, wie er zugibt, unanwendbare Methode ist eine überaus einfache. Sie ist durch zwei Forderungen charakterisiert. Erstens: Man verwende keinen Ausdruck, dessen Bedeutung man nicht zuvor unmißverständlich angegeben hat. Zweitens: Man stelle keine Behauptung auf, die man nicht zuvor aus bekannten Wahrheiten bewiesen hat. Die Methode besteht also kurz gesagt darin, alle Ausdrücke zu definieren und alle Behauptungen zu beweisen. Dabei fällt den Definitionen lediglich die Aufgabe zu, schleppende Ausdrücke dadurch vermeiden zu helfen, daß man sie durch neugewählte Kurzzeichen ersetzt, die genau das bezeichnen, was sich bislang nur bei Benutzung der schleppenden Ausdrücke umständlich sagen ließ. Daraus folgert Pascal, daß man bei der Wahl seiner Definitionen völlig willkürlich verfahren könne und innerhalb einer solchen niemals dem Widerspruche unterworfen sei. Denn es gebe eben anscheinend nichts Erlaubteres, als einer Sache, die einen umständlichen Namen hat, einen bequemen und kurzen von Stund an zu erteilen. Man müsse dabei nur beachten, daß man die Freiheit in der Wahl der zu benutzenden Zeichen nicht in der Weise mißbraucht, daß man verschiedenen Gegenständen dasselbe Zeichen per definitionem zuordnet. Aber selbst das sei dann unschädlich, wenn man trotz der Mehrdeutigkeit der Termini nicht in den Fehler verfällt, Beschaffenheiten gleich bezeichneter, aber verschiedener Gegenstände miteinander zu verwechseln.

Aber so vortrefflich diese Methode ist, so unmöglich sei es für uns, sie anzuwenden. Denn es liege auf der Hand, daß die ersten Ausdrücke, die man sich anschickte zu definieren, andere voraussetzten, welche zur Definition dienen müßten und daß entsprechend die ersten Behauptungen, die man beweisen wollte, andere bislang nicht bewiesene erforderten. Man würde sich also, wollte man alle Ausdrücke definieren und alle Behauptungen beweisen, die sukzessive Vollendung zweier unendlicher Regresse aufbürden. Aber wenn es dem Menschen auch nicht gegeben sei, alle Ausdrücke zu definieren und alle Behauptungen zu beweisen, so solle er nun nicht etwa nichts definieren und nichts beweisen, sondern er solle die definierbaren, nicht durch sich selbst verständlichen Ausdrücke vermittels anderer, durch sich selbst verständlicher definieren. Und er solle die nicht durch sich selbst einleuchtenden Wahrheiten mit Hilfe der durch sich selbst einleuchtenden beweisen.

Als Regeln für die Aufstellung von Definitionen gibt Pascal in der Abhandlung De L'Art de Persuader die folgenden drei an: Ausdrücke, die dergestalt bekannt sind, daß es für sie klarere Ausdrücke nicht gibt, sind nicht zu definieren. Keine Ausdrücke, die nur im Geringsten dunkel oder zweideutig sind, sind undefiniert zu lassen. Zu einer Definition sind nur vollkommen bekannte oder schon definierte Ausdrücke zu benutzen.

Er fordert weiterhin, daß man in den benutzten Ausdrücken, wenn definierte Zeichen in ihnen enthalten seien, diese in Gedanken durch die ihnen per definitionem zugeordneten ersetze, um durch Fortsetzung dieses Verfahrens schließlich feststellen zu können, ob die ursprünglichen Ausdrücke auch restlos durch allerdings ungefüge Kombinationen durch sich selbst verständlicher Zeichen ersetzbar seien.

Von diesen Definitionen, Pascal nennt sie auch gelegentlich Nominaldefinitionen, seien die sogenannten Realdefinitionen auf das Sorgfältigste zu unterscheiden. Eine Realdefinition stelle sich nämlich als eine keineswegs willkürliche Angabe der Beschaffenheiten eines Objektes dar, und zwar als eine Angabe, aus der man alle weiteren in ihr nicht ausdrücklich angegebenen Beschaffenheiten des betreffenden Objektes ermitteln kann. Abschließend stellt dann Pascal, der die Wahrheiten als unabhängig existierend von ihrem etwaigen Erkannt- oder Begründetwerden betrachtet, die Definitionen wie die Beweise als Instrumente, als Hilfsmittel hin für die Mitteilung und für die Feststellung von Wahrheiten. Und zwar dergestalt, daß der bei den Grundausdrücken beginnenden Kette der Definitionen, die der Mitteilung der Wahrheiten dienen, auf der Seite der Feststellung der Wahrheiten die bei den Axiomen ansetzende Reihe der Beweise entspricht.

§ 15. Dieser Pascalschen Definitionslehre, die an Einfachheit und Klarheit nichts zu wünschen übrig läßt, war ein wenig erfreuliches Schicksal beschieden: Sie blieb im wesentlichen unbeachtet. Selbst ein so überragender Forscher wie Leibniz, der in anderer Hinsicht so viele wichtige Theorien für die an der Mathematik orientierte Logik entwickelt hat, ging an der Pascalschen Definitionslehre nahezu vorüber. Er faßte, ohne sich zu einer einhelligen Theorie durchzuringen, eine Definition zunächst vorwiegend auf als eine Konstruktion oder Erzeugung eines nicht als vorliegend betrachteten Begriffes aus den Grundbegriffen oder Charakteren bzw. als eine Auflösung oder Zergliederung eines gegebenen Begriffes, die bis zu den Grundbegriffen oder Charakteren führt. Eine Definition gilt ihm deshalb als eine logische Operation bzw. als das Resultat einer solchen. Davon aber ganz unabhängig kennt er gelegentlich Definitionen im Pascalschen Sinne, jedoch hiermit wie mit den früheren nicht in Einklang, auch noch sogenannte Definitionen von Gegenständen, die weder Begriffe noch Namen sind. Soviel läßt sich aber trotzdem von der Leibnizschen Definitionslehre sagen, daß ihr zufolge Definitionen in der Regel keine Behauptungen sein sollen. Im Widerspruch dazu lehrt er aber, daß, wenn man nur hinreichend weit zurückgeht, jede abgeleitete Vernunftwahrheit auf identische Sätze und Definitionen zurückgeführt werden kann und daß dann die Definitionen als Behauptungen, nämlich als Prämissen von Beweisen, erscheinen. Er verwechselt also hierbei anscheinend eine Behauptung über eine Definition mit einer Definition im Sinne einer logischen Operation bzw. des in Gestalt eines Begriffes vorliegenden Resultates einer solchen.

Die wichtigsten Typen der Definitionen sind nach Leibniz die folgenden: Nominaldefinitionen, Realdefinitionen, Kausaldefinitionen und schließlich, wie wir sie nennen wollen, Essentialdefinitionen.

Als Nominaldefinitionen gelten dabei diejenigen Definitionen, die einem gestatten, das Definierte von allen anderen Gegenständen zu unterscheiden, ohne zugleich die Möglichkeit desselben sicherzustellen.

Die Realdefinitionen sollen diejenigen Definitionen sein, die erstens die Haupteigenschaft der Nominaldefinitionen besitzen, aus denen sich aber zweitens unmittelbar die Möglichkeit des Definierten ergebe.

Als Kausaldefinitionen werden diejenigen Definitionen bezeichnet, bei denen man die Art a priori einsieht, wie sich der Gegenstand der Definition erzeugen läßt. Abweichend davon werden dann aber auch gelegentlich Kausaldefinitionen als solche Realdefinitionen hingestellt — man könnte sie die apriorischen Realdefinitionen nennen — bei denen die Möglichkeit des Definierten a priori, d. h. ohne Berufung auf die Wirklichkeit desselben, erkannt wird. Von diesen besonderen Realdefinitionen unterscheidet er weiter diejenigen — es wären bei analoger Bezeichnungsweise die aposteriorischen — bei denen die Möglichkeit des Definierten durch Erfahrungen begründet wird.

Die Essentialdefinitionen, Leibniz nennt sie die wesentlichen oder vollkommenen, sind schließlich diejenigen Definitionen, bei denen die Zergliederung des Definierten, wie er sich ausdrückt, bis ans Ende und bis zu den ursprünglichen Begriffen durchgeführt wird, ohne das Geringste vorauszusetzen, das eines Beweises seiner Möglichkeit bedarf.

Man ersieht aus dieser von Leibniz nicht zur völligen Klärung gebrachten Definitionslehre, daß er zwar gelegentlich die zutreffende Auffassung der Definitionen als willkürlicher Operationen mit Zeichen gestreift hat, daß es ihm aber, offenbar zu nachhaltig beeinflußt von der Aristotelischen Definitionslehre, nicht gelang, die glücklichen Ansätze Pascals weiter zu verfolgen. Eine in logischer Hinsicht überaus einfache Theorie, wie die Pascalsche Definitionslehre, bietet eben wie so vieles in logischer Hinsicht Einfache dem Verständnisse außerordentliche Schwierigkeiten. Das zeigt sich selbst bei neueren Forschern, die ursprünglich sogar den Pascalschen Ansatz annehmen, dann aber im weiteren Verfolg ihrer Untersuchungen zur Definition in mit diesem Ansatze unverträgliche quasi-Aristotelische Lehren abgleiten.

§ 16. So behauptet etwa W. Wundt, einer der bekanntesten neueren Vertreter der nicht mathematisch orientierten Logik, zu Beginn seiner einschlägigen Untersuchungen, daß jede Definition immer nur die Definition eines Zeichens sei. Und zwar besteht ihm zufolge eine Definition darin, daß einem Worte, dessen begriffliche Bedeutung noch nicht bekannt ist, dadurch eine solche gegeben wird, daß man es durch andere bestimmt, deren begriffliche Bedeutung als bekannt zu gelten hat. Wird vermittels einer Definition die Bedeutung eines Wortes bestimmt ohne Rücksicht auf die systematische Einordnung des durch das Wort bezeichneten Begriffes, so hat man es mit einer Nominaldefinition in einem neuen Sinne des Wortes zu tun. Bestimmt man aber durch eine Definition die begriffliche Bedeutung eines Wortes und zugleich die Stellung dieses Begriffes innerhalb eines Begriffssystems, so stellt man eine Realdefinition in einem neuen Sinne des Wortes auf. Eine weitergehende Analyse des definitorischen Verfahrens führt schließlich nach Wundt auf zwei undefinierbare Bestandteile von verschiedenem Charakter[1]: „erstens auf die Elemente der unmittelbaren Erfahrung oder die Inhalte des Bewußtseins, die wahrgenommen werden müssen und eben darum nicht definiert werden können, und zweitens auf die allgemeinsten Abstraktionen, die, insofern ihnen jeder anschauliche Inhalt abhanden gekommen ist, eine bloß formale Bedeutung besitzen, da in ihnen lediglich die intellektuellen Funktionen zum Ausdruck kommen, deren wir uns bei der Ordnung des empirischen Stoffes bedienen. Diese Funktionen sind wiederum einer eigentlichen Definition nicht zugänglich, sondern es können bei ihnen höchstens die Bewußtseinsakte beschrieben werden, die bei der Erzeugung der Begriffe wirksam sind." Da eine Definition nach Wundt stets einen gegebenen Begriff durch eine Mehrheit anderer Begriffe erklärt — hier ist offenbar gar nicht mehr die Rede von einer Definition im Sinne einer Vereinbarung über die zu benutzende Bezeichnungsweise —, geht man beim Definieren entweder analytisch oder synthetisch vor, je nachdem man durch Zerlegung gegebener Begriffe oder durch Verbindung gegebener

---

[1] W. Wundt, Logik, 1907, Bd. II, S. 44/45.

Begriffe zu einem neuen gelangt. Im ersten Fall hat man es mit analytischen Definitionen zu tun, von denen die beiden wichtigsten Arten die deskriptiven und die analytischen im engeren Sinne sind. Dabei erweisen sich jene lediglich als abgekürzte Beschreibungen, während es Aufgabe dieser ist, die wechselseitige Beziehung der Begriffselemente zu fixieren. Im zweiten Fall hat man es mit synthetischen Definitionen zu tun, die in der Regel angeben, wie sich ein Begriff aus seinen „charakteristischen Eigenschaften" zusammensetzt. Die Hauptart der synthetischen Definitionen bilden die von Wundt sogenannten genetischen Definitionen, in denen die erwähnten „charakteristischen Elemente" als die Bedingungen der Entstehung desjenigen Begriffes auftreten, dessen „charakteristische Elemente" sie sein sollen.

Das analoge Verhalten ist bei Ch. Sigwart festzustellen, der auch eingangs eine Definition als eine Angabe einer Vereinbarung über Zeichen auffaßt, um später diesen Standpunkt unvermerkt zugunsten anderer zu verlassen.

Nach Sigwart[1]) ist zunächst jede Definition eine Nominaldefinition. Und zwar besteht eine Definition ihm zufolge aus einem Urteil, in welchem die Bedeutung eines Wortes angegeben wird, das einen Begriff bezeichnet. Diese Angabe der begrifflichen Wortbedeutung kann auf zwei Weisen erfolgen. Entweder zerlegt man den betreffenden Begriff in seine Merkmale, wodurch nach Sigwart der Inhalt des Begriffes vollständig dargelegt wird, oder aber man kennzeichnet seine Stellung in einem Begriffssystem näher, indem man den nächsthöheren Gattungsbegriff und den artbildenden Unterschied angibt. Dient eine Definition dazu, einen schon gebildeten Begriff durch Angabe eines ihn bezeichnenden Terminus darzulegen, so heißt sie eine analytische oder erklärende. Dient sie dazu, einen neuen Begriff durch eine Synthese bestimmter Merkmale aufzustellen und einen Terminus für denselben einzuführen, so heißt sie eine synthetische oder bestimmende. Von diesen Arten der Definition sind aber sorgfältig die von Sigwart sogenannten „Worterklärungen" zu sondern, die bloß den faktischen Sprachgebrauch festzustellen haben. Hervorzuheben ist schließlich noch an der Sigwartschen Lehre, die ersichtlich Real- und Nominaldefinitionen entgegen ihren eigenen Darlegungen doch nicht reinlich scheidet, daß ihr zufolge alle Definitionen auf die Bezeichnungen

---

[1]) Ch. Sigwart, Logik, 1924, Bd. I, S. 379 ff.

der „letzten Elemente" zurückgehen, für die es keinerlei Definition gebe, sondern von denen vorausgesetzt werden müsse, daß sie allen unmittelbar in gleicher Weise verständlich seien.

§ 17. Aus diesen Beispielen, welche man noch um viele vermehren könnte, ist zu ersehen, daß die Pascalsche Definitionslehre sich bei den offiziellen Logikern nicht hat durchsetzen können. Aber wenn ihr auch dies nicht gelang, so wirkte sie doch weiter im Kreise der philosophisch interessierten Mathematiker wie der mathematisch orientierten Logiker. Tiefere Ausgestaltung fand sie vor allem bei J. D. Gergonne[1]) und bei Bolzano[2]), von denen der letztgenannte in seiner Wissenschaftslehre wohl zum erstenmal eine vollständige Übersicht und Klärung der in der landläufigen Definitionslehre miteinander vermengten Probleme anzugeben wußte. Da wir aber im folgenden systematischen Teile dieser Arbeit gerade diese aus den Pascalschen Ansätzen hervorgegangene Definitionslehre entwickeln werden, wollen wir hier, um uns nicht zu wiederholen, auf eine Darstellung der Definitionslehre von Gergonne, von Bolzano, von Frege und von anderen Vertretern der an den exakten Wissenschaften orientierten Logik Verzicht leisten.

---

[1]) Vgl. die im Literaturverzeichnis angegebene Abhandlung J. D. Gergonnes.
[2]) Vgl. die im Literaturverzeichnis angegebenen einschlägigen Paragraphen der Bolzanoschen Wissenschaftslehre.

Zweiter Hauptabschnitt
Die Lehre von der Definition

Erstes Kapitel
Die Lehre von der Definition im engeren Sinne

I. Einleitende Bemerkungen

§ 18. Unsere auf Klärung der Probleme gerichtete Übersicht über die wichtigsten Darstellungen, die die Lehre von der Definition gefunden hat, zeigt, daß es nie oder fast nie gelungen ist, die nachstehend angeführten Aufgaben mit erforderlicher Sorgfalt auseinander zu halten:

A. Die Festsetzung über die Bedeutung eines neu einzuführenden Zeichens bzw. über die Verwendung, die es finden soll, einschließlich der sogenannten Erläuterung.

B. Die Konstruktion neuer Begriffe aus gegebenen Bestandteilen bzw. die Zergliederung gegebener Begriffe in Gebilde, aus denen man sie konstruieren kann, einschließlich der sogenannten Exposition im Kantschen Sinne.

C. Die sogenannte Zeichenanalyse, d. h. die Feststellung der Bedeutung, die ein Zeichen bereits besitzt, bzw. die Feststellung der Verwendung, die es findet.

D. Die sogenannte Sacherklärung (Wesensbestimmung), die im Idealfall die Angabe derjenigen Beschaffenheiten eines Gegenstandes ist, aus deren Kenntnis man alle anderen desselben (im Rahmen einer Theorie) ableiten kann.

Wir werden infolgedessen diese Probleme jedes für sich behandeln. Hierbei ist es belanglos, ob man nun die Definition im Sinne von (A) oder die Begriffskonstruktion bzw. die Begriffszergliederung im Sinne von (B) oder die Zeichenerklärung im Sinne von (C) oder schließlich die sogenannte Sacherklärung im Sinne von (D) als Definition bezeichnet. Wir werden den Terminus

Definition künftig im Sinne von (A) verwenden, indem wir an den Sprachgebrauch Pascals und Gergonnes anknüpfen.

Als eine Definition eines Zeichens gilt uns also entsprechend dem oben Bemerkten die in gewissen Grenzen willkürliche Festsetzung über seine Bedeutung bzw. über die Verwendung, die es finden soll, einschließlich der sogenannten Erläuterung. Dabei wird unter einer Erläuterung eine Aussage verstanden, die dem Zwecke der Verständigung hinsichtlich der Bedeutung der zu benutzenden Zeichen bzw. deren Verwendung dient, ohne daß man mit einer solchen Aussage beansprucht, eine ordnungsgemäße Definition zu geben.

Zunächst hat es den Anschein, als ob hinsichtlich dieser Definitionen keine oder doch nur relativ belanglose Probleme vorliegen. Denn was scheint im Grunde gleichgültiger zu sein, als Vereinbarungen über die Wahl der zu benutzenden Zeichen zu treffen, wenn man eine Wissenschaft zu entwickeln sucht, die doch ein System von Wahrheiten sein soll, das unabhängig ist von der Wahl der zu seiner sprach-schriftlichen Fixierung jeweils benötigten Terminologie. Aber wenn man näher zusieht, bemerkt man, daß in allen hinreichend weit fortgeschrittenen Wissenschaften zahlreiche Aussagen enthalten sind, die sich auf die sprach-schriftliche Darstellung der zu untersuchenden Gebilde erstrecken. Solche Aussagen bilden etwa die bekannten Teilbarkeitsregeln des elementaren Rechnens, beispielsweise die Regel, daß jede Zahl durch neun teilbar ist, wenn die Quersumme der ihr im Dezimalsystem zugeordneten Ziffer ihrerseits durch neun teilbar ist. Treten nun in einer Disziplin sich auf die „Darstellung" beziehende Aussagen auf, dann gehen auf dem Umweg über derartige Aussagen die Definitionen in einer gewissen Weise, die später noch genauer zu untersuchen sein wird, in den Inhalt vieler Lehrsätze ein. Es ist deshalb wichtig festzustellen, welche Rolle die Definitionen beim Aufbau einer Disziplin spielen und ob sich durch die Benutzung von Definitionen u. U. Irrtümer in die sonst korrekt abgeleiteten Lehrsätze einer Disziplin einschleichen können.

§ 19. Bei einer derartigen Untersuchung wird man zwei Problemkreise sorgfältig zu unterscheiden haben. Bei dem ersten handelt es sich um die Beantwortung aller derjenigen Fragen, die auftreten, wenn man die Bedeutung bzw. die Verwendung von Zeichen dadurch anzugeben sucht, daß man diese Zeichen auf bereits hinsichtlich ihrer Bedeutung bzw. Verwendung bekannte andere reduziert. Und zwar derart, daß man Umformungsregeln angibt, die einem gestatten, von jeder Formulierung, in der die neuen Zeichen vorkommen, überzugehen zu einer äquivalenten, die nur noch bereits bekannte Zeichen in bereits zugelassenen Verbindungen enthält. Innerhalb dieses Problemkreises erscheinen mithin die Definitionen kurz gesprochen als Substitutionsregeln über Zeichen, und die Hauptfrage ist die: Wie müssen derartige Substitutionsregeln beschaffen sein, damit durch ihre Verwendung bei sonst korrektem Vorgehen keine Irrtümer entstehen können.

Bei dem anderen Problemkreis hingegen handelt es sich um den Komplex aller derjenigen Probleme, die auftreten, wenn man nicht mehr Zeichen auf Zeichen zu reduzieren trachtet, sondern wenn man den Zeichen dadurch eine Bedeutung zu geben sucht, daß man gewisse Systeme von Zeichen mit den zu erforschenden Objekten in einer geeigneten Weise koppelt derart, daß dann die in einem Inbegriff von Zeichen vorliegende wissenschaftliche Theorie als das wissenschaftliche „Abbild" (mindestens teilisomorphe Bild) der zu erforschenden Objekte zu betrachten ist. Innerhalb dieses Problemkreises erscheinen dann also die Definitionen als Zuordnungen von Zeichen zu Objekten, weshalb man sie gelegentlich als Zuordnungsdefinitionen angesprochen hat.

II. Die Definitionen als Substitutionsregeln über Zeichen

A. Die Fregesche Theorie[1])

a. Allgemeine Charakterisierung der Definitionen

§ 20. Wenn die Definitionen als Substitutionsregeln über Zeichen angesprochen werden und wenn gefragt wird, wie man überhaupt Zeichen auf andere reduzieren kann und welche Regeln dabei zu beachten sind, so ist es zunächst erforderlich, sich über das zu verständigen, was in diesem Zusammenhange als ein „Zeichen" zu betrachten ist.

Im Unterschiede zu dem, was man im allgemeinen sonst unter einem Zeichen versteht, sei es einem natürlichen, das u. U. ein Kennzeichen sein kann, sei es einem künstlichen, ist in der Logik

---

[1]) Wir nennen die nachstehende Theorie die Fregesche, nicht weil sie in allen ihren Teilen von G. Frege stammt, sondern weil vor anderen G. Frege es war, der eine auf der peinlichen Unterscheidung von Zeichen und Bezeichnetem basierende Definitionstheorie entwickelt hat. Die einschlägigen Arbeiten von Frege findet man im Literaturverzeichnis angeführt.

bei Gelegenheit einer Darstellung der Definitionstheorie nur von jedenfalls im Hinblick auf ihre Verwendung an sich willkürlichen, d. h. künstlichen Zeichen die Rede. Dabei wird zunächst unter einem „Zeichen" eines Gegenstandes jeder durch sogenannte Wahrnehmungen auffaßbare Gegenstand verstanden, durch dessen Wahrnehmung oder Vorstellung man die Vorstellung von dem betreffenden Gegenstande verursacht wissen will. Derartige Zeichen heißen vollständige (gesättigte), und zwar mittelbare, wenn sie ihren Gegenstand nur vermittels eines anderen Zeichens bezeichnen, unmittelbare, wenn das nicht der Fall ist. Im Gegensatz zu diesen vollständigen Zeichen heißt jeder durch äußere Wahrnehmungen auffaßbare Gegenstand ein unvollständiges (ungesättigtes) Zeichen, wenn er kein vollständiges Zeichen ist, aber in Verbindung mit anderen Objekten als ein solches auftreten kann. Im einzelnen ist es natürlich schwierig zu entscheiden, namentlich innerhalb ausgebildeterer Zeichensysteme, ob in einem angegebenen Zusammenhang ein Zeichen nun ein vollständiges oder ein unvollständiges ist. So ist etwa innerhalb der Mathematik der Buchstabe π das Zeichen für die bekannte transzendente Zahl, die man am einfachsten als das Doppelte der kleinsten positiven Wurzel der Gleichung $\cos x = 0$ einführt, ein vollständiges Zeichen der soeben charakterisierten Zahl, wenn man Zahlen als Gegenstände irgendeiner Art betrachtet. Andererseits bildet z. B. der Buchstabe „a" als Glied des Zeichenkomplexes „au", der seinerseits innerhalb des deutschen Sprachkreises ein vollständiges Zeichen des bekannten Doppellautes ist, ein unvollständiges Zeichen. Gegenstände schließlich, die vollständige oder unvollständige Zeichen sind, mögen kurz Zeichen heißen.

Folgende Unterscheidungen sind ferner noch gelegentlich von Wichtigkeit: Ein Zeichen heißt ein einfaches, wenn es seinerseits nicht mehr aus Zeichen zusammengesetzt ist, anderenfalls ein zusammengesetztes. Der Gegenstand, den ein vollständiges Zeichen bezeichnet, heißt seine „Bedeutung" im Unterschiede zu dem Sinn eines derartigen Zeichens, unter dem die besondere Art zu verstehen ist, wie es seinen Gegenstand bezeichnet. So haben etwa die beiden Zeichenkomplexe „(5 + 6)" und „(2 + 9)", von denen jeder gemeinhin als ein vollständiges zusammengesetztes Zeichen betrachtet wird, dieselbe Bedeutung, denn jeder bezeichnet die Zahl 11. Sie besitzen aber verschiedenen Sinn, denn durch jeden wird die Zahl 11 in einer anderen Weise bezeichnet. Bei einem unvollständigen Zeichen könnte man übrigens entsprechend die allgemein charakterisierte Art seiner Verwendung seine Bedeutung nennen, während die besondere Art seiner jeweiligen Verwendung als der Sinn desselben zu gelten hätte.

§ 21. Nach diesen Bemerkungen läßt sich die von uns als Fregesche Theorie bezeichnete Definitionslehre verhältnismäßig kurz zusammenfassen: Wenn man innerhalb einer wissenschaftlichen Disziplin ein neu zu benutzendes vollständiges Zeichen definiert, dann setzt man in Form einer Substitutionsregel über Zeichen willkürlich fest, welche Bedeutung es besitzen soll. Und zwar geht man dabei so vor, daß man eine als Ganzes etwas bezeichnende Gesamtheit von Zeichen, die hinsichtlich ihrer Bedeutung bekannt ist, als durch das neue Zeichen salva veritate ersetzbar hinstellt. Handelt es sich aber um die Definition eines unvollständigen Zeichens, d. h. eines Zeichens, das nur in Verbindung mit anderen etwas bezeichnet, so gibt man eine Übersetzungsvorschrift in Form einer Substitutionsregel an, die einem gestattet, im Rahmen der betreffenden Wissenschaft von jeder einschlägigen sprach-schriftlichen Formulierung einer Behauptung, in der das neue Zeichen vorkommt, zu einer logisch äquivalenten überzugehen, die nur bereits bekannte Zeichen in bereits bekannten Verbindungen enthält.

Das Definieren bringt einen also mehr oder weniger schnell, je nach der Stellung des zu definierenden Zeichens innerhalb der Darstellung der betreffenden Disziplin, zu den sogenannten Grundlagen derselben. Eine konsequente Lehre von der Definition muß also mit einer näheren Erörterung derartiger Grundlagen beginnen. Die Grundlagen jeder Disziplin nun, mögen sie ausdrücklich formuliert und abgegrenzt sein oder bloß mehr oder weniger verschwommen dem einzelnen Forscher vorschweben, bestehen gemäß der Fregeschen Theorie (wir werden später eine wesentlich fortgeschrittenere kennenlernen) aus drei Klassen von Gebilden: I. Aus einer Anzahl zugegebener Behauptungen, den sogenannten Axiomen. II. Aus als hinreichend bekannt vorauszusetzenden Begriffen, den sogenannten Grundbegriffen, die vermittels dieser Behauptungen miteinander in Beziehung gesetzt werden, wodurch zugleich die Gegenstände, die unter diese Begriffe fallen, durch Beziehungen verbunden werden und zwar derart, daß man die unter (I) erwähnten Behauptungen auffassen kann als Behauptungen über das Bestehen von Beziehungen zwischen den unter (II) erwähnten Begriffen bzw. als Behauptungen über das Bestehen von Beziehungen zwischen den unter diese Begriffe fallenden Gegenständen bzw. als Behauptungen über das Bestehen von Beziehungen zwischen den erwähnten Begriffen und Gegenständen. III. Aus einer sprach-schriftlichen Bezeichnung — die sie bildenden Zeichen heißen Grundzeichen im Unterschied zu allen anderen, den sogenannten abgeleiteten Zeichen — der unter (I) und (II) erwähnten Gebilde, die als jedermann hinreichend verständlich vorausgesetzt werden kann. Eine Definition eines abgeleiteten Zeichens ist also kurz gesagt eine Reduktion dieses Zeichens auf die Grundzeichen, so wie in ähnlicher Weise ein Beweis einer abgeleiteten Behauptung sich darstellt als eine Reduktion dieser Behauptung allein vermittels vollständiger Schlüsse auf die Grundbehauptungen. Die Angabe einer Definition eines Zeichens setzt also genau so wie die Angabe eines Beweises eines Satzes ein System von Grundvoraussetzungen voraus, hinsichtlich dessen definiert bzw. bewiesen wird. M. a. W.: Definitionen wie Beweise sind Operationen, die nur Sinn haben relativ zu einem als bekannt vorauszusetzenden System von Grundvoraussetzungen.

b. Die Definitionsregeln

§ 22. Wie kann aber ein Zeichen im Rahmen eines Systems von Grundvoraussetzungen auf andere reduziert werden, und welche Regeln sind hierbei analog den Regeln über das Operieren vermittels vollständiger Schlüsse zu beachten? Daß derartige Regeln erforderlich sind, kann durch Beispiele gezeigt werden. Man denke sich etwa die elementare Arithmetik bis zu den rationalen Zahlen einschließlich entwickelt. Dann könnte man versucht sein, ein neues unvollständiges Zeichen, bezeichnen wir es mit „?", folgendermaßen vermittels einer Substitutionsvorschrift einzuführen: Für $\frac{a+c}{b+d}$ schreibe man auch, wenn man und so oft man kann bzw. will, $\frac{a}{b}?\frac{c}{d}$, eine Regel, die sich auch in Gestalt einer Definitionsgleichung so schreiben läßt: $\frac{a}{b}?\frac{c}{d} = \frac{a+c}{b+d}$ Df. Hierbei soll der Zusatz „Df" lediglich andeuten, daß es sich bei der vorangehenden Gleichung nicht um eine beweisbare Formel, sondern eben um eine willkürliche Definition oder Pseudodefinition des (unvollständigen) Zeichens „?" in Gestalt einer Substitutionsvorschrift handelt. Und diese Vorschrift gestattet ersichtlich, wie erforderlich, von jeder sprach-schriftlichen Formulierung einer Behauptung, in der das neue Zeichen „?" legitim vorkommt, überzugehen zu einer logisch äquivalenten, in welcher es nicht mehr vorkommt, und zwar zu einer solchen, die hinsichtlich ihres Aufbaues und der Verbindung der in ihr enthaltenen Zeichen bereits bekannt ist.

Man sieht aber leicht ein, daß die Aufstellung dieser besonderen Substitutionsvorschrift zu Irrtümern führt. Denn setzt man etwa $a = 2$, $b = 5$, $c = 7$, $d = 11$, so hätte man $\frac{2}{5} ? \frac{7}{11} = \frac{9}{16}$. Weil aber $\frac{2}{5} = \frac{4}{10}$ ist, so wäre auch, da man in richtigen Formeln Gleiches durch Gleiches salva veritate ersetzen darf, $\frac{4}{10} ? \frac{7}{11} = \frac{9}{16}$. Das kann aber nicht sein, denn gemäß der Definition des Zeichens „?" ist ja $\frac{4}{10} ? \frac{7}{11} = \frac{11}{21}$, und $\frac{11}{21}$ ist ungleich $\frac{9}{16}$. Die Einführung des Zeichens „?" führt also im Rahmen der in der elementaren Arithmetik obwaltenden Verhältnisse zu Widersprüchen. Anders ausgedrückt: Die Substitutionsvorschrift $\frac{a}{b} ? \frac{c}{d} = \frac{a+c}{b+d}$ zerstört, eingefügt in die in der Arithmetik der rationalen Zahlen bestehenden Gesetze, eines der fundamentalen Prinzipien derselben, nämlich die Regel, daß man unbeschadet der Richtigkeit Gleiches durch Gleiches in richtigen Formeln ersetzen kann. Die betreffende Substitutionsvorschrift ist also eine unzulässige.

Was lehrt nun dieses von G. Peano[1]) erstmalig herangezogene Beispiel? Es zeigt, daß die Definitionen, obwohl sie doch nur willkürliche Regulatoren der sprach-schriftlichen Fixierungen von Behauptungen sind, deren Wahrheit bzw. Falschheit anscheinend von ihren jeweiligen Formulierungen unabhängig ist, doch nicht gänzlich willkürlich sein dürfen. Welches sind also die Grenzen der Willkür beim Definieren? G. Peano glaubt sie in folgenden Vorschriften, denen Definitionen genügen müssen, angeben zu können. Erstens soll eine Definition eine vollständige, durch sich selbst verständliche Aussage sein, die eine Gleichheitsbeziehung ausdrückt, von der das eine Glied das Zeichen ist, das man definiert, und das andere die Bedeutung angibt, die man ihm zu erteilen

---

[1]) G. Peano, Les définitions mathématiques, Bibictheque du congrès international de philosophie, Bd. 3, 1901, S. 278 ff.

wünscht.¹) Zweitens müssen die beiden Glieder der Gleichheitsbeziehung, in der eine Definition gegeben wird oder wenigstens immer gegeben werden kann, dieselben eigentlichen Variablen (les mêmes lettres variables réelles) enthalten. Drittens müssen die beiden Glieder der fraglichen Gleichheitsbeziehung nicht nur dieselben eigentlichen Variablen enthalten, sondern überdies auch noch in gleichartiger Weise. Eine Definitionsgleichung muß hinsichtlich der in ihr auftretenden eigentlichen Variablen eine homogene sein, wobei aber G. Peano kein Kriterium der hier gemeinten Homogenëität angegeben hat, sondern das, was ihm dabei vorschwebte, durch Beispiele zu klären suchte.

§ 23. Ehe wir in eine Diskussion dieser Peano-Regeln eintreten können, muß zuvor festgestellt werden, was streng genommen Konstante (konstante Zeichen) und Variable (Veränderliche; eigentliche oder freie oder ungebundene Variablenzeichen bzw. uneigentliche oder scheinbare oder gebundene Variablenzeichen) sind. Drei Auffassungen scheinen da nebeneinander herzulaufen, nicht immer reinlich voneinander geschieden. Gemäß der ersten, der landläufigen, wie wir sie nennen wollen, wird eine Variable bzw. Konstante folgendermaßen charakterisiert: Ist M eine beliebige, mehr als ein Element enthaltende Menge, und kann x ein beliebiges Element von M bezeichnen, so heißt x eine Variable und M ihr Variabilitätsbereich. Das Element von M, das x jeweils bezeichnet, heißt der jeweilige Wert von x. Zeichen, die weder Variable sind noch enthalten, heißen insofern Konstante. — Es liegt auf der Hand, daß in dieser Erläuterung in den nicht weiter präzisierten Termini „beliebig", „jeweils" gerade das gesagt wird, was man genauer zergliedert haben möchte. Dieser Versuch zu charakterisieren, was eine Variable bzw. Konstante ist, ist also unzureichend.

Die zweite Auffassung kann man am besten auf folgende Form bringen: Ein Zeichen, sagen wir zunächst c, heißt eine Variable, wenn hinsichtlich einer mehr als ein Element enthaltenden Menge M von c bekannt ist, daß sein Gegenstand Element von M ist, und wenn bei allen Aussagen bzw. Formeln, in denen c vorkommt, von c eben nur dies vorausgesetzt wird: Der Gegenstand von c ist Element von M. Ist mithin eine Formel, in der c vorkommt, sagen wir $A(c)$,

---

¹) Ersichtlich berücksichtigt G. Peano bei dieser Charakterisierung der Definitionen nur diejenigen vollständiger Zeichen, obwohl er auch solche von unvollständigen Zeichen kennt.

zu beweisen, so hat man dabei lediglich die Voraussetzung zur Verfügung „Der Gegenstand von c ist Element von M". Kann man dann $A(c)$ beweisen, so hat man, wie man auch sagt, $A(c)$ für ein beliebiges oder für irgendein (in schlechter Ausdrucksweise: für jedes beliebige) Element von M bewiesen. Dabei wird also von einem Gegenstand, von dessen Beschaffenheiten keine andere zum Zwecke eines Beweises benutzt wird als die, daß er Element von M ist, gesagt, er sei ein beliebiges oder irgendein Element von M. Ist nun eine Formel der Art $A(c)$ bewiesen, so gilt auch die Formel $A(d)$, die entsteht, wenn man für c ein Zeichen für ein anderes Element von M, sagen wir d, substituiert. Die Formel gilt also mit anderen Worten für jedes (einzelne) Zeichen, dessen Gegenstand Element von M ist. Die Formel $A(c)$ wird deshalb als Statthalter für alle, aber auch nur für die Formeln betrachtet, die aus $A(c)$ sukzessiv hervorgehen, wenn man c nach und nach durch Zeichen für andere Elemente von M ersetzt. Um diese „Statthalterschaft" von c innerhalb von $A(c)$ zu kennzeichnen, schreibt man für $A(c)$ die Formel $A(x)$ und pflegt überhaupt für ein Zeichen, von dem nur bekannt ist, daß sein Gegenstand Element einer Menge ist, die mehr als ein Element enthält, einen der letzten Buchstaben des Alphabetes zu benutzen. In naheliegender Weise heißen dann im Unterschied zu den Variablen alle anderen einfachen Zeichen analog wie bei der ersten Auffassung insofern Konstante.

Nach der dritten Auffassung schließlich, die vor allem von Bolzano und G. Frege entwickelt worden ist, sind die sogenannten Variablen lediglich bequeme Zeichen für Leerstellen in Aussagen bzw. Formeln, die mit Substitutionsvorschriften oder besser Einsetzungsvorschriften von noch näher anzugebender Art behaftet zu denken sind. Man gehe zunächst aus von einer Aussage, etwa von der Aussage „Drei ist eine Primzahl". Man denke sich jetzt einen Teil dieser Aussage, beispielsweise die „Drei", durch ein Klammerpaar ersetzt. Man erhält „( ) ist eine Primzahl". Man gebe nun für dieses Gebilde mit einer Leerstelle — so nennt man das nichts umklammernde Klammerpaar — nachstehende Einsetzungsvorschrift an: Für das Zeichen „( )" kann, wenn man will, innerhalb des Gebildes ein Zeichen gesetzt werden, sagen wir a, welches die Beschaffenheit besitzt, daß „a ist eine Primzahl" eine Aussage ist, d. h. ein eine Behauptung bezeichnender Zeichenkomplex. Derartige eine oder auch mehrere Leerstellen enthaltende Gebilde nennt man Aussagefunktionen oder auch Satzfunktionen und zwar deshalb, weil aus einem solchen Gebilde eine Aussage entsteht, d. h. ein eine Behauptung bekundender Satz, wenn man die Leerstelle durch ein passendes Zeichen ersetzt, d. h. durch ein solches, welches, für die Leerstelle gesetzt, das Gebilde zu einer Aussage macht. Wird nach Einsetzung eines derartigen Zeichens a in eine Satzfunktion mit einer Leerstelle aus derselben ein wahrer bzw. ein falscher Satz, so sagt man, a befriedigt die Satzfunktion bzw. befriedigt die Satzfunktion nicht. Drückt man die Leerstelle einer Satzfunktion der bequemeren Schreib- und Sprechweise zuliebe durch ein leicht auszusprechendes Zeichen aus — man nimmt dazu in der Regel die letzten Buchstaben des Alphabetes — so nennt man ein derartiges Zeichen eine Variable und alsdann zunächst alle anderen, keine Leerstellen oder Variablen enthaltenden Zeichen insofern Konstante. Entsprechende Definitionen stellt man übrigens auch hinsichtlich solcher Funktionen auf, die keine Aussagefunktionen sind.

Eine derartige Leerstelle bzw. Variable heißt nun nach G. Peano eine eigentliche bzw. eine scheinbare, wenn sie nicht bzw. wenn sie im Zusammenhang mit anderweitigen Zeichen auftritt, welche die mit ihr verbunden zu denkende Einsetzungsvorschrift aufheben. So ist z. B. das Zeichen „x" innerhalb der Formel $1 = \int_0^{\frac{\pi}{2}} \cos x \, dx$ eine scheinbare Variable.

§ 24. Nach diesen Bemerkungen können wir uns der Diskussion der drei angegebenen Peano-Regeln zuwenden. Zunächst ist zu fragen, ob die drei Regeln hinreichende in dem Sinne sind, daß eine Substitutionsvorschrift, die ihnen genügt, immer als eine (zulässige) Definition anzusprechen ist. Ein von H. Behmann kürzlich angegebenes Beispiel zeigt u. a. auch, daß sie nicht hinreichende Regeln sind. Da wir auf dieses Beispiel aber, um uns nicht zu wiederholen, erst nach Entwicklung eines geeigneten Kalküles bei Gelegenheit der Behandlung der sogenannten nichtprädikativen Definitionen eingehen werden, wollen wir hier nur untersuchen, ob sie wenigstens in dem Sinne notwendige Regeln für Definitionen darstellen, daß eine Substitution, die als eine (zulässige) Definition zu betrachten ist, nicht gegen sie verstoßen kann. Dabei muß aber die Homogeneïtätsregel außer Betracht bleiben, da sie Peano nur an Hand von Beispielen angedeutet, nicht aber in abstracto formuliert hat. Sie dürfte übrigens im Rahmen dieser Beispiele in der Tat erforderlich sein. Was Forderung (1) betrifft, so ist sie, wie bereits bemerkt, nur von Definitionen vollständiger Zeichen zu verlangen. Forderung (2) scheint schließlich im angegebenen Sinne tatsächlich eine notwendige Regel zu sein, denn sonst könnte man u. U. durch passende Einsetzung von Ausdrücken, die verschiedenes bezeichnen, zeigen, daß die rechte und die linke Seite einer Definitionsgleichung, obwohl sie doch gegebenenfalls dasselbe bezeichnen sollen, dies nicht tun.

§ 25. Aber, und damit kommen wir zu dem allgemeinen Prinzip, das in den drei Peanoschen Regeln keinen zureichenden Ausdruck findet, was ist denn überhaupt von Substitutionsvorschriften über Zeichen zu verlangen, damit sie als Definitionen sensu stricto zu betrachten sind? Man unterscheidet innerhalb der Fregeschen Theorie mit peinlicher Sorgfalt, wie wir fanden, das System der zu einer Wissenschaft gehörigen Behauptungen auf der einen und das gleichfalls zu ihr gehörige System der sprach-schriftlichen Formulierungen der betreffenden Behauptungen auf der anderen Seite. Man betrachtet dann die Definitionen als innerhalb gewisser Grenzen willkürliche, in theoretischer, nicht aber in praktischer Hinsicht ausmerzbare Regulatoren der sprach-schriftlichen Einkleidung dieser Behauptungen, welche Regulatoren noch zu denjenigen Formulierungen hinzutreten, die in dem System der Grundvoraussetzungen, wie seinerzeit angegeben, bereits enthalten sind. Unter diesen Voraussetzungen gilt folgendes: Eine Definition darf niemals dazu führen, daß der Zusammenhang zerstört wird, welcher zwischen dem System der Behauptungen und den ursprünglich für sie gegebenen Formulierungen besteht. Mit anderen Worten: Eine Definition muß erstens ausmerzbar sein, d. h. die durch sie neu eingeführten Zeichen, u. U. nur ein einziges, müssen restlos ersetzbar sein durch bereits bekannte, so daß Definitionen nur in praktischer Hinsicht, nicht aber in theoretischer erforderlich sind. Zweitens müssen durch die beliebig oftmalige Anwendung der mit einer Definition gegebenen Substitutionsvorschrift richtige Aussagen bzw. Formeln immer nur wieder in richtige verwandelt werden, d. h. keine Definition darf die sogenannte (übrigens vielfach mißverstandene) Permanenz der formalen Gesetze innerhalb einer Disziplin zerstören. Das geschieht nur gegebenenfalls durch neu eingeführte Axiome.

c. Die Definitionsarten

§ 26. Auf Grund dieser Ergebnisse werden wir jetzt die einzelnen Arten der Definitionen behandeln, die innerhalb der Fregeschen Theorie auftreten. Der einfachste Fall einer Definition liegt offenbar vor, wenn die mit einer Definition in Gestalt einer Gleichung gegebene Substitutionsvorschrift von folgendem Typ ist: Die eine Seite enthält nur Grundzeichen oder bereits definierte Zeichen, die in bekannten Verbindungen auftreten, und die als Ganzes etwas bezeichnen. Die andere Seite besteht nur aus dem neu einzuführenden Zeichen, das dann ersichtlich ein vollständiges ist. Eine solche Definition nennt man eine explizite. Man schreibt übrigens eine Definition immer in Form einer Gleichung, an deren Ende man das Zeichen „Df." setzt, um anzudeuten, daß man es mit keiner beweisbaren Formel, sondern mit einer Definition zu tun hat. Man bezeichnet ferner die Seite der Definitionsgleichung, auf der das neu einzuführende Zeichen auftritt, als das Definiendum der Definition und setzt dasselbe stets auf die linke Seite der Definitionsgleichung, deren rechte Seite man analog das Definiens der Definition nennt. Das Definiens enthält also nur bereits bekannte Zeichen in bereits bekannten Verbindungen. In diesem Zusammenhange erhebt sich übrigens die Frage, welches denn die Verbindungen sind, in denen die im Definiens einer Definitionsgleichung auftretenden Zeichen stehen können, eine Frage, die innerhalb der Fregeschen Theorie eine befriedigende Lösung nicht gefunden hat.

§ 27. Im Unterschiede zu einer expliziten Definition, deren Definiendum etwas bezeichnet und nur aus dem neu einzuführenden Zeichen besteht, heißen alle diejenigen Definitionen, bei denen das Definiendum nichts bezeichnet oder bei denen das Definiendum neben anderen schon bekannten Zeichen das neu einzuführende bzw. die neu einzuführenden enthält, Gebrauchsdefinitionen[1] (definitions in use, wie B. Russell sie nennt) oder auch implizite Definitionen nach einem auf J. D. Gergonne zurückgehenden Sprachgebrauch, der aber nicht allgemein akzeptiert worden ist. Die Bezeichnung derartiger Definitionen als Gebrauchsdefinitionen findet übrigens ihre naheliegende Erklärung darin, daß vermittels einer derartigen Definition nicht etwa durch das Definiendum derselben der Gegenstand näher umschrieben wird,

---

[1] Es wäre übrigens zweckmäßig die erwähnten expliziten Definitionen und die Gebrauchsdefinitionen mit einem gemeinsamen Sammelnamen zu bezeichnen.

den im einfachsten Falle das neu einzuführende Zeichen gegebenenfalls bezeichnet, sondern daß eine derartige Definition nur den Gebrauch des neu einzuführenden Zeichens festlegt. Und zwar in Form einer Substitutionsvorschrift, die es ermöglicht, von jeder einschlägigen Formulierung, in der das neue Zeichen vorkommt, überzugehen zu einer äquivalenten, bekannten, in der es nicht mehr enthalten ist. Von den soeben charakterisierten impliziten Definitionen im Sinne von Gebrauchsdefinitionen sind aber sorgfältig zu unterscheiden die von C. Burali-Forti sogenannten définitions par postulats = Definitionen durch Postulate (Axiome), die wir später genauer werden zu behandeln haben, und die man, namentlich in neuerer Zeit, ebenfalls als implizite Definitionen angesprochen hat, was mancherlei Verwirrung stiftete.

Halten wir uns zunächst an die Gergonneschen Ausführungen.[1])

In seinem „Essai sur la théorie des définitions" hat Gergonne wohl als erster ausdrücklich festgestellt, daß man auf zwei völlig verschiedene Weisen über die Bedeutung von Zeichen etwas ausmachen kann: Die eine besteht darin, daß man einfach willkürlich angibt, welche Bedeutung ein neu zu benutzendes Zeichen besitzen soll. Die andere besteht darin, daß man über die Bedeutung eines neu zu benutzenden Zeichens insofern eine Angabe macht, als man eine Behauptung formuliert, zu welcher Formulierung man nur bekannte Symbole benutzt, abgesehen von dem einen, über dessen Bedeutung man durch diese sprach-schriftlich formulierte Behauptung etwas auszumachen sucht. Man kann dann u. U. aus einer solchen sprach-schriftlichen Formulierung einer Behauptung die Bedeutung eines hinsichtlich seiner Bedeutung unbekannten Symbols ermitteln. Verständigt man sich auf die erste Weise über die Bedeutung von Zeichen, dann tut man das nach Gergonne explizit. Verständigt man sich auf die zweite Weise über die Bedeutung eines Zeichens, dann tut man das ihm zufolge implizit. Eine Verständigung der ersten Art betrachtet er als eine „explizite Definition", eine der zweiten Art als eine „implizite Definition". Ergänzend zu bemerken ist noch hinsichtlich der „impliziten Definition", daß man u. U. simultan über die Bedeutung mehrerer Zeichen etwas auszumachen vermag, sofern einem eine hinreichende Anzahl von sprach-schriftlich formulierten Behauptungen zur Verfügung stehen, deren Formulierung abgesehen von den hinsichtlich ihrer Bedeutung un-

---

[1]) J. D. Gergonne, Essai sur la théorie des définitions, Annales de Mathématiques pures et appliquées, 1818/19.

bekannten Zeichen nur bekannte enthält. Es leuchtet ferner ein, daß zwischen den „expliziten Definitionen" und den „impliziten Definitionen" derselbe charakteristische Unterschied besteht wie zwischen den aufgelösten Gleichungen und den unaufgelösten.

So treffend nun diese auf Gergonne zurückgehenden Bemerkungen in mancher Hinsicht sind, so sehr irreführend sind sie in anderer. Sind die von Gergonne so genannten „impliziten Definitionen" überhaupt Definitionen im Sinne von Substitutionsregeln über Zeichen? Sie sind es zunächst nicht. Denn was ist, präzise gesagt, im Sinne Gergonnes eine implizite Definition? Sie besteht darin, daß man einen Symbolkomplex aufweist, der außer dem zu definierenden Symbole nur bereits bekannte enthält, wobei dann die Bedeutung dieses Symbolkomplexes als eine Bestimmungsgleichung der unbekannten Bedeutung des betreffenden Symbols aufgefaßt wird. Es fragt sich hierbei, ob diese Bestimmungsgleichung eine widerspruchslose ist, d. h. ob überhaupt eine Lösung derselben vorhanden ist, und ob es auch nicht mehrere Lösungen derselben gibt. Vor allem aber ist festzustellen, daß nicht jede Bestimmungsgleichung der geschilderten Art als eine Substitutionsregel über Zeichen anzusprechen ist. Ist sie das aber, und erfüllt dann eine derartige Bestimmungsgleichung überdies die Forderungen, die an Substitutionregeln zu stellen sind, damit sie als Definitionen gelten können, dann ist sie eine Definition. Aber das bzw. die durch sie neu eingeführten Zeichen werden zumeist nicht als vollständige Zeichen eingeführt werden, sondern als unvollständige, worauf zu achten ist, wenn man, wie das in der Fregeschen Theorie geschieht, auf diese Unterscheidung Wert legt. Vollständige Zeichen nämlich bezeichnen etwas für sich, während die unvollständigen diese Eigenschaft nicht besitzen.

Wir haben damit folgende Arten von Definitionen ermittelt: I. Die expliziten Definitionen, d. h. diejenigen, deren Definiendum nur aus dem neu einzuführenden Zeichen besteht, das als ein vollständiges Zeichen vermittels seiner Definition eingeführt wird. II. Die Gebrauchsdefinitionen, auch implizite Definitionen genannt, durch die das jeweils neu einzuführende Zeichen in Gestalt des jeweiligen Definiendum als ein unvollständiges Zeichen eingeführt wird oder bei denen das Definiendum jeweils neben anderen schon bekannten Zeichen das neu einzuführende bzw. die neu einzuführenden enthält, wobei dieses bzw. diese zunächst einmal als unvollständige Zeichen in die betreffende Disziplin eintreten.

§ 28. Von den impliziten Definitionen im obigen Sinne auf das sorgfältigste jedenfalls in mancher Hinsicht zu scheiden sind die sogenannten Definitionen durch Postulate, die man, wie schon bemerkt, häufig ebenfalls implizite Definitionen zu nennen pflegt. Wir werden aber für sie, um unliebsamen Verwechslungen ein für allemal vorzubeugen, allein den Terminus Definitionen durch Postulate verwenden, damit die Bezeichnungsweise C. Burali-Fortis aufnehmend. Eine sogenannte Definition durch Postulate besteht darin, daß man ein System von Postulaten angibt, welches, abgesehen von den zu definierenden Zeichen, nur bekannte in bekannten Knüpfungen enthält. Das System der Postulate kann infolgedessen unter Umständen aufgefaßt werden als ein System von widerspruchslosen Bestimmungsgleichungen der durch sie eindeutig bestimmten unbekannten Bedeutungen der zu definierenden Zeichen. Oder es kann wenigstens angesprochen werden als ein solches System von Aussagen über die zu definierenden Zeichen, daß die Begründungen aller weiteren Aussagen über dieselben lediglich von den erwähnten Postulaten ihren Ausgang zu nehmen haben. M. a. W. die Postulate einer sogenannten Definition durch Postulate werden als Bezeichnung dessen aufgefaßt, was die in ihnen geforderten Beschaffenheiten besitzt.

§ 29. Ein Beispiel mag das erläutern. Wir wollen die Zeichen n, Z und F simultan durch eine Definition durch Postulate definieren bzw. pseudodefinieren. Und zwar sollen n, Z, F jeweils das bezeichnen, was simultan nachstehende fünf Postulate erfüllt:

1. n ist ein Element der Menge Z.
2. Wenn ein Gegenstand Element der Menge Z ist, dann ist auch das F von diesem Gegenstand Element der Menge Z.
3. Wenn sowohl ein Gegenstand, sagen wir g, Element der Menge Z ist, wie auch ein Gegenstand, sagen wir h, und wenn das F von g dasselbe ist wie das F von h, dann bezeichnet g dasselbe wie h.
4. Wenn ein Gegenstand, sagen wir g, Element der Menge Z ist, dann ist das F von g verschieden von n.
5. Jede solche Beschaffenheit von n, die das F eines Elementes der Menge Z dann besitzt, wenn dieses Element diese Beschaffenheit besitzt, besitzt jedes Element der Menge Z.

Die Aussage nun, daß durch diese fünf Postulate die neu einzuführenden Zeichen n, Z und F definiert seien, kommt auf eine der beiden folgenden Auffassungen hinaus:

I. Man behauptet, daß eben auf Grund der fünf Postulate die unbekannten Bedeutungen der fraglichen Zeichen simultan dadurch bestimmt seien, daß drei vorgelegte Gegenstände dann und nur dann als n bzw. Z bzw. F simultan zu charakterisieren seien, wenn sie genau in denjenigen Beziehungen zueinander stehen, die die fraglichen Postulate über n, Z und F postulieren.

II. Man ersetzt das logische Produkt der Postulate (deren simultane Bejahung) durch die ihm entsprechende logische Funktion $f(n, Z, F)$, deren Variablen die durch das System der Postulate neu einzuführenden Zeichen darstellen. M. a. W.: Das fragliche System von Postulaten wird vermittels einer Substitutionsvorschrift als ersetzbar durch eine dieses System abgekürzt bezeichnende logische Funktion hingestellt. Da bei dieser Auffassung eine Definition durch Postulate unter Umständen in eine Gebrauchsdefinition der neu einzuführenden Zeichen gleichsam ausartet, ist lediglich zu prüfen, ob die fragliche Substitutionsvorschrift diejenigen Beschaffenheiten besitzt, die einem gestatten, sie in Gestalt einer Definitionsgleichung zu benutzen. Wir werden übrigens an späterer Stelle bei Gelegenheit der Behandlung der formalistischen Theorie auf diese Beschaffenheiten zurückkommen.

Ganz anders wie bei dieser Auffassung (II) liegen die Verhältnisse aber bei der Auffassung (I). Einmal nämlich ist eine Definition durch Postulate gemäß der Auffassung (I) gar keine Substitutionsvorschrift über Zeichen. Zum anderen aber könnte ein derartiges System von Postulaten gegebenenfalls ein widerspruchserfülltes sein und würde dann überhaupt kein wie immer geartetes System von Objekten, die von willkürlichen Spielmarken bzw. Spielzeichen verschieden sind, hinsichtlich ihres Verhaltens erfassen. M. a. W.: Genau so wenig wie man jedenfalls innerhalb der Fregeschen Theorie (welche die zu einer Disziplin gehörige „Sprache" von der Disziplin selbst als einem in Begründungszusammenhang stehenden System von Behauptungen sorgfältig unterscheidet) einen Beweis einer Behauptung, die man für beweisbedürftig hält, dadurch ersetzen kann, daß man die betreffende Behauptung als Axiom anspricht, genau so wenig läßt sich innerhalb dieser Fregeschen Theorie eine verlangte Definition eines Zeichens, das in gewissen Formulierungen von Behauptungen auftritt, dadurch liefern, daß man sagt, man dürfe von dem betreffenden Zeichen keine andere Anwendung machen als diejenige, die erlaubt sei, wenn man besagte Formulierungen für solche von Axiomen ausgebe. Bei dem von uns betrachteten Beispiele wird zwar der Eindruck erweckt, daß durch das System der Postulate etwas bestimmt ist. Denn man bemerkt bald, daß dieses System die Grundeigenschaften der ganzen Zahlen angibt. Ersetzt man nämlich n durch Null, Z durch die Menge der ganzen Zahlen und F durch Nachfolger (einer ganzen Zahl), so hat man ein besonders einfaches System von Behauptungen über die ganzen Zahlen vor sich, aus denen man alle weiteren Lehrsätze der elementaren Arithmetik ableiten kann.

Aber es ist leicht zu zeigen, daß es sich bei der Angabe einer Definition durch Postulate nicht immer so günstig verhält. Nehmen wir z. B. das folgende triviale System:

Wir denken uns Gegenstände, die wir x'se nennen, deren weitere Beschaffenheiten aus nachstehendem Postulat zu entnehmen sind.

x ist verschieden von x.

Wir wissen aber, daß es derartige x'se nicht gibt und daß infolgedessen diese Definition durch Postulate zu verwerfen ist, weil das ihr entsprechende Axiomensystem einem Satze der Logik widerspricht. Läßt sich jedoch von einer Definition durch Postulate zeigen, daß das ihr entsprechende Axiomensystem keinen Widerspruch involviert, und läßt sich überdies der Nachweis erbringen, daß alle herstellbaren Interpretationen desselben einander isomorph sind (einander umkehrbar eindeutig bei Aufrechterhaltung der zwischen ihnen obwaltenden Beziehungen zugeordnet werden können), so kann eine derartige Definition durch Postulate gemäß der Auffassung (I), wenn auch nicht als eine Definition im Sinne einer Substitutionsvorschrift über Zeichen, so doch als eine eindeutige Charakterisierung von Gegenständen betrachtet werden. Und zwar unter Umständen als eine außerordentlich nützliche Charakterisierung derselben, wie wir das bei der Behandlung der sogenannten Zuordnungsdefinitionen werden bestätigt finden.

Bei dieser Gelegenheit ist noch hervorzuheben, daß man jede Definition im Sinne einer Substitutionsvorschrift über Zeichen, bei der das Definiens als Ganzes etwas bezeichnet, als eine Definition durch Postulate auffassen kann. Denn sei etwa, um das Gesagte zu exemplifizieren, das durch die Definition neu einzuführende (zusammengesetzte) Zeichen $a \cdot b \cdot c$ und sei die der Definition dieses Zeichens entsprechende Definitionsgleichung $a \cdot b \cdot c = (a \cdot b) \cdot c$ Df., wobei das Definiens $(a \cdot b) \cdot c$ als ein bekanntes vollständiges Zeichen zu gelten hat, so kann man diese Definition natürlich auch in folgender Form geben:

Wir denken uns einen Gegenstand, er werde durch $a \cdot b \cdot c$ bezeichnet, der durch nachstehende Forderung hinsichtlich seiner Beschaffenheiten charakterisiert ist: Es ist $a \cdot b \cdot c = (a \cdot b) \cdot c$.

Man ersieht aus dem vorigen und diesem Beispiele, daß das Verfahren, mit Hilfe einer sogenannten Definition durch Postulate dasjenige zu fordern, was man jeweils haben möchte, jedenfalls nur manchmal zum Ziele führt. Man bemerkt ferner, daß die „Vorteile", die dieses postulierende Verfahren hat, wenn man sich den Nachweis der Widerspruchslosigkeit des dem System der Postulate entsprechenden Axiomensystems „schenkt", eben dieselben sind „wie die Vorteile des Diebstahls gegenüber der ehrlichen Arbeit".[1]

§ 30. Im Rahmen der von uns sogenannten Fregeschen Theorie haben wir schließlich noch diejenigen Operationen zu behandeln, die man nach einem vermutlich auf G. Peano zurückgehenden Sprachgebrauch[2] Definitionen durch Abstraktion nennt, mit deren Eigenschaft aber schon Leibniz, jedenfalls teilweise, vertraut war.[3]

Unter einer sogenannten „Definition durch Abstraktion"[4] versteht man eine Definition bzw. Pseudodefinition, vermittels deren hinsichtlich eines Systems von Grundvoraussetzungen einer Disziplin einem neu einzuführenden Symbole, sagen wir V, dadurch ein Gegenstand als die Bedeutung von V zugeordnet wird, daß man vereinbart: Mit V werde hinsichtlich des betreffenden Systems von Voraussetzungen das „ideale Objekt", um den Weylschen Ausdruck[5] zu benutzen, bezeichnet, das allen und nur denjenigen Gegenständen gemeinsam ist, zwischen denen eine bestimmte, innerhalb des Systems herstellbare sowohl transitive wie symmetrische Relation R gilt, deren Feld nicht die Nullklasse ist. Genauer und ausführlicher gesprochen, gehen die Anhänger der Definitionen durch Abstraktion folgendermaßen zu Werke, wenn sie ein neues Symbol durch eine Definition durch Abstraktion einführen:

---

[1] B. Russell, Einführung i. d. mathematische Philosophie, 1923, S. 72.
[2] G. Peano, Notations de Logique Mathématique, 1894, S. 45.
[3] Vgl. Leibniz, Ausgabe E. Cassirer, Philos. Bibliothek, Bd. I, S. 185 ff.
[4] Vgl. auch noch C. Burali-Forti, Logica matematica, 2. Aufl., 1919, S. 350 ff.; L. Couturat, Die Prinzipien der Mathematik, Deutsche Ausgabe, 1908, S. 44; W. Dubislav, Über die Definitionen durch Abstraktionen, Archiv für systematische Philosophie und Soziologie, 1929; B. Russell, Principles of Mathematics, 1903, S. 114, 219 ff.
[5] Vgl. H. Weyl, Philosophie der Mathematik und Naturwissenschaft, 1926, S. 10/11.

Entgegen der Occamschen Regel „entia non sunt multiplicanda praeter necessitatem" nehmen sie an, daß zwei Gegenstände eine gemeinsame Beschaffenheit in Gestalt eines neuen idealen Etwas immer besitzen, wenn zwischen den betreffenden Gegenständen eine transitive und symmetrische Relation besteht. Diese Annahme wird dann durch die Feststellung zu stützen gesucht, daß der Besitz einer gemeinsamen Beschaffenheit zweier Gegenstände das Bestehen einer transitiven und symmetrischen Relation zwischen ihnen gemeinhin zur Folge hat. Um also gegebenenfalls ein ideales Etwas in bezug auf ein System von Voraussetzungen einer Disziplin als die Bedeutung eines neu einzuführenden Symbols zu erzeugen bzw. aufzuweisen, genügt es, so meint man, zu zeigen, daß zwischen zwei Gegenständen aus dem Bereiche der betreffenden Disziplin eine transitive und symmetrische Relation besteht. Die diese transitive und symmetrische Relation im übertragenen Sinne des Wortes zur Folge habende gemeinsame Beschaffenheit, deren Existenz dann feststehe und die auch hinreichend von anderen Beschaffenheiten abgegrenzt sei, sei damit einwandfrei erzeugt bzw. aufgewiesen. Man könne infolgedessen diese Beschaffenheit willkürlich als die Bedeutung des neu einzuführenden Symbols hinstellen.

Man behauptet also, wenn eine transitive und symmetrische Relation R innerhalb eines Systems von Grundvoraussetzungen einer Disziplin bekannt ist, wobei das Feld von R als von der Nullklasse verschieden vorausgesetzt wird, daß die Aussage „a ist Vorderglied von R", sofern aRy bei gegebenem und zunächst konstantem a gilt, äquivalent ist der Behauptung: „Es gibt eine logische Funktion $\varphi_a z$, die durch die Angabe charakterisiert sei, daß für irgend zwei Elemente u, v aus der Vereinigungsklasse α aller (wegen der Symmetrie von R ungeordneten) Paare (a, y), für die aRy gilt, die Gleichung $\varphi_a u = \varphi_a v$ besteht und vice versa." Hierbei soll dann die logische Funktion $\varphi_a z$ als der schöpferisch erzeugte Inbegriff der Eigenschaften oder als die charakteristische Eigenschaft eines „abstrakten" Elementes der Klasse α erscheinen, d. h. eines Elementes der Klasse α, von dem weiter nichts bekannt ist, als daß es Element der Klasse α ist. Betrachte man jetzt weiterhin a nicht als einen individuell bestimmten Gegenstand, der ein Vorderglied der transitiven und symmetrischen Relation R darstellt, sondern als Symbol für ein beliebiges Vorderglied der Relation R, so sei der Index a zur Charakterisierung der logischen Funktion entbehrlich. φz erweise sich dann als „die" vermittels der Relation R

(deren Feld von der Nullklasse verschieden vorausgesetzt wird) angeblich schöpferisch erzeugte bzw. aufgewiesene logische Funktion. Sei etwa, um das Gesagte an einem Beispiele näher zu erläutern (wobei wir absichtlich zunächst ein Beispiel wählen, das die Anhänger der Definitionen durch Abstraktion dazu geführt hat, ein an sich einfaches Problem mehr zu verdunkeln als zu lösen), eine Gerade g in einem Euklidischen Raume gegeben und vertrete die Stelle des obenerwähnten Gegenstandes a. Die Relation R sei dargestellt durch die Beziehung „parallel-sein-zu". Die Vereinigungsmenge α aller Paare (g, y), wobei g und y parallele Gerade sind, erweist sich dann als die Menge aller zu g parallelen Geraden einschließlich g selbst. Wären nun die Definitionen durch Abstraktion als in Ordnung befindlich zu betrachten, was wir bestreiten müssen, wie wir gleich näher begründen werden, so gäbe es also eine logische Funktion $\varphi_g\, z$, so daß für irgend zwei Gerade c und d aus der Klasse α die Beziehung $\varphi_g\, c = \varphi_g\, d$ besteht und umgekehrt c parallel d ist, sofern $\varphi_g\, c = \varphi_g\, d$ ist. In diesem Falle behauptet man, daß „die Richtung von g" sich als diese logische Funktion erweise. Man meint also, man habe durch die Doppelaussage: „Die zu g parallelen Geraden haben dieselbe bzw. die entgegengesetzte Richtung wie g, und umgekehrt, haben Gerade dieselbe bzw. die entgegengesetzte Richtung wie g, so sind sie g parallel", den Terminus „die Richtung von g" korrekt derart definiert, daß diesem Terminus auf Grund obiger Definition durch Abstraktion ein Etwas entspricht, besagter Terminus also dadurch definiert werden kann, daß man ihm dieses Etwas als seine Bedeutung zuordnet. Ferner sei dieses Etwas, da es ersichtlich auf die gewöhnliche kombinierende Weise nicht auf eine Knüpfung von primitiven Gegenständen des der Untersuchung zugrunde gelegten Systems von Voraussetzungen reduzierbar ist, auf eine mit den Definitionen durch Abstraktion verbundene, gleichsam schöpferische Weise erzeugt bzw. aufgewiesen. Die Richtung der Geraden g stelle mithin das „ideale Objekt" dar, das allen und nur den zu g parallelen Geraden gemeinsam ist, und dieses „ideale Objekt" sei nicht etwa bloß eine neue zweckmäßige Verabredung über die Bezeichnungsweise. Abstrahiere man jetzt weiter von den individuellen Eigenschaften der Geraden g, fasse also g als eine beliebige, nicht näher charakterisierte Euklidische Gerade auf, so stelle $\varphi\, z$ den Begriff „Richtung einer Geraden" dar.[1])

---

[1]) Wie schon bemerkt, ist die obige Definition durch Abstraktion des Terminus „Richtung einer Geraden" auch in mathematischer Hinsicht insofern unbefriedigend,

Noch an einem anderen Beispiele, das in mathematischer Hinsicht interessanter ist, mögen die Definitionen durch Abstraktion erläutert werden. Wenn man beim Aufbau der Euklidischen Geometrie bis zu der Lehre von den Proportionen gelangt ist und nun daran geht, diese Lehre korrekt zu entwickeln, dann begegnet man einer eigentümlichen Schwierigkeit. Die sich für ein Paar kommensurabler Strecken a und b, das sind Strecken, bei denen ein aliquoter Teil t der einen in die andere aufgeht, gleichsam von selbst darbietende Definition des Verhältnisses von a zu b: $\frac{a}{b} = \frac{m \cdot t}{n \cdot t} = \frac{m}{n}$, wobei m und n ganze Zahlen sein sollen, ist nämlich nur brauchbar, wenn a und b kommensurabel sind, und versagt, wenn a und b inkommensurabel sind, denn dann gibt es kein gemeinschaftliches Maß t von a und b. Eine für alle Fälle brauchbare Definition des Verhältnisses zweier Strecken, wie man sie zum Aufbau der Lehre von den Proportionen haben möchte, stößt also anscheinend auf unüberwindliche Schwierigkeiten. Um aber trotz dieser Schwierigkeiten eine exakte Lehre von den Proportionen zu gewinnen, verfielen die antiken Mathematiker auf folgenden Kunstgriff: Sie verzichteten beim Aufbau der Lehre von den Proportionen auf die Definition des Verhältnisses zweier Strecken, aber sie gaben eine solche an für die Gleichheit zweier derartiger Verhältnisse. Sie definierten: Es ist $\frac{a}{b} = \frac{c}{d}$, wobei a, b, c und d Strecken sind, dann und nur dann, wenn für irgend zwei positive ganze Zahlen u und v immer mit $u \cdot a > v \cdot b$ bzw. $u \cdot a = v \cdot b$ bzw. $u \cdot a < v \cdot b$ auch $u \cdot c > v \cdot d$ bzw. $u \cdot c = v \cdot d$ bzw. $u \cdot c < v \cdot d$ wird.

Diese Definition läßt sich nun in einer bestimmten, gleich näher anzugebenden Weise als eine Definition durch Abstraktion interpretieren, wobei dahingestellt bleibe, ob diese Interpretation Bedenken ausgesetzt ist oder nicht ist. Man kann nämlich die Auffassung vertreten, und ein Mathematiker wie H. Weyl dürfte sie in der Tat vertreten, daß der betreffende Ausdruck $\frac{a}{b} = \frac{c}{d}$, der als Äquivalent des angegebenen Systems von Beziehungen betrachtet wird, an allen gleichen Verhältnissen ein gemeinsames

---

als sie einem nicht das gibt, was einem mehr oder weniger dunkel als „Richtung" vorschwebt. Man muß diese „Richtung" entweder nach E. Study mit analytischen Hilfsmitteln fixieren oder nach Cl. Thaer durch eine passende Gebrauchsdefinition bestimmen. Vgl. E. Study, Einleitung in die Theorie der Invarianten ..., 1923, S. 39 ff.; Cl. Thaer, Jahresberichte der Deutschen Mathematiker-Vereinigung, 1919.

Merkmal in Gestalt eines „idealen Objektes" heraushebe und daß dieses als „ideales Objekt" auffaßbare Merkmal den durch die betreffende Definition durch Abstraktion gleichsam schöpferisch erzeugten bzw. aufgewiesenen Begriff eines Verhältnisses zweier Strecken darstelle.

Gegen die Definitionen durch Abstraktion, die sich innerhalb der exakten Wissenschaften großer Beliebtheit erfreuen — so pflegt man z. B. die Kardinalzahl einer Menge, die Temperatur eines Körpers, die träge Masse eines Körpers und viele andere Termini mehr meist durch eine Definition durch Abstraktion zu fixieren — sind nun, wohl erstmalig von B. Russell[1]), Einwendungen auf Grund einschlägiger Resultate der Logistik gemacht worden, die, wenn man sie auf ihren allgemeinsten Ausdruck bringt, auf nachstehende Bemerkungen hinauslaufen:

Eine Definition eines neu einzuführenden Symbols besteht hinsichtlich eines Systems von Grundvoraussetzungen einer Disziplin darin, daß man gewissen Forderungen genügende, sonst aber gänzlich willkürliche Vereinbarungen in Form einer Substitutionsvorschrift in der früher angegebenen Weise über die Bedeutung bzw. den Gebrauch des betreffenden Symbols aufstellt. Die fraglichen Forderungen laufen darauf hinaus, sicherzustellen, daß man niemals durch Benutzung des neuen Symbols zu einer Formulierung einer falschen Behauptung gelangen kann, sofern man lediglich von einer korrekten Formulierung einer wahren Behauptung ausgeht, in welcher Formulierung das neue Symbol nicht vorkommt, und nun bei ordnungsgemäßer Benutzung der betreffenden Substitutionsvorschrift aus der vorliegenden Formulierung in der üblichen Art eine neue gewinnt.

Es liegt auf der Hand, daß eine Definition durch Abstraktion so ohne weiteres nicht als eine Definition im oben angegebenen Sinne aufgefaßt werden kann. Man ist infolgedessen genötigt, die neue Klasse von Definitionen bzw. Pseudodefinitionen erst dann zuzulassen, wenn man deren Benutzung einwandfrei zu rechtfertigen in der Lage ist oder zeigen kann, daß ihrer Be-

---

[1]) Vgl. Fußnote 4 auf S. 45. Man muß übrigens die Aufstellung von Definitionen durch Abstraktion unterscheiden von dem in der Mathematik vielfach benutzten Verfahren, vermittels der sogenannten Methode der idealen Elemente fortzuschreiten. Letzterer Fortschritt beruht bei korrekter Darstellung auf der geschickten Benutzung von Gebrauchsdefinitionen, gelegentlich verbunden mit zusätzlichen Axiomen.

nutzung nicht weiter begründbare Vernunftforderungen zugrunde liegen, wobei es dahingestellt bleiben möge, ob es überhaupt derartige sich auf Definitionen bzw. Pseudodefinitionen erstreckende Vernunftforderungen gibt. Wie sieht es nun aber mit den Rechtfertigungen aus, die die Anhänger der Definitionen durch Abstraktion in der Tat zu geben pflegen? Die ganze Begründung läuft darauf hinaus, den Aufbau einer exakten Disziplin mit einem quasi metaphysischen Axiom bzw. Vorurteile zu belasten entgegen der auch von D. Hilbert vertretenen heuristischen Maxime, den Aufbau einer exakten Wissenschaft unabhängig von Annahmen über die Existenz oder die Erzeugung im platonischen Sinne idealer Gegenstände zu gestalten.[1]) Das betreffende Axiom bzw. Vorurteil lautet:

Wenn innerhalb des Rahmens einer Disziplin zwischen Gegenständen derselben eine sowohl transitive wie symmetrische Relation R besteht, so gibt es immer in Gestalt eines „idealen Objektes" (das nicht bloß eine zweckmäßige neue Formulierung darstellt, die lediglich eine bereits bekannte ersetzt, denn dann wäre gar kein Streit!) eine hinreichend bestimmte gemeinsame Beschaffenheit der betreffenden Gegenstände.

Gilt dieses Axiom und handelt es sich nicht um ein Vorurteil, so kann man ein neu einzuführendes Symbol S dadurch definieren, daß man demselben willkürlich die betreffende gemeinsame Beschaffenheit als seine Bedeutung zuordnet, d. h. folgende Vorschrift angibt: „Die" gemeinsame Beschaffenheit derjenigen Gegenstände, zwischen denen die bekannte transitive und symmetrische Relation R, wie man schon weiß, besteht, möge mit S bezeichnet werden. Mag es nun aber mit einem metaphysisch orientierten Unterbau der exakten Wissenschaften stehen, wie es wolle, und mag vielleicht die landläufige Geringschätzung der Metaphysik unberechtigt sein, so läßt sich doch nicht leugnen, daß man angesichts der Strittigkeit jeglicher Metaphysik gut daran tut, bei dem Aufbau einer exakten

---

[1]) In Übereinstimmung mit D. Hilbert hat P. Bernays, Mathematische Annalen, 1923, S. 163, diese Maxime dahin formuliert: „Die Möglichkeit einer philosophischen Einstellung, von welcher aus die Zahlen als existierende, nichtsinnliche Gegenstände erfaßt werden — die gleiche Art von idealer Existenz müßte allerdings dann folgerichtigerweise auch transfiniten Zahlen, insbesondere den Zahlen der sogenannten zweiten Zahlenklasse zuerkannt werden —, wird durch die Hilbertsche Theorie nicht ausgeschlossen. Wohl aber ist es ihr Ziel, eine solche Einstellung für die Grundlegung der exakten Wissenschaften entbehrlich zu machen."

Wissenschaft sich soweit wie irgend angängig von metaphysischen Behauptungen frei zu machen und insbesondere keine unbegründeten und vielleicht sogar widerlegbaren Annahmen über die Existenz oder die Erzeugung im platonischen Sinne idealer Gegenstände als Basis für die Benutzung einer neuen Klasse von Definitionen zu verwenden. Sollte es sich also zeigen lassen, daß man auf besagte, den Definitionen durch Abstraktion zugrunde liegende Annahme verzichten kann, dabei aber doch imstande ist, die betreffende exakte Disziplin ohne merkliche Verkürzung aufzubauen, so wird man nicht zögern, das auch zu tun, und wird also die Aufstellung von Definitionen durch Abstraktion vermeiden. Ehe wir aber zeigen, wie man die Definitionen durch Abstraktion bei dem Aufbau einer exakten Wissenschaft ausmerzen kann, wollen wir noch auf einige weitere Schwierigkeiten hinweisen, die man bei ihrer Aufstellung mit in Kauf zu nehmen genötigt ist.

Eine Definition durch Abstraktion setzt voraus, daß es eine durch die betreffende Relation hinreichend bestimmte gemeinsame Beschaffenheit der fraglichen Gegenstände gibt. Wenn es aber überhaupt eine derartige Beschaffenheit gibt, so gibt es deren mehrere. Denn sei φz „die" durch die betreffende Relation R vermeintlich umkehrbar eindeutig gekennzeichnete, so leistet jede zu φz formal äquivalente logische Funktion dasselbe, und es gibt mehrere derartige Funktionen. Man muß also schon „die" betreffende Beschaffenheit als irgendeine der da überhaupt in Frage kommenden (hypothetischen) Beschaffenheiten auffassen, wodurch die scheinbar intuitiv sichere Behauptung in Gestalt des angegebenen Axioms einigermaßen ins Schwanken gerät.

Aber selbst wenn man geneigt ist, alle formal äquivalenten, bei einer Definition durch Abstraktion in Frage kommenden logischen Funktionen als gleichberechtigt anzusehen, was der Logiker als bloßer Logiker zu tun durchaus berechtigt wäre, was aber ein Anhänger einer an Platon orientierten Metaphysik, die Behauptungen über „ideale Objekte" zu Axiomen bzw. Lehrsätzen hat, auf Grund bezüglicher Untersuchungen Bolzanos keineswegs so ohne weiteres darf, so leidet die betreffende logische Funktion, die da Statthalter für alle einschlägigen einander formal äquivalenten sein soll, an einer peinlichen Unbestimmtheit, die ihre Verwendung vergleichsweise wertlos macht. Will man nämlich bei dem weiteren Aufbau der betreffenden Disziplin ohne zusätzliche metaphysische Annahmen hinsichtlich der Beschaffenheiten der fraglichen logischen

Funktion auskommen, so kann man über dieselbe weitere Aussagen nicht anders korrekt begründen als auf dem Umweg über die mit ihr gekoppelte Relation R. Die Einführung der betreffenden logischen Funktion leistet also bei sonst korrektem Vorgehen nichts.

Wenn man sich nun aber auf Grund der dargelegten Einwände dazu entschließt, bei dem Aufbau einer exakten Wissenschaft auf die Benutzung von Definitionen durch Abstraktion zu verzichten, so wird man bald feststellen müssen, daß dieser Verzicht ein recht drückender ist. Man wird deshalb darauf geführt, zu untersuchen, ob man nicht die Definitionen durch Abstraktion durch ein korrektes Definitionsverfahren ersetzen kann, das die wichtigsten Vorteile, die einem das skrupellose Operieren mit Definitionen durch Abstraktion gewährt, seinerseits bietet, ohne denselben Bedenken ausgesetzt zu sein.

Von B. Russell rührt folgendes Verfahren her, das wir aus bestimmten Gründen später noch zu verallgemeinern haben werden. Wenn eine zwischen gewissen Gegenständen bestehende Relation R bekannt ist, die sowohl transitiv wie symmetrisch ist, so läßt sich mit den Mitteln der exakten Logik und zwar genauer mit den Mitteln der Relationstheorie ein von B. Russell herrührender Lehrsatz beweisen, der unter dem Namen Prinzip der Abstraktion bekannt ist.[1]) Dieser Lehrsatz besagt, daß jede transitive und symmetrische Relation R, d. h. jede Relation, die die Strukturbeschaffenheiten der Gleichheit besitzt, äquivalent ist dem Relationsprodukt einer viel-eindeutigen Relation S und deren Umkehrung. Genauer, wenn xRy unter den angegebenen Voraussetzungen über R gilt, so ist xRy äquivalent $xS\alpha \cdot yS\alpha$, wobei S eine viel-eindeutige Relation ist und wobei ein Term α, und zwar für alle x, y derselbe, vorhanden ist. Ferner läßt sich zeigen, daß hierbei α angesetzt werden kann als die Menge der Gegenstände, zu denen x die Relation R hat, wobei diese Menge identisch ist mit der analogen Menge für y. Anstatt also ein metaphysisches „ideales Objekt" durch ein willkürliches Axiom der Relation R zuzuordnen, wie man das bei Aufstellung einer bezüglichen Definition durch Abstraktion tun muß, kann man auf Grund des Prinzipes der Abstraktion wie eines weiteren Lehrsatzes der Relationstheorie die Menge α als die Bedeutung des neu einzuführenden Symbols hinstellen. α besitzt nämlich, mit einer

---

[1]) Whitehead und Russell, Principia Mathematica, Bd. I, 2. Aufl., 1925, S. 452, Formel 72·66.

Ausnahme und den daraus folgenden, diejenigen formalen Beschaffenheiten, die der Anhänger einer Definition durch Abstraktion seinem „idealen Objekt" zuschreibt, das durch die betreffende Relation R hinreichend bestimmt sein soll.

An dem Beispiel mit den Parallelen möge die Russellsche Definitionstechnik noch besonders erläutert werden. Zwischen irgend zwei Geraden x und y aus einer Schar von Parallelen (in einem Euklidischen Raume) existiert eine transitive und symmetrische Relation R, nämlich die Beziehung „parallel-sein-zu". Nach dem Prinzip der Abstraktion gibt es also eine viel-eindeutige Relation S derart, daß immer, wenn R zwischen x und y gilt, man eine viel-eindeutige Relation S und einen Term α hat, daß sowohl $xS\alpha$ wie $yS\alpha$ gilt. Hierbei kann α angesehen werden als Symbol für die betreffende Schar von Parallelen und S als die Beziehung, die zwischen irgendeiner Geraden dieser Schar und der Schar selbst besteht. Die betreffende Schar von Parallelen kann mithin als Ersatz des einigermaßen zweifelhaften „idealen Objektes" dienen, das den Anhängern der Definitionen durch Abstraktion zufolge durch die Relation R gleichsam gestiftet wird bzw. mit ihr gekoppelt ist. Die Russellsche Definitionstechnik setzt aber in diesem besonderen Falle zugleich erfreulicherweise in Evidenz, was die entsprechende Definition durch Abstraktion keineswegs tut, daß man gar nicht das durch die betreffende Definition bekommt, was man haben will. Sie schützt einen mithin davor, durch eine der Natur des fraglichen Problems, nämlich der Fixierung dessen, was Richtung einer Geraden ist, unangemessene Definition das Problem mehr zu verschleiern als zu lösen.

Es muß aber zugegeben werden, daß das Russellsche Verfahren, welches darauf hinausläuft, das ominöse „ideale Objekt" durch die völlig einwandfrei gebildete Menge α zu ersetzen, dem sogenannten gesunden Menschenverstande als ein Taschenspielertrick erscheint, der im Grunde nichts leistet. Wer sich jedoch mit der einschlägigen, ein wenig komplizierten Sachlage hinreichend vertraut gemacht hat, erkennt, daß man mit Hilfe des Russellschen Definitionsverfahrens unter einer Voraussetzung völlig dasselbe erzielt wie mit dem Verfahren der Definitionen durch Abstraktion, und zwar unter einer Voraussetzung, die gerade vom sogenannten gesunden Menschenverstand unbedenklich, wenngleich ein wenig voreilig bejaht zu werden pflegt, nämlich unter der Voraussetzung, daß die Zeichen für Mengen vollständige Symbole darstellen. Da aber Russell diese Voraussetzung bekanntlich nicht macht, sondern die Zeichen für Mengen als unvollständige faßt, so ist allerdings sein Definitionsverfahren dem der Definitionen durch Abstraktion, wenn seine Auffassung von Zeichen für Mengen zutrifft, nicht in jeder Hinsicht gleichwertig. Derjenige nämlich, der ein Symbol, sagen wir V, vermittels einer Definition durch Abstraktion einführt, führt V ein als ein vollständiges Symbol, derjenige jedoch, der es vermittels des Russellschen Verfahrens definiert, kann V korrekterweise nur als ein unvollständiges Symbol[1]) verwenden.

Bei der Definition eines vollständigen Symbols wird nun aber, wie wir fanden, die die Definition darstellende Substitutionsregel, die sich natürlich auch als eine Regel über den Gebrauch desselben erweist, so beschaffen sein, daß durch sie ein bereits bekannter Komplex von Symbolen aufgewiesen wird, der als Ganzes etwas bezeichnet und der als durch das neue Symbol ersetzbar hingestellt wird. Man kann also im Falle der Definition eines vollständigen Symbols auch sagen, daß durch die Definition dem betreffenden Symbole ein Gegenstand, nämlich der, der bislang durch den fraglichen Symbolkomplex bezeichnet wurde, als seine Bedeutung zugeordnet wird. Ganz anders liegen die Dinge aber bei der Definition eines unvollständigen Symbols. Bei einer solchen nämlich wird dem neu einzuführenden Symbole kein Gegenstand als seine Bedeutung zugeordnet, die betreffende Definition ist vielmehr lediglich eine Vorschrift über seine Verwendung mit anderen, weshalb man sie eben nach B. Russell als eine Gebrauchsdefinition oder definition in use bezeichnet. Eine Gebrauchsdefinition eines Symbols V stellt mithin, ohne V einen Gegenstand als seine Bedeutung zuzuordnen, eine Vorschrift dar, die einen in Stand setzt, von einer bekannten, meist komplizierten Formulierung, die V nicht enthält, überzugehen zu einer äquivalenten, knapperen und deshalb in der Regel bequemeren, in der das neue Symbol V in Verbindung mit anderen vorkommt. Führt man mithin ein Symbol V durch eine Gebrauchsdefinition ein, so gibt es in der betreffenden Disziplin zunächst keinen Gegenstand für einschlägige Untersuchungen, der als die Bedeutung von V hingestellt werden kann. Höchstens durch einen besonderen Existenzialbeweis könnte gelegentlich gezeigt werden, daß V, obwohl es ursprünglich durch

---

[1]) Whitehead und Russell, Principia Mathematica, Bd. I, 2. Aufl., 1925, S. 66 ff., S. 173 ff.

eine Gebrauchsdefinition als unvollständiges Symbol eingeführt wurde, dennoch ein vollständiges Symbol ist.

Das Verfahren, vermittels der Aufstellung von Definitionen durch Abstraktion beim Aufbau einer Disziplin fortzuschreiten, kann also folgendermaßen charakterisiert werden: Eine Definition durch Abstraktion besteht darin, daß man versucht, und zwar, ohne eine metaphysische Hilfsannahme zu machen, vergeblich versucht, aus einer Definitionsgleichung der Form: $\varphi\, x = \varphi\, y \cdot = \cdot x\, R\, y$ Df. (wobei R eine transitive und symmetrische Relation ist), durch die ersichtlich das Zeichen $\varphi\, x$ als ein unvollständiges, nicht aber als ein vollständiges Zeichen eingeführt wird, das betreffende Zeichen $\varphi\, x$ dennoch als ein vollständiges zu gewinnen, dem dann also ein Gegenstand als seine Bedeutung entsprechen soll. Dieser Gegenstand, so behauptet man, werde schöpferisch vermittels eines Abstraktionsprozesses erzeugt bzw. aufgewiesen, und zwar als das „ideale Objekt", das allen und nur denjenigen Gegenständen x, y gemeinsam ist, zwischen denen die transitive und symmetrische Relation R gilt, wobei man also in jedem Falle von den sogenannten individuellen Eigenschaften der Gegenstände x, y zu abstrahieren hat, woraus sich übrigens der Name „Definition durch Abstraktion" erklärt. Will man also korrekt vorgehen und vertritt man überdies die heuristische Maxime, daß der Aufbau einer exakten Wissenschaft, soweit angängig, von metaphysischen Annahmen unabhängig zu gestalten ist, so muß man nur die unzulässige Definition durch Abstraktion des Symbols $\varphi\, x$ durch die in Form der obigen Gleichung angegebene einwandfreie Gebrauchsdefinition von $\varphi\, x$ ersetzen. Dabei aber, und das ist ausdrücklich hervorzuheben, wird $\varphi\, x$ als ein unvollständiges Zeichen eingeführt, das nicht so ohne weiteres als Zeichen einer für sich Sinn habenden logischen Funktion aufgefaßt werden kann.

An Hand der Definition des Terminus Kardinalzahl sei der fragliche Sachverhalt noch näher auseinandergesetzt. Da die Beziehung der mengentheoretischen Äquivalenz (ein-eindeutigen Abbildbarkeit) transitiv und symmetrisch ist, sind die Anhänger der Definitionen durch Abstraktion geneigt, äquivalenten Mengen eine gemeinsame, diese Äquivalenz im übertragenen Sinne des Wortes zur Folge habende Beschaffenheit zuzuschreiben, die als das „ideale Objekt", in unserem Falle als die Kardinalzahl, anzusehen sei, die durch die betreffende Definition durch Abstraktion schöpferisch erzeugt bzw. aufgewiesen werde und sich als das allen äquivalenten

Mengen und nur ihnen gemeinsame Etwas darstelle.[1]) Diese Definition durch Abstraktion läßt sich nun ersichtlich dann durch eine völlig einwandfreie Gebrauchsdefinition des Terminus Kardinalzahl ersetzen, wenn man gewillt ist, diesen Terminus im Rahmen der betreffenden Voraussetzungen als ein unvollständiges Zeichen zu benutzen, das für sich allein nichts bezeichnet. Man kann nämlich folgende Vereinbarung treffen: Statt zu sagen, die Mengen M und N sind einander äquivalent, sage man, sie besitzen dieselbe Kardinalzahl, womit ersichtlich der Symbolkomplex „dieselbe Kardinalzahl besitzen" einwandfrei definiert wird und damit zugleich vermittels einer Gebrauchsdefinition der Terminus Kardinalzahl. Will man aber, wozu man natürlich nicht gezwungen ist und was sich auch keineswegs immer empfehlen dürfte, den Terminus Kardinalzahl als ein vollständiges Zeichen hinsichtlich des betreffenden Systems von Voraussetzungen einführen, so muß man ein anderes Definitionsverfahren einschlagen, wobei aber durchaus nicht feststeht, daß ein solches auch immer vorhanden ist.

Zusammenfassend können wir also feststellen, daß eine Definition durch Abstraktion letztlich nur durch eine metaphysische Hilfsannahme zu rechtfertigen ist, daß man also gut daran tut, sie in der angegebenen Weise durch eine einwandfreie, eine derartige Annahme nicht benötigende Gebrauchsdefinition zu ersetzen.

Man kann übrigens das den sogenannten Definitionen durch Abstraktion zugrundeliegende Verfahren verallgemeinern. Man kann nämlich nicht nur in Zusammenhang mit transitiven und symmetrischen Relationen, die ja, wenn sie überhaupt zwischen Gegenständen gelten, in dem Bereich dieser Gegenstände reflexiv sind, sehr zweckmäßige Gebrauchsdefinitionen einführen, sondern auch noch in Verbindung mit anderen Relationen. Hat man in einem gegebenen Gegenstandsbereich eine sogenannte Ähnlichkeitsrelation R, d. h. eine solche, die symmetrisch und reflexiv ist (wie etwa die Beziehung „annähernd gleich lang sein"), so nennt man mit R. Carnap[2]) eine Klasse k einen Ähnlichkeitskreis in bezug auf R, wenn je zwei Gegenstände aus k zueinander in der Relation R

---

[1]) Vgl. hierzu A. Fraenkel, Zehn Vorlesungen über die Grundlegung der Mengenlehre, 1927, S. 5, dessen daselbst geäußerte Ansicht der Verfasser teilt, was nach einer dortigen Bemerkung zweifelhaft erscheint, die auf eine nicht hinreichend vorsichtige Formulierung des Verfassers Bezug nimmt.

[2]) Vgl. R. Carnap, Abriß der Logistik, 1929, S. 48; derselbe, Der logische Aufbau der Welt, 1928, § 71 ff.

stehen, und es keinen Gegenstand außerhalb der Klasse k gibt, welcher zu allen in der Klasse k enthaltenen Gegenständen in der Relation R steht. Die jeweils durch eine Gebrauchsdefinition einzuführenden Zeichen für die Klasse der Ähnlichkeitskreise bzw. für diese Ähnlichkeitskreise einer derartigen Relation R, die noch als nicht-transitiv angesetzt werden möge, weil man sonst ja das schon geschilderte Verfahren zum Ersatz der Definitionen durch Abstraktion anwenden könnte, liefern dann u. U. sehr zweckmäßige unvollständige Symbole. Man kann auch noch dieses Verfahren in mancherlei Hinsicht durch andere analoge ergänzen. Wir wollen aber nicht näher darauf eingehen, da es sich bei diesen Verfahren immer um ein geschicktes Operieren mit Gebrauchsdefinitionen handelt, und wir deren Beschaffenheiten ja zur Genüge kennen.

§ 31. Die sogenannten Definitionen durch Postulate wie die sogenannten Definitionen durch Abstraktion machen diejenigen Pseudodefinitionen aus, die man erzeugende oder wohl auch schöpferische oder ontologische[1]) genannt und die G. Frege so scharf kritisiert hat. Dabei brauchte man übrigens die sogenannten Definitionen durch Abstraktion nicht besonders zu erwähnen, weil sie sich den sogenannten Definitionen durch Postulate unterordnen lassen. Eine sogenannte Definition durch Abstraktion kann nämlich, wie wir fanden, in Gestalt einer Gleichung von nachstehender Form gegeben werden: $\varphi x = \varphi y \cdot = \cdot x R y$ Df., zu der dann noch, um das Zeichen $\varphi \hat{z}$ als ein vollständiges Zeichen durch einen Abstraktionsprozeß zu bekommen, die früher angegebene metaphysische Hilfsannahme hinzutreten muß. Dasselbe läßt sich nun aber auch in Gestalt einer besonderen Definition durch Postulate bewerkstelligen und zwar in folgender: Man denke sich eine Beschaffenheit $\varphi \hat{z}$, die allen den Gegenständen gemeinsam ist, zwischen denen die bekannte transitive und symmetrische Relation R gilt, und deren Beschaffenheiten aus nachstehendem Postulat in Form einer Gleichung zu entnehmen sind: $\varphi x = \varphi y \cdot = \cdot x R y$.

Die sogenannten schöpferischen Definitionen — und daher rührt offenbar ihr vielversprechender Name her — sollen nun im Gegensatz zu allen anderen Definitionen, den, wie man sie genannt hat, bloß kombinierenden, eine eben als schöpferisch zu bezeichnende Eigenschaft besitzen. Und zwar soll diese Eigenschaft darin bestehen,

---

[1]) Vgl. W. Dubislav, Zur Lehre von den sogenannten schöpferischen Definitionen, Philosophisches Jahrbuch, Teil I, 1928, Teil II, 1929.

daß man im Rahmen einer wissenschaftlichen Disziplin mit Hilfe der schöpferischen Definitionen den Gegenstandsbereich angeblich legitim erweitern könne, der ursprünglich, wenigstens was seine Grundbeschaffenheiten betrifft, aus denen sich dann alle weiteren gewinnen lassen sollen, in den Grundvoraussetzungen der fraglichen Disziplin erfaßt ist. Mit Hilfe der gewöhnlichen Gebrauchsdefinitionen nämlich, das geben auch die Anhänger der sogenannten schöpferischen Definitionen zu, kann man natürlich nicht den ursprünglichen Gegenstandsbereich erweitern, es sei denn, daß man die Einführung neuer unvollständiger Zeichen als eine Gegenstandserweiterung anspricht. Eine eigentliche Gegenstandserweiterung sollen dagegen gerade die deshalb schöpferisch genannten Definitionen gestatten. Das liegt für die von den sogenannten Definitionen durch Abstraktion verschiedenen Definitionen durch Postulate gleichsam auf der Hand. Denn die gestatten ja gerade ganz offen, das als vorhanden zu postulieren, was man haben möchte. Aber selbst wenn man nicht hemmungslos postuliert, sondern den Nachweis der Widerspruchslosigkeit des einer Definition durch Postulate entsprechenden Axiomensystems im Anschluß an ihre Aufstellung erbringt, ist noch nicht alles in Ordnung. Denn daß es auch immer Gegenstände gibt, die von bloßen Marken oder Spielzeichen verschieden sind, und die als diejenigen Objekte aufgefaßt werden können, von denen ein widerspruchsloses Axiomensystem handelt, ist eine keineswegs allgemein zugestandene Behauptung.

Aber wenigstens den Definitionen durch Abstraktion, so könnte ein Anhänger der sogenannten schöpferischen Definitionen behaupten, ist eine schöpferische Leistung legitim eigen. Wenn man nämlich innerhalb des ursprünglich gegebenen Gegenstandsbereiches einer Disziplin eine zwischen Gegenständen desselben bestehende sowohl transitive wie symmetrische Relation R nachweisen kann, dann könne man, so wird behauptet, an Hand der Relation R ein ideales Objekt aufweisen und zwar in Gestalt einer den und auch nur den Gegenständen gemeinsamen Beschaffenheit, zwischen denen die Relation R gilt. Man hat so den ursprünglichen Gegenstandsbereich, wie man meint, überbaut. Aber diese Überbauung erweist sich bei genauerem Zusehen, wenn man nicht die bei der Behandlung der Definitionen durch Abstraktion erwähnte metaphysische Hilfsannahme macht, als die Einführung eines unvollständigen Zeichens durch eine gewöhnliche Gebrauchsdefinition.

Der Anschein einer eigentlichen Überbauung[1]) des ursprünglich gegebenen Gegenstandsgebietes wird lediglich dadurch erweckt, daß man quasi instinkt- bzw. gewohnheitsmäßig annimmt, daß Gegenstände, zwischen denen eine sowohl transitive wie symmetrische Relation besteht, eben eine gemeinsame Beschaffenheit, ein gemeinsames Moment besitzen, wobei dann das Teilhaben an dieser Beschaffenheit als der Grund für das Bestehen der fraglichen Relation angesprochen wird. Daß sich diese metaphysische Hilfsannahme auch bei Mathematikern einer gewissen Beliebtheit erfreut, die sonst mit vollem Rechte von einer Bemengung mathematischer Überlegungen mit metaphysischen nichts wissen wollen, findet seine Erklärung in folgendem: Man pflegt ursprünglich als unvollständige Zeichen eingeführte Symbole häufig für sich allein als wären es Gegenstandszeichen zu benutzen, weil daraus immer dann kein Schaden erwächst, wenn man darauf achtet, im Hinblick auf sie nur solche Formulierungen zu benutzen, welche vermöge einer Ersetzung dieses Zeichens durch das Definiens seiner Definitionsgleichung bzw. einer entsprechenden Ersetzung des Komplexes von Zeichen, mit denen es zusammen erscheint, in Ausdrücke umgewandelt werden, die nur noch bereits bekannte Zeichen in bereits bekannten Knüpfungen enthalten.

Zusammenfassend läßt sich also von den sogenannten schöpferischen Definitionen folgendes sagen: Postuliert man nicht hemmungslos bzw. macht man die angegebene metaphysische Hilfsannahme nicht, dann erweisen sich die sogenannten schöpferischen Definitionen bestenfalls als Gebrauchsdefinitionen, zuweilen von besonders zweckmäßiger Art. Bei dieser Gelegenheit sei aber noch einem verbreiteten Mißverständnisse ausdrücklich vorgebeugt. Man pflegt gerne die Mathematik als diejenige Disziplin hinzustellen, in der die Auswirkung der sogenannten Definitionsfreiheit in Form von „schöpferischen Definitionen" geradezu oder wenigstens vorzugsweise der Träger des wissenschaftlichen Fortschritts sei. Und man glaubt vielfach noch außerdem, daß die auf R. Dedekind zurückgehende an sich treffende Charakterisierung der Mathematik als einer freien im Sinne einer logisch willkür-

---

[1]) Wie eine auf der Benutzung von Gebrauchsdefinitionen beruhende Quasi-Überbauung sich im einzelnen gestaltet, zeigt ausführlich R. Carnap in seinem Buche: Der logische Aufbau der Welt, 1928. Das Operieren mit einwandfreien Definitionen, vorzugsweise mit Gebrauchsdefinitionen, nennt R. Carnap „konstituieren".

lichen[1]) Schöpfung des menschlichen Geistes, notwendig „schöpferische Definitionen" in ihr verlange. Da hat es denn leicht den Anschein, als ob eine Lehre von der Definition, die schöpferische Definitionen im oben angegebenen Sinne nicht akzeptiert, in unhebbaren Konflikt mit der Mathematik gerate. Ein derartiger Konflikt ist aber gar nicht vorhanden. Es läßt sich vielmehr zeigen, daß der der Mathematik und Teilen der Logik eigentümliche wissenschaftliche Fortschritt vermittels symbolischer Konstruktionen durchaus kein Fortschritt vermittels schöpferischer Definitionen ist, sofern man auch in der Mathematik und den betreffenden Teilen der Logik Wahrheiten sucht, die als von ihrer jeweiligen Bezeichnungsweise wesentlich unabhängig betrachtet werden. Aber selbst wenn man die erwähnten Disziplinen vorwiegend als spielgerecht zu spielende Spiele auffaßt, in denen infolgedessen die Frage nach der Wahrheit und u. U. noch die nach der Widerspruchslosigkeit völlig oder weitgehend belanglos ist, ergibt sich, daß auch dann der Fortschritt beim Mathematik- und Logikspiel, was die Definitionen betrifft, nur auf kombinierenden Definitionen beruht.

§ 32. Damit haben wir die wichtigsten Klassen von Definitionen innerhalb der Fregeschen Theorie kennen gelernt. Bevor wir uns aber der noch ausstehenden Behandlung einiger Probleme zuwenden, die mit dieser Definitionstheorie enger verbunden sind, sei noch in aller Kürze ein besonders innerhalb der mathematischen Disziplinen öfter auftretender Spezialfall von Definitionen besprochen, der einem sowohl bei den Definitionen vollständiger wie unvollständiger Zeichen begegnet. Es handelt sich um die sogenannten Definitionen durch Induktion, die man auch als rekurrente Definitionen bezeichnet. Sie stellen auf dem Gebiete der Definitionen das genaue Gegenstück dar zu den innerhalb des Feldes der Beweise wohlbekannten Beweisen durch (vollständige) Induktion. Eine Behauptung über eine, wie man sagt, beliebige ganze Zahl ist bekanntlich dann bewiesen, wenn man gezeigt hat: I. $B(o)$ ist eine gültige Behauptung. II. $B(p)$ ist eine gültige Behauptung, wenn $B(p-1)$ eine solche ist. Entsprechend kann man nun ein zusammengesetztes Zeichen $Z(n)$, in dem eine beliebige ganze Zahl vorkommt, genauer eine Variable n, deren Variabilitätsbereich die Menge der ganzen Zahlen ist, dadurch

---

[1]) Eine Deutung dieses bekannten Wortes, die Friesschen Gedankengängen nahesteht, findet man bei G. Hessenberg, Jahresberichte d. Deutschen Mathematiker-Vereinigung, 1908, S. 156ff.

näher und zwar präzise fixieren, daß man die beiden nachstehenden Definitionen vereinbart: I. Die Definition von $Z(o)$. II. Die Definition des Symboles $Z(p)$, wenn dabei das Zeichen $Z(p-1)$ als bekannt betrachtet werden kann.

Diese Definitionsart ist übrigens noch genau so wie das Beweisverfahren vermittels der Schlüsse durch Induktion erweiterungsfähig[1]) und zwar auf wohlgeordnete Mengen, insbesondere auf das aus den endlichen und unendlichen Ordnungszahlen bestehende Gebiet. Man spricht dann von einer Definition durch transfinite Induktion. Eine derartige Definition durch transfinite Induktion erfolgt gemäß nachstehendem Schema: Die Definition eines zusammengesetzten Zeichens $Z(a)$ für jede Ordnungszahl a ist bekannt, wenn erstens die Definition von $Z(o)$ bekannt ist und wenn zweitens gemäß einer allgemeinen Vorschrift die Bedeutung von $Z(x)$ bekannt ist, wenn die Bedeutung jedes Zeichens $Z(w)$ bekannt ist, wobei w eine dem x vorangehende Ordnungszahl darstellt.

Es mag an dieser Stelle aber noch ausdrücklich hervorgehoben werden, daß man keineswegs vermittels der rekurrenten Definitionen aus der Null die Reihe der natürlichen Zahlen „erzeugen" kann, was manche Mathematiker glauben, die die Definitionen mit uns als Verabredungen auffassen. Eine Definition ist nämlich im Rahmen der Fregeschen Theorie, wie schon bemerkt, selbst im Falle der expliziten Definitionen bestenfalls nur die Taufe eines Gebildes, dessen Existenz unabhängig von der bloß die Benennung liefernden Definition ist. Übrigens gilt, wie G. Hessenberg gezeigt hat, mehr. Auch wer in einer Definition eine Begriffskonstruktion erblickt, kann nicht vermittels einer rekurrenten Begriffskonstruktion, ohne den Anzahlbegriff bereits versteckt zu benutzen, aus der Null die natürlichen Zahlen „erzeugen", es sei denn, daß er die Fregesche Theorie der sogenannten R-erblichen Klassen benutzt.[2])

d. Über Grundzeichen

§ 33. Wir kommen zu der Erörterung der Frage, ob es ausgezeichnete Zeichen gibt, die immer als Grundzeichen insofern zu wählen sind, als man ihre Bedeutung oder ihren Gebrauch doch nur vermittels Dialleler zu fixieren vermöchte, das heißt nur ver-

---

[1]) Vgl. F. Hausdorff, Mengenlehre, 1914, S. 112 ff.; G. Hessenberg, Grundbegriffe d. Mengenlehre, 1906, S. 159 ff. des Sonderdruckes.

[2]) Vgl. B. Russell, Einführung in die mathematische Philosophie, Deutsche Ausgabe, 1923, S. 20 ff.

mittels solcher Erläuterungen, die das hinsichtlich seiner Bedeutung bzw. seines Gebrauches zu erläuternde Zeichen versteckt als schon erläutert voraussetzen. Die Logiker haben diese Frage meist bejaht, aber die besonderen Beispiele, die sie für ihre Behauptung von der Existenz in obigem Sinne undefinierbarer Zeichen angeben, halten in der Regel der Kritik nicht stand. Pascal z. B. glaubte, daß die Termini „Raum", „Zeit", „Bewegung", „alle" und viele andere Ausdrücke wären, die jedermann verstehe auf Grund einer unmittelbaren Einsicht der natürlichen Vernunft. Er war des weiteren der Überzeugung, daß es nichts Lächerlicheres gäbe, als die Versuche derer, die diese und andere Grundwörter vergeblich zu definieren sich bemühten.

Es zeigt sich aber hier wie anderwärts, daß man sehr vorsichtig mit der Behauptung sein muß, etwas sei unmittelbar einsichtig, wenn man nicht Gefahr laufen will, daß die Entwicklung einer Disziplin dazu führt, daß gerade das, von dem man behauptet, es sei das Selbstverständliche und unmittelbar Einsichtige, als ein Irriges oder Unklares dargetan wird, das nur bislang gleichsam unter der Maske einer angeblich allgemein verständlichen Bezeichnung ein Asyl der faulen Vernunft bildete. Man wird z. B. in Anbetracht der Revolution der Prinzipien, die die Relativitätstheorie in Sachen der „Raum" und „Zeit" genannten Gebilde gebracht hat, heute nicht mehr behaupten können, daß „Raum" und „Zeit" als allen bekannte Ausdrücke nicht nur keiner Definition fähig, sondern einer solchen auch gar nicht bedürftig seien. Man weiß vielmehr, daß es viele sorgfältig auseinander zu haltende Bedeutungen von „Raum" und „Zeit" gibt, die mit den verschwommenen Vorstellungen, die man im täglichen Leben „Raum" und „Zeit" nennt, nur insofern etwas zu tun haben, als diese verschiedenen Bedeutungen in diesen verschwommenen Vorstellungen zu einem in logischer Hinsicht trüben Gemengsel verbunden sind. Mit andern Worten: „Raum" und „Zeit" können so ohne weiteres nicht als schlechthin undefinierbare Ausdrücke gelten.

§ 34. Dasselbe trifft von dem Ausdruck „Bewegung" zu. Eine „ebene Bewegung" z. B. ist für den Geometer nach D. Hilbert nur ein abkürzender Name für dasjenige Gebilde, das durch nachstehenden Ausdruck umständlicher gekennzeichnet wird: „Umkehrbar eindeutige stetige Transformation der Bildpunkte der Zahlenebene in sich von der Art, daß dabei der Umlaufsinn einer geschlossenen Jordanschen Kurve stets derselbe bleibt und die

Umkehrung einer solchen Transformation dieselbe Beschaffenheit besitzt." Man sieht, daß man den Terminus „ebene Bewegung" vermittels anderer Ausdrücke, die ihn keineswegs einzeln bereits versteckt bezeichnen, definieren kann.

Anders steht es mit dem Terminus „alle". Obwohl man mindestens seit Bolzanos[1]) Analyse weiß, daß „alle" in einem kollektiven und in einem distributiven Sinne gebraucht wird, ist es bis heute jedenfalls nicht geglückt, weder „alle" (in kollektivem Sinne) noch „alle" (in distributivem Sinne) auf eine Verbindung von Zeichen zu reduzieren, die „alle" salva veritate ersetzen kann und zweitens so beschaffen ist, daß kein in dieser Verbindung vorkommendes Symbol die Beschaffenheiten des Terminus „alle" bereits seinerseits (versteckt) besitzt. Vielleicht dürfte bei einer künftigen axiomatischen Zergliederung der Prinzipien der Logik hier noch etwas zu erreichen sein. So wie die Dinge aber heute liegen, muß der Terminus „alle" in kollektivem Sinne wie in distributivem Sinne als ein unvermeidliches Grundzeichen angesprochen werden.

Wir haben damit bereits die eingangs aufgeworfene Frage bejaht, wollen aber noch an einem anderen Terminus dasselbe Resultat exemplifizieren, und zwar an dem Terminus „Behauptung". Wir behaupten also, daß es bislang nicht gelungen ist, den Terminus „Behauptung" zu definieren, daß die beiden allein ernstlich in Frage kommenden vermeintlichen Definitionen desselben vielmehr bloße Erläuterungen oder Diallelen sind, und daß man kurz gesagt demjenigen, der nicht schon die Bedeutung des Ausdrucks „Behauptung" erfaßt hat, gar nicht klar machen kann, was als eine Behauptung bezeichnet werden soll. Man kann nur für den, der sich das sogenannte Behauptungserlebnis verschafft hat, einige Bemerkungen zusammenstellen, die ihn instand setzen können, in vielen vorgelegten Fällen zu entscheiden, ob man es mit einer Behauptung zu tun hat oder nicht. Erläutert man nämlich erstens in Anlehnung an Aristoteles (De Interpretatione, IV, 17a): Eine Behauptung sei ein Etwas, das entweder wahr (Erkenntnis) oder falsch (Irrtum) sei, so ist hierbei in den Worten „wahr" und „falsch" der Begriff einer Behauptung versteckt enthalten. Denn was bedeutet hier der Terminus „wahr" bzw. „falsch"? Er bedeutet an dieser Stelle eine manchen Behauptungen zu eigene Beschaffenheit. „Wahr" bzw. „falsch" sind also im obigen Zu-

---

[1]) Vgl. Bolzano, Wissenschaftslehre, 1837, § 86.

sammenhange unvollständige Zeichen. „Wahr" bzw. „falsch" bedeutet „wahre" bzw. „falsche Behauptungen" bzw. die Beschaffenheit einer Behauptung, eine „wahre" bzw. „falsche" zu sein. Die Diallele ist offenkundig. Analog steht es mit der anderen gleichfalls auf Aristoteles zurückgehenden Erläuterung (Anal. prior. I, 1, 24a, 10): Eine Behauptung sei ein Etwas, das entweder bejaht (anerkannt) oder verneint (verworfen) werden könne. Hier liegt in dem Worte „bejahen" bzw. „verneinen" bereits gerade das, was zu erläutern ist. Denn „bejahen" bzw. „verneinen", das heißt etwas in bestimmter, eben bejahender oder verneinender Weise behaupten, und der Zirkel im vermeintlichen Definieren ist aufgewiesen.

§ 35. Wir müssen also feststellen, daß es anscheinend solche Zeichen gibt, die die ausgezeichnete Beschaffenheit besitzen, daß sie in jedem (vollständigen) System von Grundvoraussetzungen, in bezug auf welches sie verwendet werden sollen, insofern als Grundzeichen auftreten müssen, als man ihre Bedeutungen bzw. die Art ihrer jeweiligen Verwendung doch nur vermittels Diallelen zu fixieren vermöchte.[1])

Man hat übrigens versucht, die Behauptung zu begründen, daß die in obigem Sinne nicht definierbaren Zeichen diejenigen sind, welche einfache Begriffe bzw. unter derartige Begriffe fallende Gegenstände bezeichnen. Wir wollen aber auf diese Versuche nicht näher eingehen, da uns die Lehre von den einfachen bzw. zusammengesetzten Begriffen trotz der einschlägigen Untersuchungen Bolzanos keineswegs geklärt erscheint, und wir gegenwärtig an Stelle der betreffenden Bolzanoschen Darlegungen keine wesentlich besseren zu setzen wissen.

e. Axiome und Definitionen

§ 36. Innerhalb der sogenannten Fregeschen Theorie haben wir auf Grund der bisherigen Resultate schließlich noch das strittige Verhältnis von Axiomen und Definitionen zu ermitteln. Da eine Definition als eine Vereinbarung über zu benutzende Zeichen nicht das ist, was man eine Behauptung nennt, können Definitionen im

---

[1]) Die Frage, ob man sich und wenn ja, wie man sich über Grundzeichen verständigen kann, eine Frage, die bei Gelegenheit der Behandlung der sogenannten Definitionen durch Postulate gestreift worden war, wird ihre Beantwortung innerhalb der Lehre von den Zuordnungsdefinitionen, also im Rahmen des von uns sogenannten zweiten Problemkreises finden.

Rahmen der Fregeschen Theorie niemals als eigentliche Prämissen von Schlüssen dienen. Prämissen von Schlüssen sind nämlich immer Behauptungen. Mit anderen Worten, die Definitionen gehen so ohne weiteres nicht ein in die Behauptungen, die zu einer Wissenschaft gehören. Sie regeln bloß in geeigneter Weise deren sprach-schriftliche Einkleidung.

§ 37. Diese Befremden erregende Feststellung bedarf noch einer näheren Erörterung.[1]) Es werde etwa gelegentlich der Darstellung der Elemente der Mathematik die Definition aufgestellt:

Eine unendliche Folge u_1, u_2, — — —, u_n, — — — möge eine „konvergente" heißen, wenn es eine Konstante u derart gibt, daß in jeder Umgebung von u fast alle Glieder der betreffenden Folge liegen. Es werde alsdann der Lehrsatz bewiesen:

Eine unendliche Folge u_1, u_2, — — —, u_n, — — — ist dann und nur dann eine konvergente, wenn es zu jedem positiven ε ein u_r gibt, das sich von fast allen u_n um weniger als ε unterscheidet.

Wird hier nicht doch entgegen unserer Behauptung die obige Definition als Prämisse in dem Beweis des obigen Lehrsatzes figurieren müssen? Die Antwort lautet verneinend. Der Lehrsatz ist nämlich genau so beweisbar auch ohne Aufstellung der Definition. Nur sein sprach-schriftlicher Ausdruck würde bei Fortfall der Definition ein komplizierterer werden. Er würde dann so lauten: Eine unendliche Folge u_1, u_2, — — —, u_n, — — — hat dann und nur dann die Beschaffenheit, daß es eine Konstante u derart gibt, daß in jeder Umgebung von u fast alle Glieder der betreffenden Folge liegen, wenn es zu jedem positiven ε ein u_r gibt, das sich von fast allen u_n um weniger als ε unterscheidet.

Nennen wir für den Augenblick den Lehrsatz, ganz gleichgültig wie wir ihn formulieren, kurz L und die Definition kurz D, dann liegt auf der Hand, daß nicht L unter Benutzung von D, als sei sie eine Prämisse, bewiesen wird, sondern daß nur aus der wahren Behauptung, daß D akzeptiert wird, die wahre Behauptung gefolgert werden kann, daß L wie nachstehend formuliert werden darf: „Eine unendliche Folge ist dann und nur dann eine konvergente, wenn . . . ."

Wenn man also unter Umständen die Redewendung benutzt: „Aus der Definition folgt mithin, daß . . . .", so besagt dieselbe

---

[1]) Hinsichtlich dieser Erörterung ist der Verf. Herrn Heinrich Scholz zu Dank verpflichtet.

genauer, daß aus der Behauptung, man akzeptiere die betreffende Definition, die Behauptung folgt, daß eine bestimmte Formulierung eines Lehrsatzes zutreffe. Die Definitionen gehen also sensu stricto in die Lehrsätze nicht ein. Sie sind nur in der sprach-schriftlichen Formulierung derselben in einem übertragenen Sinne des Wortes enthalten. Die sogenannte Behauptung vom Bestehen einer „Identität oder Gleichheit per definitionem", die viele veranlaßt hat, irrigerweise in den Definitionen Aussagen der Identität zu erblicken, ist also nichts anderes als eine Behauptung über eine, und zwar über eine von einem selber in dem betreffenden Zusammenhang akzeptierte Definition. Und zwar über eine Definition, die sich darstellt als eine Vereinbarung dahingehend, daß ein bestimmter umständlicher Zeichenkomplex fortan salva veritate ersetzbar sein soll durch einen kürzeren und bequemeren. Mit anderen Worten: Die sogenannte „definitorische Identität" erweist sich als eine bloße zulässige Vereinbarung über die Vertauschbarkeit von Zeichenkomplexen bei der sprach-schriftlichen Fixierung von Behauptungen zuzüglich der Erkenntnis dieses Umstandes.

§ 38. Faßt man also, wie das innerhalb der von uns sogenannten Fregeschen Theorie geschieht, ein Axiomensystem auf als ein System von Behauptungen, genauer als ein System von Satzfunktionen, deren Variable gebunden sind, so sind die Definitionen niemals Axiome, und es ergibt sich aus dem Gesagten, daß eine Definition mithin niemals über das „Es gibt", über die „Existenz" irgendeines Gebildes das Geringste entscheidet, das etwas anderes als ein Zeichen ist. Noch an einem instruktiven Beispiele, an Hand einer kurzen Zergliederung des Verfahrens von Spinoza sei aufgezeigt, welche Konsequenzen sich gelegentlich aus der Verwechslung von Definitionen und Axiomen ergeben.

Spinoza geht folgendermaßen vor: Er definiert:

„Unter der Substanz[1]) verstehe ich das, was in sich ist und durch sich (allein) begriffen wird; es ist derjenige Gegenstand, dessen Begriff nicht den Begriff eines anderen Gegenstandes voraussetzt, aus dem er zu bilden ist."

„Unter einem Modus verstehe ich eine Affektion der Substanz; es ist etwas, das in anderem ist, durch welches es auch begriffen werden kann."

---

[1]) Spinoza, Ethica — —, I, Def. 3; Def. 5.

Aus diesen beiden Aussagen, Definitionen nennt sie Spinoza, zieht er nun einen Schluß. Und zwar folgert er aus diesen beiden Aussagen die Behauptung: Die Substanz ist von Natur früher als ihre Affektionen.[1]

Wir wollen völlig davon absehen, daß dieser Schluß als ein unvollständiger ein nicht bindender ist. Wie steht es mit seinen Prämissen. Der Form nach, dies wird durch das „verstehe ich unter" angedeutet, handelt es sich um willkürliche Vereinbarungen über den Sprachgebrauch. Aber aus diesen Vereinbarungen als bloßen Vereinbarungen kann natürlich nicht einmal auf die Existenz des Substanz genannten Etwas geschlossen werden, geschweige denn auf die angegebene Behauptung. Es bleibt vielmehr völlig dahingestellt, ob das, was Spinoza Substanz nennen will, überhaupt existiert. M. a. W. Ob überhaupt das Wort Substanz etwas bezeichnet oder ein unvollständiges Zeichen oder eine bloße Chimäre ist, wird jedenfalls durch das „verstehe ich unter" nicht entschieden. Faßt man mithin die beiden Aussagen als Definitionen im Sinne der Fregeschen Theorie auf, dann kann aus ihnen überhaupt nichts geschlossen werden. Faßt man sie aber, wie das Spinoza ersichtlich tut, sowohl als Vereinbarungen über den Sprachgebrauch wie als sachliche Behauptungen über die Existenz und über gewisse Beschaffenheiten der als existierend behaupteten Gebilde auf, dann, ja dann bleibt Spinoza uns die Begründung dafür schuldig, daß diese seine ganz und gar nicht einleuchtenden Behauptungen wahre Behauptungen und keine Vorurteile sind. Kurz gesagt, seine beiden Aussagen sind Vermengungen von Benennungen mit versteckt zugleich ausgesprochenen sachlichen Behauptungen, deren Wahrheit völlig dahinsteht. Daß es Spinoza überhaupt „gelingt", aus seinen beiden Aussagen einen interessanten Schluß zu ziehen (er zieht einen unvollständigen!), liegt also lediglich daran, daß er seine Aussagen in versteckter Weise als Axiome und zwar als Existenzialaxiome benutzt. Aus Existenzialaxiomen kann man nun allerdings Schlüsse ziehen, wenngleich, um genau zu sein, aus den beiden Existenzialaxiomen Spinozas auch nicht einmal, ohne einen Sprung im Schließen zu machen, Spinozas Lehrsatz (1) zu erschließen ist.

§ 39. Definitionen, so können wir zusammenfassen, sind im Rahmen der sogenannten Fregeschen Theorie niemals Prämissen

---

[1] Spinoza, Ethica — —, I, Prop. 1.

und also auch niemals Axiome. Sie dienen lediglich dazu, knappe und bequeme Formulierungen von Behauptungen zu ermöglichen, die unabhängig von der jeweils gewählten Bezeichnungsweise sind, sofern sich diese Behauptungen nicht selbst als Behauptungen über die „Darstellung" von irgendwelchen Gebilden mit den Mitteln eines Systems von „Darstellungsmitteln" erweisen. Aber selbst in diesem Falle sind die Definitionen nicht Prämissen, sondern man findet bei genauer Zergliederung, daß da als Prämissen Behauptungen figurieren über die Annahme eines Systems von „Darstellungsmitteln", das selbst abgesehen von seinen Grundzeichen mit Hilfe von Definitionen gewonnen worden ist, die von diesen Grundzeichen ausgehen.

B. Die formalistische oder Spieltheorie

§ 40. Die von uns sogenannte Fregesche Theorie beruht, wie wir gesehen haben, vorzugsweise auf der Durchführung der sorgfältigen Unterscheidung von Behauptungen bzw. von Gebilden, die nicht aus Zeichen bestehen, auf der einen und deren sprach-schriftlicher Fixierung auf der anderen Seite. Dabei erwuchs dieser Definitionstheorie, die gegenüber den konventionellen einen außerordentlich hoch zu veranschlagenden Fortschritt darstellt, eine besondere Schwierigkeit aus der Frage, welches denn nun eigentlich diejenigen Zeichenverknüpfungen seien, die innerhalb des Definiens der einer Definition entsprechenden Definitionsgleichung auftreten dürfen. M. a.W. Es fehlt der sogenannten Fregeschen Theorie an einer exakten Charakterisierung des zeichenmäßigen Aufbaues einer Formel oder einer sprach-schriftlichen Formulierung. Mit diesem Mangel auf das engste verbunden erscheint dann weiter innerhalb dieser Theorie die Auffassung von einem Axiomensystem als einem System von Grundvoraussetzungen, das in der Hauptsache besteht aus einer Anzahl von Axiomen = einsichtig wahren Grundbehauptungen und einer sprach-schriftlichen Darstellung derselben, die als durch sich selbst verständlich betrachtet wird.

Gegenüber dem Prinzip einer derartigen Charakterisierung eines Axiomensystems hatte zwar schon G. Boole treffend bemerkt, daß die „validity of the processes of analysis does not depend upon the interpretation of the symbols which are employed, but solely upon the laws of their combination".[1] Aber er hatte diese Auffassung

---

[1] G. Boole, The mathematical Analysis of Logic, 1847, S. 3.

niemals in ihre Konsequenzen verfolgt. Erst innerhalb der modernen Axiomatik und Logistik ist dann mit diesem Booleschen Gedanken und seiner Durchführung Ernst gemacht worden. Und zwar war es auf dem Gebiete der Axiomatik vor allem D. Hilbert[1]), der mit außerordentlichem Erfolge mit nichts bezeichnenden Zeichen im Sinne von Spielzeichen oder Marken operierte, während von logistischen Überlegungen herkommend, C. I. Lewis[2]) in seinem „Heterodox View of the Nature of Mathematics and of Logistic" bereits 1918 ein mathematisches System charakterisierte als „any set of strings of recognizable marks in which some of the strings are taken initially and the remainder derived from these by operations performed according to rules which are independent of any meaning assigned to the marks."[3])

§ 41. Um nun die an sich einfachen Grundgedanken der von uns sogenannten Spieltheorie möglichst leicht verständlich zu machen, sei nachstehende Überlegung vorangestellt: Man betrachte eine wissenschaftliche Disziplin, d. h. eine Gesamtheit von in Begründungszusammenhang befindlichen Behauptungen nebst irgendeiner sprach-schriftlichen Fixierung derselben. Der erste Schritt zur sogenannten Formalisierung der betreffenden Disziplin, d. h. zur Ersetzung dieser Disziplin durch einen Kalkül (Zeichenspiel), besteht dann darin, daß man einige der zu ihr gehörigen Behauptungen an die Spitze stellt als Axiome im Sinne von Grundwahrheiten, aus denen sich dann alle weiteren einschlägigen Behauptungen bloß durch logische Umformungen, durch das Ziehen von Schlüssen ermitteln lassen. Ein derartiges System von Grundbehauptungen ist als ein System von Wahrheiten bzw. mindestens als ein System von miteinander verträglichen Behauptungen aufzufassen, welches angibt, daß gewisse Beziehungen zwischen gewissen in diesen Behauptungen enthaltenen Begriffen bestehen bzw. zwischen den Gegenständen, von denen diese Behauptungen gelten, bzw. zwischen den erwähnten Begriffen und Gegenständen.

[1]) Vgl. die im Literaturverzeichnis angegebenen einschlägigen Arbeiten D. Hilberts.

[2]) C. I. Lewis, A Survey of symbolic Logic, 1918, S. 354 ff.

[3]) C. I. Lewis, ebenda, S. 355. — Die Beschaffenheiten derjenigen Operationen, die in einem derartigen set of strings den Definitionen entsprechen, sind dann vom Verf. ermittelt worden. Vgl. W. Dubislav, Über die Definition, 2. Aufl., S. 40 ff.; Derselbe, Zur Lehre von d. sog. schöpferischen Definition, Philosophisches Jahrbuch, 1928 und 1929; Derselbe, Zur kalkülmäßigen Charakterisierung der Definitionen, Annalen d. Philosophie, 1928.

Der zweite Schritt zur gesuchten Formalisierung der Disziplin besteht darin, daß man von den nicht-relationstheoretischen Beschaffenheiten dieser Beziehungen absieht. Man betrachtet dann das erwähnte System von Grundbehauptungen nur noch als ein solches, das ein Netzwerk von lediglich nach ihren ordnungstiftenden Eigenschaften charakterisierten Relationen beschreibt, die zwischen gewissen Gegenständen bestehen, welche ihrerseits nur noch nach ihrer Stellung zu den Relationen voneinander unterschieden werden und denen sonst keine weiteren Beschaffenheiten beizulegen sind. Dann können ersichtlich logische Umformungen, das Ziehen von Schlüssen, angewendet auf ein derartiges System nur folgendes liefern: Sie können nur zeigen, daß neben den Ausgangsrelationen auch noch andere, aus den ersten aufgebaute Relationen oder wenigstens die Ausgangsrelationen noch in anderer Hinsicht zwischen den betreffenden teilweise nicht näher bestimmten, aber für die Zwecke einer Wissenschaft gerade nahe genug bestimmten Gegenständen bestehen.

Es erhebt sich aber die Frage, ob bei einem derartigen Absehen von allen nicht-relationstheoretischen Beschaffenheiten der Relationen eines derartigen Netzwerkes — es ist ein Übergang von den Relationen zu den Relationszahlen derselben im Whitehead-Russellschen Sinne — nicht die betreffenden Relationen in unzulässiger Weise wichtiger Eigentümlichkeiten beraubt werden und ob immer das Netzwerk von in solcher Weise verallgemeinerten Relationen noch als ein im Hinblick auf die zu ziehenden Schlüsse vollwertiger Ersatz des ursprünglichen gelten kann. Dazu ist folgendes zu sagen: Selbstverständlich sind die ursprünglichen, inhaltlich irgendwie beschaffenen Relationen verschieden von den abstrakten Relationen, die lediglich als Zeichen für alle diejenigen Relationen zu denken sind, die unbeschadet inhaltlicher Verschiedenheiten dieselben ordnungstiftenden Eigenschaften besitzen. Aber für die Zwecke einer Ableitung von Sätzen aus Sätzen, die durch das Ziehen von Schlüssen erfolgt, ist das gleichgültig. Bei einem derartigen Verfahren nämlich wird von denjenigen und nur denjenigen Beschaffenheiten des Systems der ursprünglichen Sätze Gebrauch gemacht, die allen diesem Systeme isomorphen Systemen gleichermaßen zukommen. Diese Eigentümlichkeit des bloß schließend vorgehenden Verfahrens bei der Gewinnung neuer Behauptungen aus gegebenen bringt es übrigens auch allein mit sich, daß man dieselben Schlußformen auf den verschiedensten Gebieten mit Erfolg gleichartig anwenden kann.

Der dritte und letzte Schritt zur Formalisierung der vorgelegten Disziplin besteht jetzt darin, daß man das beschriebene Netzwerk von Beziehungen, die zwischen gewissen Gegenständen obwalten, welche nur noch nach ihrer Stellung zu diesen Beziehungen unterschieden werden, mit den Mitteln eines Kalküles wiedergibt. Dabei entspricht dann dem ursprünglichen System von Grundbehauptungen ein System von Ausgangsformeln des Kalküls, wobei die sogenannten Gegenstände dieser Grundbehauptungen als Variable in die Formeln des Kalküls eintreten. Weiterhin entspricht der schließenden Begründung von neuen Behauptungen aus den Grundbehauptungen in der Sphäre des Kalküls die Gewinnung neuer Formeln aus den Ausgangsformeln vermittels der Operationsvorschriften des Kalküls.

§ 42. Betrachtet man nun mit D. Hilbert[1]) das axiomatisch vorgehende Verfahren beim Aufbau einer Disziplin als die relativ vollendetste Begründung, deren die Lehrsätze der betreffenden Disziplin überhaupt fähig sind, so sind in letzter Hinsicht die und nur die Hilfsmittel bei dem Aufbau einer Disziplin zu rechtfertigen, die sich durch einen der axiomatischen Methode entsprechenden Aufbau derselben legitimieren lassen. Da, wie wir hier unterstellen wollen und später zeigen werden, die axiomatische Darstellung einer Disziplin in eine rein kalkül-spielmäßige umwandelbar ist, womit natürlich in keiner Weise mittelbar behauptet wird, daß sich eine derartige Umwandlung in jedem Falle empfehlen dürfte, so sind also weiterhin nur solche Hilfsmittel bei dem Aufbau einer exakten Disziplin letztlich zu rechtfertigen, die sich bei dem Übergang zu dem der betreffenden Disziplin entsprechenden Kalküle in kalkültechnischer Hinsicht als einwandfrei erweisen.

Für die Definitionen ergibt sich damit im besonderen, daß nur diejenigen Substitutionsvorschriften als einwandfrei und damit unter Umständen als Definitionen zu gelten haben, die sich in kalkültechnischer Hinsicht als korrekte Operationen erweisen, wenn man von der betreffenden Disziplin zu dem ihr entsprechenden Kalkül übergeht. Damit ist für unsere weiteren Untersuchungen der Weg vorgezeichnet. Wir werden im einzelnen zu zeigen haben,

---

[1]) D. Hilbert, Grundlagen d. Geometrie, 4. Aufl. 1913, Anhang VI, S. 238: „... verdient doch zur endgültigen Darstellung und völligen logischen Sicherung des Inhaltes unserer Erkenntnis die axiomatische Methodik den Vorzug."

wie man von einer Disziplin zu dem ihr entsprechenden Kalkül gelangt, und welche Rolle dann innerhalb des Kalküls denjenigen Operationsvorschriften bzw. Formeln zufällt, denen innerhalb der Deutung des Kalküls, d. h. innerhalb der betreffenden Disziplin die gewöhnlichen Definitionen entsprechen.

§ 43. Um diese Überlegungen im einzelnen durchführen zu können, haben wir zunächst den Logikkalkül rein kalkülmäßig „aufzuziehen", d. h. also ganz unabhängig von der Bedeutung, die man üblicherweise den Formeln und Operationsvorschriften desselben zu geben pflegt. Im Unterschiede zu dem Schach- oder dem Gospiel ist der zu beschreibende Kalkül bzw. das zu beschreibende Spiel ein bloßes Kombinationsspiel, bei dem es keine gegeneinander spielenden Parteien gibt. Es handelt sich bei ihm vielmehr darum, aus den in Gestalt von Ausgangsstellungen (Ausgangsformeln) gegebenen Konstellationen der Spielfiguren (Zeichen im Sinne von Spielzeichen oder Marken) vermöge der Spielregeln (Operationsvorschriften) andere Konstellationen der Spielfiguren in Form von neuen Spielstellungen spielgerecht, d. h. genau entsprechend den Spielregeln zu erspielen. Gleichfalls im Unterschied zu dem Schachspiel ist jede Spielfigur, jede Ausgangsstellung und jede spielgerecht erspielte Spielstellung so oft als vorhanden anzusetzen, wie das der besondere Spielverlauf als erwünscht erscheinen läßt. Mit anderen Worten, wenn man in einer Ausgangsstellung oder bereits spielgerecht erspielten Spielstellung bei Anwendung der Spielregeln gewisse Änderungen vornimmt, um zu neuen Spielstellungen zu gelangen, so ist die ursprüngliche Spielstellung doch insofern als unzerstörbar zu betrachten, als man sie beim Weiterspiel jederzeit als noch in erneuter Ausführung vorhanden ansehen kann und sie in dieser Ausführung infolgedessen bei Fortsetzung des Spieles abermals zur Gewinnung neuer Spielstellungen ohne weiteres benutzen darf.

An Spielfiguren sind zunächst die nachstehenden gegeben:
1. Die Buchstaben $p, q, \ldots, t$, wir wollen sie kurz Aussagenvariable nennen, ohne natürlich hier wie anderwärts aus dieser im Hinblick auf die spätere Deutung des Spiels gewählten Bezeichnungsweise etwas hinsichtlich ihrer Eigenschaften zu entnehmen. 2. Die Buchstaben $f\hat{z}, g\hat{z}$, wir wollen sie Funktionsvariable nennen. 3. Die Buchstaben $x, y, \ldots$, wir wollen sie Individuenvariable nennen. 4. Die Buchstaben $a, b, \ldots o$, wir wollen sie Konstante nennen. 5. Die Zeichen $\sim$ und $\vee$, wir wollen sie das Negationszeichen

Die formalistische Theorie

(Zeichen der Negationsfunktion) und das Oderzeichen (Zeichen der Disjunktionsfunktion) nennen. 6. Das Zeichen =, Gleichheitszeichen genannt. 7. Punkte und Klammerzeichen. 8. Das Allzeichen (x).

Operationsvorschriften (Spielregeln). Substitutionsregel I: In jeder Formel, in der eine Aussagenvariable, sagen wir p, vorkommt, darf sie durch irgendeine andere, sagen wir q, ersetzt werden bzw. durch $\sim q$ bzw. durch $q \vee r$, sofern man an jeder Stelle, wo p in der betreffenden Formel vorkommt, dieselbe Substitution vornimmt.

Hierbei wird unter einer Formel jedes Gebilde verstanden, welches entsteht, wenn man irgendeine Aussagenvariable, sagen wir p, als eine Formel betrachtet und nun auf p die oben angegebene Substitutionsformel beliebig oft anwendet. Dabei ist aber durch zweckmäßige Benutzung von Klammern beziehungsweise Punkten die Struktur der entstehenden Formel in der bekannten Weise jeweils kenntlich zu machen, d. h. kenntlich zu machen, in welcher besonderen Weise die fragliche Formel aus p entstanden zu denken ist.

Modus ponens-Regel I: Wenn die Formeln A und $\sim A \vee B$ abgeleitete sind, so ist auch die Formel B als eine abgeleitete zu betrachten.

Hierbei werden mit A bzw. B irgendwelche Formeln bezeichnet. Ferner wird unter der Ableitbarkeit einer Formel folgendes verstanden: (I) Ist Formel F eine Ausgangsformel, d. h. eine der weiter unten anzugebenden Formeln, so heiße sie eine abgeleitete oder kurz ableitbar; (II) ist Formel F aus einer abgeleiteten Formel durch Anwendung der Substitutionsregel hervorgegangen, so heiße sie ableitbar; (III) ist von Formel F in Verbindung mit einer Formel E bekannt, daß sowohl E wie $\sim E \vee F$ abgeleitete Formeln sind, so heiße auch F ableitbar.

Ausgangsformeln (Ausgangsstellungen):
Formel   I: $\sim (p \vee p) \cdot \vee \cdot p$.
Formel II: $\sim q \cdot \vee \cdot p \vee q$.
Formel III: $\sim (p \vee q) \cdot \vee \cdot q \vee p$.
Formel IV: $\sim (\sim q \vee r) \cdot \vee : \sim (p \vee q) \cdot \vee \cdot p \vee r$.

Bei den obigen Formeln benutzt man die Klammern in üblicher Weise derart, daß die Zeichen, die von zwei spiegelbildlich gleichen

Klammern, einem sogenannten Klammerpaar, eingeklammert sind, als zu dem Zeichen ∼ gehörig betrachtet werden, das unmittelbar links neben der ersten nach rechts offenen Klammer des betreffenden Klammerpaares steht. Eine ähnliche Rolle wie die Klammern hinsichtlich des Zeichens ∼ haben die Punkte hinsichtlich des Zeichens ∨, jedoch mit dem Unterschied, daß sich das Zeichen ∼ stets auf das unmittelbar rechts neben ihm stehende Klammerpaar bezieht, sofern es sich nicht auf den unmittelbar rechts neben ihm stehenden Buchstaben bezieht, während das Zeichen ∨ sich immer auf Zeichen erstreckt, die sowohl rechts wie links von ihm stehen. Hierbei deutet eine unmittelbar rechts neben einem Zeichen ∨ stehende Punktmenge an, daß alle rechts von ihm stehenden Zeichen bis hin zu einer gleich großen oder größeren Punktmenge dicht beieinander befindlicher Punkte zu dem betreffenden Zeichen ∨ gehören. Steht rechts keine gleiche oder größere Punktmenge dicht beieinander befindlicher Punkte auf derselben Zeile wie unmittelbar neben dem betreffenden Zeichen ∨, so gehören alle rechts auf dieser Zeile neben ∨ stehenden Zeichen zu demselben. Genau entsprechend lautet die Vorschrift für eine unmittelbar links neben einem Zeichen stehende Punktmenge. Gemäß diesen Vereinbarungen über die in Verbindung mit einem Zeichen ∼ stehenden Klammerpaare wie die in Verbindung mit einem Zeichen ∨ stehenden Punktmengen ist ferner noch zu beachten, daß bei Substitutionen gemäß Substitutionsregel (I) u. U. einer Formel zusätzlich neue Klammerpaare bzw. Punktmengen entsprechend einzufügen sind, damit die betreffende Formel auch nach Vornahme der betreffenden Substitution in ihrer Entstehung eindeutig gekennzeichnet ist. — Nebenbei bemerkt gestattet die Substitutionsregel (I) bei einmaliger Anwendung von einer Formel zu einer anderen zu gelangen, während die Modus ponens-Regel (I) ein Verfahren liefert, um bei einmaliger Anwendung von zwei Formeln bei bestimmten Beschaffenheiten derselben zu einer dritten zu kommen.

Das oben beschriebene Spiel bzw. der oben beschriebene Kalkül stellt den sogenannten elementaren Aussagenkalkül dar. Zur Bequemlichkeit des Lesers wollen wir nunmehr die übliche Deutung desselben angeben. Die Buchstaben p, q, ..., t bedeuten irgendwelche Behauptungen. Das Zeichen ∼ ist das Zeichen der Verneinung einer Behauptung und zwar derjenigen, die rechts neben ihm steht. ∼p bedeutet also bei üblicher, wenngleich anfechtbarer Interpretierung, daß p eine falsche Behauptung ist. Das Zeichen ∨

Die formalistische Theorie

ist das Zeichen für „oder". Es bedeutet $p \lor q$ nichts anderes als die Behauptung, daß p oder q eine wahre Behauptung bezeichnet in dem Sinne, daß mindestens eine der beiden Behauptungen p bzw. q eine wahre ist. Den beiden Regeln des Kalküles entsprechen zwei bekannte Schlußregeln. Und zwar kann man die Substitutionsregel deuten als eine Fassung des ersten Teiles des Dictum de omni et nullo und die Modus ponens-Regel als eine Fassung des Modus ponens. Weiterhin entsprechen den vier Ausgangsformeln vier Grundbehauptungen, gegeben durch ihre gemeinhin üblichen Formulierungen, welche Behauptungen als wahre und besonders einleuchtende betrachtet werden. Es sind dies die folgenden: I. p oder p ist falsch oder p ist wahr. II. q ist falsch oder p oder q ist wahr. III. p oder q ist falsch oder q oder p ist wahr. IV. Falsch ist, daß q falsch oder r wahr ist, oder es ist wahr, daß p oder q falsch ist oder p oder r wahr ist.

Innerhalb der Sphäre der Deutung des Kalküls ist aus diesen vier Grundbehauptungen bei alleiniger Benutzung der beiden Schlußregeln ein Teil der Logik aufzubauen. Der Kalkül gestattet einem nun von dem erwähnten System von Schlußregeln und Behauptungen völlig abzusehen und rein kalkülmäßig, inhaltlich in keinerlei Weise unerwünscht belastet, zu operieren. Und zwar gestattet er einem das auf Grund einer Beziehung zwischen dem Kalkül einerseits und dem betreffenden System von Schlußregeln und Behauptungen nebst ihren gemeinhin üblichen Formulierungen andererseits: Ist eine Formel F aus den Ausgangsformeln A, B ... (bei alleiniger Benutzung der beiden Regeln) ableitbar, so ist die der Formel F auf Grund einer vorhandenen, ein für allemal angegebenen Deutungsvorschrift (man kann event. mehrere angeben, aber wenn man eine angegeben hat, so muß man sich an diese halten) entsprechende Behauptung f aus den den Ausgangsformeln A, B ... entsprechenden Behauptungen a, b ... bündig erschließbar bei alleiniger Benutzung der den beiden Operationsregeln auf Grund der Deutungsvorschrift entsprechenden beiden Schlußregeln und vice versa.

Dieser elementare Aussagenkalkül ist nun zu erweitern zu dem sogenannten Funktionenkalkül. Dabei wird im Rahmen des Kalküls unter einer Funktion einfach eine Formel verstanden, die gewisse Zeichen enthält, die mit besonderen Einsetzungsvorschriften verbunden zu denken sind. Was die Darstellung anbelangt, so benutzen wir die von P. Bernays gegebene Fassung, die man aus

D. Hilbert und W. Ackermann, Grundzüge der theoretischen Logik, 1928, S. 43 ff., entnehmen kann.[1])

Zu den vier Ausgangsstellungen, über die wir schon verfügen, treten zwei neue hinzu. Ferner werden die alten Spielregeln ergänzt und außerdem neue aufgestellt.

Formel V: $\sim \{(x)\, f\, x\} \vee f\, y$.
Formel VI: $\sim (f\, y) \vee\, :\, \sim \{(x)\, \cdot \sim f\, x\}$.

Substitutionsregel II: Für eine Aussagenvariable darf überall, wo sie in einer Formel vorkommt, eine Formel gesetzt werden, wenn das an jeder Stelle geschieht, wo die betreffende Aussagenvariable innerhalb der erstgenannten Formel steht. Entsprechend darf für eine Funktionsvariable mit den Argumenten x, y, ... eine von den Variablen x, y, ... und eventuell noch weiteren Variablen abhängige Formel substituiert werden. Eine Individuenvariable kann ferner analog durch eine anders benannte Variable derselben Art oder durch eine Konstante aus dem Wertbereich der Variablen ersetzt werden.

Dabei wird unter einer Formel folgendes verstanden: Aus jedem Gebilde, sagen wir G, das nach der ursprünglichen Definition eine Formel ist, geht eine neue hervor, wenn man in G für in G vorkommende Aussagenvariable nach Willkür setzt $f\, a$ oder $f\, b$, ... bzw. $\sim f\, a$ oder $\sim f\, b$, ... bzw. $f\, a \vee g\, a$ bzw. $(x)\, f\, x$ bzw. $f\, y$ und dann die Substitutionsregel beliebig oft anwendet.

Modus ponens-Regel II: Sei $B(x)$ eine beliebige Formel, die von x abhängt und A eine solche, die von x unabhängig ist. Ist dann $\sim A \vee B(x)$ eine ableitbare Formel, so gilt dasselbe für $\sim A \vee (x)\, B(x)$. Ebenso gewinnt man aus einer ableitbaren Formel $\sim B(x) \vee A$ die neue $\sim \{\sim [(x) \cdot \sim B(x)]\} \cdot \vee A$.

Was die Deutung der Formel (V) betrifft, so lautet sie: Wenn eine Funktion von allen x befriedigt wird, so wird sie auch von einem beliebigen Werte von x, sagen wir y, befriedigt. Die Formel (VI) ist folgendermaßen zu interpretieren: Wenn eine Funktion von irgendeinem y befriedigt wird, so gibt es ein x, von dem sie befriedigt

---

[1]) Da wir aus Raummangel den Funktionenkalkül nicht derart ausführlich darstellen können, daß er auch notwendig jedem verständlich wird, der ihn hier zum erstenmal kennenlernt, sei dafür auf das oben erwähnte Werk von D. Hilbert und W. Ackermann verwiesen. Man vergleiche ferner die Darstellung von R. Carnap, Abriß der Logistik, 1929, S. 1—19, wie A. N. Whitehead und B. Russell, Principia Mathematica, Bd. I, 2. Aufl., 1925.

wird. Dabei sagt man von einem Gebilde gleich welcher Art, es sei ein beliebiges oder irgend ein Gebilde der betreffenden Art, wenn von ihm nur dies bekannt ist oder benutzt wird, daß es zu der betreffenden Art gehört.

§ 44. Innerhalb des obigen Kalküls haben wir nunmehr zu ermitteln, welche Operationen oder Formeln zusätzlicher Art in ihm den Definitionen entsprechen. Zu diesem Zwecke wollen wir zunächst ein möglichst einfaches Beispiel analysieren. Wir erspielen zunächst eine Formel, die in bekannter Weise inhaltlich gedeutet die sogenannte reductio ad absurdum darstellt. Dann führen wir in Gestalt einer neuen sekundären Spielregel, die mit der Einführung eines neuen Spielzeichens verbunden ist, eine Definition ein. Und zwar führen wir genauer eine Regel ein, der bei der üblichen inhaltlichen Deutung eine Definition innerhalb der Logik entspricht, und erspielen innerhalb des erweiterten Spiels bei Benutzung des neuen Zeichens eine Formel, die, obwohl verschieden von der alten Formel, da in ihr das neue Zeichen vorkommt, inhaltlich gedeutet doch nur die reductio ad absurdum darstellt.

Um dies im einzelnen auszuführen, stellen wir uns die ganz einfache Aufgabe zuzusehen, ob die Formel $\sim(\sim p \vee \sim p) \vee \sim p$ eine in unserem Kalkül ableitbare darstellt. Das ist der Fall. Wir haben nämlich lediglich für den Buchstaben p in Formel I entsprechend der Substitutionsregel I $\sim p$ zu substituieren. Wir erhalten dann sofort: $\sim(\sim p \vee \sim p) \vee \sim p$.

Jetzt führen wir eine neue Zusatzspielregel, nennen wir sie S, ähnlich der Substitutionsregel I ein, auf die auch die Substitutionsregel I selbst, was Substitutionen für die in Regel S vorkommenden Zeichen betrifft, Anwendung finden darf. Regel S soll lauten: In jeder Formel, die die Zeichenkonstellation $\sim p \vee q$ enthält, die nebenbei bemerkt selbst eine Formel ist, darf für $\sim p \vee q$ gesetzt werden $p \supset q$ und umgekehrt. Im Unterschied zu der Substitutionsregel I braucht aber bei Anwendung der Regel S, wenn man eine ihr entsprechende Substitution innerhalb einer Formel vornimmt, diese Substitution nicht an allen Stellen ausgeführt zu werden, an denen in der betreffenden Formel die Zeichenkonstellation $\sim p \vee q$ auftritt.

Durch Einführung einer derartigen Zusatzspielregel S wird natürlich unser Kalkül als Kalkül mehr oder weniger abgeändert. Der Bequemlichkeit halber wollen wir noch der Regel S einen formelhaften Ausdruck geben. Und zwar soll die Formel $p \supset q \cdot =$

$\cdot \sim p \lor q$ Df. die gemäß Regel S jeweils statthafte Substitution symbolisieren, was insbesondere die Anwendung der Substitutionsregel I auf die in Regel S vorkommenden Buchstaben erleichtert. Das Gleichheitszeichen drückt dabei kurz aus, daß in jeder Formel, in der die rechts vom Gleichheitszeichen stehende Zeichenkonstellation vorkommt, diese innerhalb der betreffenden Formel durch die links von dem Gleichheitszeichen stehende ersetzt werden darf, und umgekehrt.

Wenden wir nun die Regel S auf die Formel $\sim (\sim p \lor \sim p) \lor \sim p$ an, und versuchen wir, sie mit Hilfe der Regel S so umzuformen, daß das Zeichen $\lor$ herausfällt. Das läßt sich leicht folgendermaßen bewerkstelligen: Wir wenden zunächst die Substitutionsregel I auf die der Regel S entsprechende Formel an, indem wir q durch $\sim p$ ersetzen. Wir erhalten $p \supset \sim p \cdot = \cdot \sim p \lor \sim p$. In jeder Formel also, in der die Formel $\sim p \lor \sim p$ vorkommt, ist sie vertauschbar mit der Zeichenkonstellation $p \supset \sim p$ und umgekehrt. Setzen wir jetzt zweitens gemäß Substitutionsregel I in Regel S, d. h. in $p \supset q \cdot = \cdot \sim p \lor q$, für p die Zeichenkonstellation $r \lor s$, dann für r die Zeichenkonstellation $\sim p$, dann für s die Zeichenkonstellation $\sim p$, dann schließlich für q die Zeichenkonstellation $\sim p$, so erhalten wir, wenn wir noch die Klammersetzung berücksichtigen: $(\sim p \lor \sim p) \supset \sim p \cdot = \cdot \sim(\sim p \lor \sim p) \lor \sim p$. Wenden wir das letzte Resultat auf die oben abgeleitete Formel $\sim(\sim p \lor \sim p) \lor \sim p$ an, so erhalten wir $(\sim p \lor \sim p) \supset \sim p$. Aus dieser Formel ergibt sich schließlich, indem wir gemäß dem ersten Resultat für $\sim p \lor \sim p$ setzen: $p \supset \sim p$ die Formel: $(p \supset \sim p) \supset \sim p$, die ersichtlich die verlangte Eigenschaft besitzt.

Gehen wir jetzt zu der früher angegebenen üblichen Deutung unseres Kalküls über, die dem System unserer durch die angegebenen Regeln verbundenen Formeln nach einer beiderseits zu lesenden Übersetzungsvorschrift ein System von in Begründungszusammenhang stehenden Behauptungen zuordnet, so stellen wir folgendes fest: A. Den vier ersten Formeln entsprechen vier Grundbehauptungen. B. Der Substitutionsregel I und der Modus ponens-Regel I entspricht je eine Schlußregel. C. Der Zusatzregel S entspricht folgende Vereinbarung über die sprach-schriftliche Fixierung der Behauptungen, die gegenüber der für diese Behauptungen anfänglich bekannten zwar bequemer ist, aber in keiner Weise irgendwie Notwendigkeit besitzt: Statt zu sagen „Behauptung p ist falsch oder Behauptung q ist wahr" kann man fortan auch sagen:

Die formalistische Theorie 79

„Aus Behauptung p folgt (material) Behauptung q" oder auch „Behauptung p impliziert (material) Behauptung q". Dabei ist diese Vereinbarung so beschaffen, daß sie einmal den Zusammenhang nicht zerstört, der zwischen dem Kalkül und der auf Grund der Übersetzungsvorschrift gegebenen Deutung desselben besteht und daß zum anderen jedes durch sie neu eingeführte Zeichen ausgemerzt werden kann.

Ferner, und das ist von außerordentlicher Wichtigkeit, sind die auf der rechten Seite der Definitionsgleichung im Definiens auftretenden Knüpfungen zwischen den einzelnen Zeichen keine anderen als solche, die in den Formeln des Kalküls gemäß der angegebenen Charakterisierung dessen, was eine Formel ist, auftreten können. Die nur im Rahmen eines Kalküls einwandfrei aufzustellende Definition einer Formel oder einer Spielstellung liefert uns also das innerhalb der Fregeschen Theorie nicht angebbare Kriterium für die Zeichenkonstellationen, die in dem Definiens einer Definitionsgleichung vorkommen dürfen. Dies Kriterium ist dann noch dahin zu erweitern, daß im Definiens einer Definitionsgleichung jede Zeichenkonstellation auftreten kann, die, wenn man die in ihr etwa enthaltenen abgeleiteten Zeichen auf Konstellationen von Grundzeichen reduziert, sich schließlich als eine Formel im Sinne der angegebenen Charakterisierung erweist. Wenn man will, kann man auch dieses Resultat noch verallgemeinern. Es ist nicht einmal erforderlich, daß das Definiens einer Definitionsgleichung im Sinne des Kalküls eine Formel ist. Es genügt zu fordern, daß es ein Stück (im physikalischen Sinne des Wortes) einer Formel ist, von dem lediglich noch bekannt sein muß, wie man es zu einer Formel erweitert bzw. in eine solche etwa an Stelle einer Variablen besonderer Art einfügt.

Wie wir an Hand dieses der Logik bzw. dem Logik-Kalkül angehörigen Beispiels sehen, erweisen sich also jedenfalls manchmal solche Substitutionsvorschriften, die die sprach-schriftliche Fixierung eines Systems von Behauptungen regeln, bei dem Übergange zu dem dem System entsprechenden Kalküle als zusätzliche Substitutionsvorschriften der gekennzeichneten Art. Man kann nun ersichtlich umgekehrt und allgemeiner sagen, daß jede Vereinbarung über die Bezeichnungsweise von Behauptungen, die zu einem System von Behauptungen gehören, denen bei dem Übergang zu dem dem System entsprechenden Kalküle innerhalb des Kalküls Substitutionsvorschriften von der Art der Regel S zugeordnet sind, in Wahrheit eine Definition ist. Damit dies Kriterium für Definitionen aber anwendbar wird, muß die Möglichkeit bestehen, der betreffenden wissenschaftlichen Disziplin einen derartigen Kalkül zur Seite zu setzen. Das ist aber mit auf Grund der Resultate, die wir bei der Besprechung der Formalisierung einer Disziplin ermittelten, in der Tat dann der Fall, wenn es mit Hilfe des Funktionskalküls gelingt, das seinerzeit geschilderte Netzwerk von Relationen zu erfassen. Daß man nun immer diese „Erfassung" leisten kann, wenn man will, bestätigt die Erfahrung. Mit anderen Worten bestätigt also die Erfahrung, daß der Relationskalkül, den man mit Hilfe des Funktionenkalküls aufbauen kann, alle bekannten Arten von Relationen erfaßt, wobei aber natürlich Relationen, die dieselben ordnungstiftenden Eigenschaften besitzen, als nicht voneinander verschieden gelten.

§ 45. Die bisherige Charakterisierung der Definitionen innerhalb des Kalküls nimmt immer noch Bezug auf eine Deutung desselben. Wir wollen im folgenden versuchen, ein rein kalkülmäßiges Kriterium der Definitionen zu geben. Das hat natürlich zur Voraussetzung, daß wir in der Lage sind, eine rein kalkülmäßig feststellbare Beschaffenheit aller ableitbaren Kalkülformeln anzugeben und dann zeigen können, daß die zusätzlichen Substitutionsregeln von der Art der Regel S, als welche ja im Kalkül die Definitionen erscheinen, diese Beschaffenheit unverändert erhalten lassen.[1]) Dabei wird zugleich ein völlig elementarer Nachweis der Widerspruchslosigkeit des Logikkalküls resultieren. Wir werden nämlich eine Eigenschaft E ermitteln, die jede Ausgangsstellung des Kalküls besitzt. Dann werden wir nachweisen, daß alle durch Anwendung der beiden ursprünglichen Regeln aus den Ausgangsformeln ableitbaren neuen Formeln diese Eigenschaft E ebenfalls besitzen. Schließlich wird sich ergeben, daß, sofern eine Formel eine ableitbare ist, sie sei etwa durch A repräsentiert, ihre Negat-Formel $\sim A$ diese Eigenschaft E nicht besitzt. Da nun ein Kalkül als ein widerspruchsloser gilt, wenn sich niemals sowohl eine Formel wie das Negat derselben ableiten läßt, so ist dann mit dem Nachweis einer derartigen Eigenschaft E zugleich der Nachweis der Widerspruchs-

---

[1]) Vgl. W. Dubislav, Zur kalkülmäßigen Charakterisierung der Definitionen, Annalen d. Philosophie, 1928; Derselbe, Elementarer Nachweis der Widerspruchslosigkeit des Logik-Kalküls, Crellesches Journal, 1929; E. L. Post, Introduction to a general theory of elementary proposition, American Journal of Mathematics, 1921; L. Wittgenstein, Tractatus Logico-Philosophicus, 1922.

Die formalistische Theorie

losigkeit des Logikkalküls erbracht. Bei inhaltlicher Interpretierung des Kalküls heißt das übrigens, daß man niemals innerhalb der Deutung des Kalküls ein Paar von Behauptungen beweisen kann, dessen eine Behauptung die Negation der anderen ist. Können wir dann von zusätzlichen Substitutionsvorschriften von der Art der Regel S zeigen, daß die Widerspruchslosigkeit des Kalküls im oben definierten Sinne durch beliebig oftmalige Anwendung derselben nicht zerstört wird, dann sind wir in der Lage, umgekehrt alle diejenigen zusätzlichen Substitutionsvorschriften als einwandfrei anzusehen, die die Eigenschaft E hinsichtlich der Formeln des Kalküls nicht aufheben, wenn man sie beliebig oft zur Anwendung bringt.

Wir wollen zunächst für den Aussagenkalkül eine derartige Eigenschaft E angeben. Als Eigenschaft E wählen wir die Eigenschaft der Ausgangsformeln (I)—(IV), solche Werttafeln zu besitzen, die in der letzten rechts stehenden Kolonne nur Pluszeichen als Wertzeichen haben, und die Plus-Werttafeln heißen. Dabei verstehen wir unter einer Werttafel folgendes: Wir ordnen zunächst jeder Aussagenvariablen die Zeichen $+$ bzw. $-$ zu. Ferner erteilen wir willkürlich der Negation-Funktion, d. h. der Zeichenzusammenstellung $\sim p$ die Werttafel

$$\begin{array}{c|c} p & \sim p \\ \hline + & - \\ - & + \end{array}$$

und der Disjunktion-Funktion (Oder-Funktion), d. h. der Zeichenzusammenstellung $p \vee q$ die

Werttafel
$$\begin{array}{cc|c} p, & q & p \vee q \\ \hline + & + & + \\ + & - & + \\ - & + & + \\ - & - & - \end{array}.$$

Da alle Formeln des Kalküls, wenn wir noch der unmodifizierten Ausgabenvariablen, d. h. dem Zeichen p, die identische Werttafel
$$\begin{array}{c|c} p & p \\ \hline + & + \\ - & - \end{array}$$
zuordnen, aus den oben angegebenen Werttafeln Schritt für Schritt mit Werttafeln behaftet werden können, entsprechend und auf Grund der Entstehung jeder Formel aus der unmodifizierten Aussagenvariablen p gemäß der Substitutionsvorschrift, so kann man eine vorhandene oder nicht vorhandene Eigenschaft E einer Formel angeben, die lautet: „Eine Plus-Werttafel als Werttafel besitzen".

Eine Formel mit dieser Eigenschaft E möge eine Plus-Formel heißen; jede andere eine N-Formel (Nicht-Plus-Formel). Wir haben nun zu zeigen, daß erstens jede der vier Ausgangsformeln eine Plus-Formel ist, und daß zweitens jede aus den Ausgangsformeln ableitbare Formel ebenfalls eine Plus-Formel ist. Die Richtigkeit der ersten Behauptung ergibt sich sofort durch die Aufstellung der vier Werttafeln der Formeln (I)—(IV). Was die zweite Behauptung anbelangt, so schließen wir so: Aus einer Plus-Formel kann durch Anwendung der Substitutionsregel nur eine Plus-Formel entstehen. Ist nämlich eine Formel eine Plus-Formel, so bleibt sie es ersichtlich, wenn man eine in ihr enthaltene Aussagenvariable durch eine andere ersetzt. Ersetzt man sie aber durch ihre Negation, so bedeutet das auch keine Änderung in der rechten Kolonne der ursprünglichen Plus-Werttafel der betreffenden Formel. Ersetzt man sie schließlich durch eine Disjunktion zweier Aussagenvariablen, so gilt dasselbe. Durch einmalige Anwendung der Substitutionsregel erhält man mithin aus einer Plus-Formel immer eine Plus-Formel. Durch einen trivialen Schluß kann man zeigen, daß man vermittels der Substitutionsregel aus Plus-Formeln nur Plus-Formeln zu erzeugen in der Lage ist.

Wir haben noch nachzuweisen, daß auch die zusätzliche Verwendung der Modus ponens-Regel (I) aus Plus-Formeln immer nur Plus-Formeln entstehen läßt. Das ist leicht einzusehen. Wenn man nämlich bei einer Ableitung einer Formel die Modus ponens-Regel (I) überhaupt benutzt, dann benutzt man sie einmal zum erstenmal. Bei der erstmaligen Benutzung, sie möge auf die beiden ableitbaren Formeln A und $\sim A \vee B$ angewendet werden, ist die Formel A entweder Ausgangsformel oder aus den Ausgangsformeln durch alleinige Anwendung der Substitutionsregel (I) hervorgegangen. Formel A ist mithin eine Plus-Formel. Aus demselben Grunde ist auch Formel $\sim A \vee B$ eine Plus-Formel. Daher ist gemäß der Werttafel der Formel $\sim A \vee B$ (d. h. der Werttafel

der sogenannten materialen Implikationsbeziehung)

p, q	$\sim p \vee q$
+ +	+
+ −	−
− +	+
− −	+

auch Formel B eine Plus-Formel. Durch einen trivialen Schluß kann man dieses Ergebnis wieder verallgemeinern. Alle aus den

Ausgangsformeln (vermittels endlich vieler Manipulationen) ableitbaren Formeln sind Plus-Formeln.

Sei nun A eine beliebige ableitbare Formel des beschriebenen Aussagenkalküls. Dann ist sie, wie wir jetzt wissen, eine Plus-Formel. Da ferner entsprechend der Werttafel der Negation-Funktion die zu der Plus-Formel A gehörende Negat-Formel, d. h. $\sim A$, keine Plus-Formel ist, weil ihre Werttafel keine Plus-Werttafel ist, kann niemals innerhalb unseres Kalküls sowohl eine Formel wie ihre Negat-Formel (ordnungsgemäß) abgeleitet werden. M. a. W. Die Eigenschaft E „Eine Plus-Werttafel als Werttafel besitzen", besitzt die verlangten Eigenschaften.

Damit sind wir im Besitz einer rein kalkülmäßigen, wenn man will, lediglich durch mechanisches Manipulieren anwendbaren Methode, um festzustellen, ob eine Formel überhaupt aus den Ausgangsformeln (ordnungsgemäß) gegebenenfalls ableitbar ist. Erweitern wir nun unsern Kalkül durch Einführung zusätzlicher Substitutionsvorschriften von der Art der Regel S, durch die jeweils mindestens ein neues Zeichen in den Kalkül eingeführt wird, so werden diese zusätzlichen Substitutionsvorschriften das Verhältnis der angegebenen Eigenschaft E zu den Formeln des Kalküls nicht zerstören. Hat man also zu dem ursprünglichen Kalkül eine nach beiden Seiten hin lesbare Deutungsvorschrift gegeben, die den durch die Operationsvorschriften des Kalküls miteinander verbundenen Formeln ein diesen entsprechendes System von in Begründungszusammenhang stehenden Behauptungen nebst der landläufigen sprach-schriftlichen Formulierung derselben zuordnet, so werden solchen zusätzlichen Substitutionsregeln, die die Eigenschaft E in ihrem Verhältnis zu den Formeln des Kalküls nicht zerstören, auf der Seite der Deutung des Kalküls Definitionen im üblichen Sinne des Wortes entsprechen.

Dieses Resultat ist nun auch für den Funktionenkalkül zu begründen. Dabei wollen wir uns aber lediglich auf denjenigen Spezialfall des Funktionenkalküls beschränken, bei dem lediglich Funktionen mit einer Variablen vorkommen, was durch eine einfache Verengerung der Substitutionsregel (II) zu erreichen ist. Dann wird sich analog wie bei dem Aussagenkalkül ein besonders einfacher Nachweis der Widerspruchslosigkeit auch des Funktionenkalküls ergeben.

Entsprechend unserem Vorgehen bei dem Aussagenkalkül werden wir auch bei dem Funktionenkalkül operieren, um zu einem rein kalkülmäßigen Kriterium der Definitionen innerhalb des Kalküls zu gelangen. Wir werden also versuchen, auch den Formeln des Funktionenkalküls Werttafeln zuzuordnen. Wir werden dann zeigen, daß alle ableitbaren Formeln Werttafeln von ganz bestimmtem Typ besitzen, derart, daß, wenn eine Formel eine Werttafel dieses Typs besitzt, ihre Negat-Formel eine Werttafel von anderem Typ hat. Damit wäre zunächst die Widerspruchslosigkeit des Funktionenkalküls nachgewiesen. Wir können aber weiterhin, genau so wie bei dem Aussagenkalkül, die Eigenschaft der ableitbaren Formeln, Werttafeln eines ganz bestimmten Typs zu besitzen, als eine Eigenschaft E betrachten, die die zusätzlichen Substitutionsregeln unverändert bestehen lassen müssen. Damit haben wir dann ein rein kalkülmäßiges Kriterium für die Definitionen auch im Funktionenkalkül gewonnen.

Die gesuchten Werttafeln finden wir auf Grund nachstehender Überlegungen: Wir denken uns zunächst ein Funktionszeichen der Art $f\hat{z}$ sukzessiv mit dem Zeichen $+$ bzw. $-$ bzw. $*$ behaftet, wobei wir mit B. Russell die Funktion $f\hat{z}$ von einem sogenannten unbestimmten Werte derselben, fy, unterscheiden. Alsdann stellen wir willkürlich die nachstehenden Werttafeln (1)—(5) auf, vermittels deren sich die Werttafel jeder Formel, die zum Kalkül gehört, sukzessiv ermitteln läßt, wobei wir die neuen Werttafeln so einrichten, daß sie für $+$ und $-$ in die alten ausarten, sofern an Stelle der Funktionszeichen die Aussagenvariablen treten.

Diese an sich willkürliche Behaftung der Symbole der Art $f\hat{z}$ läuft bei der üblichen inhaltlichen Interpretierung des Kalküls, die aber bei unseren Untersuchungen in keiner Hinsicht benutzt wird, darauf hinaus, daß eine Formel fc als richtig bzw. als verkehrt bzw. als hinsichtlich ihrer Richtigkeit oder Verkehrtheit noch nicht bestimmt gilt, wenn die Funktion $f\hat{z}$ eine im Russellschen Sinne[1] „immer wahre", (Zeichen: $+$), bzw. „immer falsche", (Zeichen: $-$), bzw. „manchmal wahre und manchmal falsche", (Zeichen: $*$), ist. Die Werttafeln sind nun diese:

(1)

$f\hat{z}$	$(x)fx$
$+$	$+$
$-$	$-$
$*$	$-$

(2)

$f\hat{z}$	fy
$+$	$+$
$-$	$-$
$*$	$-$

(3)

$f\hat{z}$	$\sim f\hat{z}$
$+$	$-$
$-$	$+$
$*$	$*$

---

[1] Übrigens war schon Bolzano im Besitz der fraglichen Einteilung. Vgl. Bolzano, Wissenschaftslehre, 1837, § 148.

(4)

$f\mathfrak{z}, g\mathfrak{z}$	$f\mathfrak{z} \vee g\mathfrak{z}$
+ +	+
+ −	+
− +	+
− −	−
* +	+
+ *	+
* −	*
− *	*
* *	+ bzw. *

(5)

$f\mathfrak{z}$	fc
+	+
−	−
*	+ bzw. −

Wendet man nun diese Werttafeln zur Auswertung der beiden neuen Ausgangsformeln (V) und (VI) an, so findet man, daß beide Werttafeln besitzen, in deren letzter rechts stehender Kolonne nur Pluszeichen auftreten. Und dies unbeschadet der Tatsache, daß einige der willkürlich neu eingeführten Werttafeln an einigen Stellen mehrdeutig gefaßt wurden. Wir wollen entsprechend der früheren Bezeichnungsweise eine Werttafel mit solcher Pluszeichenkolonne eine Plus-Werttafel und die entsprechende Formel eine Plus-Formel nennen; jede Formel aber, zu der keine Plus-Werttafel gehört, eine N-Formel.

Wie früher, schließt man jetzt, daß eine Formel die Eigenschaft, eine Plus-Formel zu sein, bei Anwendung der auf Funktionen mit einer Variablen beschränkten Substitutionsregel (II) behält. Daß fernerhin unter der angegebenen Einschränkung auf Funktionen mit einer Variablen auch die Modus ponens-Regel (II) bei ihrer Anwendung auf Plus-Formeln immer nur Plus-Formeln entstehen läßt, ist ohne weiteres festzustellen. Damit sind wir nun im Besitz einer Eigenschaft E, wie wir sie brauchen, da entsprechend der Werttafel (3) gilt: Ist $A(x)$ eine abgeleitete, also, wie wir schon wissen, eine Plus-Formel, so ist ihre Negat-Formel $\sim\{A(x)\}$ eine N-Formel. Eine Formel des Kalküls und ihre Negat-Formel sind also nicht beide ableitbare Formeln. Der Kalkül ist mithin ein widerspruchsloser, und die Eigenschaft E also eine solche, wie wir sie brauchen, um zusätzliche Substitutionsvorschriften, die im Hinblick auf die zu erhaltende Widerspruchslosigkeit des Kalküls zulässig sind, von anderen zu unterscheiden.

Wir haben durch diese Überlegungen ein rein kalkülmäßiges Kriterium der Definitionen auch für den Funktionenkalkül von Funktionen mit einer Variablen gewonnen und können dieses

Kriterium, wenn wir diese Methode auf den Funktionenkalkül von Funktionen mit mehreren Variablen ausdehnen, auf alle (formalisierbaren) Disziplinen übertragen entsprechend den früher gemachten Ausführungen über die Formalisierung einer Wissenschaft.

§ 46. Wir gehen jetzt dazu über, von der hier entwickelten kalkülmäßigen Definitionslehre einige Anwendungen zu machen.

In seiner Abhandlung, On some difficulties in the theory of transfinite numbers and order types, hat B. Russell diejenigen Satzfunktionen, die ihm zufolge keine Klassen bestimmen sollen, als nicht-prädikative hingestellt. Daraus hat sich dann, vorzugsweise auf Grund der einschlägigen Untersuchungen H. Poincarés[1]), die Redewendung von den sogenannten nicht-prädikativen Definitionen entwickelt. Und zwar versteht man im Anschluß an H. Poincaré, aber sachlich nicht völlig mit ihm übereinstimmend, unter einer derartigen nicht-prädikativen Definition eine Definition bzw. Pseudodefinition, die von folgendem Typ ist[2]): Man versucht ein Objekt, im übrigen gleich welcher Art, dadurch zu fixieren, daß man es als ein bestimmtes Element einer Menge M hinstellt, so jedoch, daß zu seiner Charakterisierung ein Rückgriff auf diese Menge M, der es als Element angehört, benützt wird. M. a. W. Man versucht ein Zeichen, sagen wir z, dadurch zu definieren, daß man es als Zeichen für ein näher bestimmtes Element einer Menge M anspricht, wobei aber ein Rückgriff auf diese Menge M stattfindet, der das durch z bezeichnete Gebilde als Element angehört.

Man kann leicht Beispiele für nicht-prädikative Definitionen im obigen Sinne des Wortes konstruieren, die zu Widersprüchen führen.[3]) Man kann aber auch andere angeben, die anscheinend zum gesicherten Bestande der einschlägigen Forschungen gehören.

Zunächst typische Beispiele für den ersten Fall. I. Man betrachte alle Dezimalbrüche, die mit Hilfe einer endlichen Anzahl von Zeichen „definiert" werden können. Es sei nun M die Menge

---

[1]) Die erwähnte Abhandlung von B. Russell findet sich in den Proceedings of the London Mathematical Society, 1905/06; vgl. insbesondere S. 34. Ferner H. Poincaré, Wissenschaft u. Methode, Deutsche Ausgabe, 1914, S. 171ff., 174, 178.

[2]) H. Poincaré, ebenda, S. 174. Vgl. auch J. Richard, Brief abgedruckt in der Revue générale des Sciences, 30. Juni 1905.

[3]) A. Fraenkel, Zehn Vorlesungen über die Grundlegung der Mengenlehre, 1927, S. 26ff.; Derselbe, Einleitung in die Mengenlehre, 2. Aufl., 1923, S. 174ff.; A. N. Whitehead u. B. Russell, Principia Mathematica, Bd. I, 2. Aufl., 1925, S. 60ff.

dieser Dezimalbrüche. Dann ist M eine abzählbar unendliche Menge, deren Elemente man sich infolgedessen numeriert denken kann. Unter der Zahl z verstehe man jetzt folgende Zahl: Wenn bei der n-ten Zahl in der erwähnten Numerierung an der n-ten Stelle ihrer Dezimalbruchentwicklung die Zahl p steht, dann stehe an der n-ten Stelle der Dezimalbruchentwicklung von z die Zahl $p + 1$, wenn $p \neq 9$, sonst, wenn also $p = 9$, die Zahl 0. Dann ist z von jedem Element der Menge M verschieden. Denn welchen Wert n auch immer haben möge, die n-te Stelle in der Dezimalbruchentwicklung von z ist verschieden von der n-ten Stelle der Dezimalbruchentwicklung der n-ten Zahl der Menge M in der erwähnten Numerierung. Deshalb ist also z verschieden von dieser n-ten Zahl der Menge M bei beliebigem n. Das heißt aber z ist verschieden von jeder Zahl der Menge M. Nichtsdestoweniger wurde z (selbstverständlich) mit Hilfe einer endlichen Anzahl von Zeichen »definiert« und müßte deshalb per definitionem Element von M sein. Die Zahl z müßte also beides sein, nämlich sowohl Element von M wie verschieden von jedem Element von M.

Man ist zunächst geneigt, den Widerspruch bei dieser ihrem Entdecker J. Richard zubenannten Paradoxie auf das etwas merkwürdige Operieren mit der Menge der Dezimalbrüche zurückzuführen, die mit endlich vielen Zeichen »definiert« werden können. Das dürfte aber nicht angängig sein. Denn man kann, und zwar anscheinend einwandfrei, den unter dem Namen ,,Satz von der endlichen Bezeichnung" bekannten Lehrsatz der Mengenlehre beweisen: Es sei P eine unendliche, Q eine endliche Menge, deren Elemente $q_1, q_2, \ldots, q_n$ wir ,,Zeichen" nennen wollen. Jede Reihenfolge $q_a, q_b, \ldots, q_k$ einer endlichen Anzahl von Elementen aus Q, in der jedes q mehrfach auftreten darf, möge eine ,,Bezeichnung" heißen. Wenn dann jedem Elemente p aus P eine Bezeichnung $B(p)$ umkehrbar eindeutig zugeordnet ist, so ist P eine abzählbar unendliche Menge.[1]) Aus diesem Satz von der endlichen Bezeichnung scheinen sich zwar bei oberflächlichem Zusehen Widersprüche zu ergeben, da man doch überabzählbar unendliche Mengen kennt, aber entsprechend dem erwähnten Satze nur höchstens abzählbar unendlich viele Objekte zu »definieren« in der Lage ist. Der Widerspruch verschwindet jedoch, sobald man

---

[1]) Vgl. G. Hessenberg, Grundbegriffe d. Mengenlehre, 1906, S. 26 und S. 135 des Sonderdruckes.

sich klar macht, daß eine »Definition« einer überabzählbar unendlichen Menge nicht die »Definitionen« ihrer (einzelnen) Elemente enthält, jedenfalls nicht im Sinne des Satzes von der endlichen Bezeichnung. Der Widerspruch muß also einen anderen Ursprung haben. Ehe wir aber daran gehen, denselben zu ermitteln, wollen wir noch zuvor die wichtigsten anderen dieser Paradoxien kennen lernen.

II. Unter M werde die Menge aller derjenigen Mengen verstanden, welche sich selbst nicht als Elemente enthalten. Die Menge M führt aber zu einem Widerspruch. Denn sei X irgendeine Menge, so ist die Behauptung „X ist ein Element von M" äquivalent der Behauptung „X ist nicht ein Element von X". Erteilt man nun X den Wert M, dann ist die Behauptung „M ist ein Element von M" äquivalent der Behauptung „M ist nicht ein Element von M", und der Widerspruch tritt zutage.

III. Der Kreter Epimenides sagt: „Jeder Kreter lügt, jedenfalls immer dann, wenn er eine Behauptung ausspricht". Oder anders: „Ich, und zwar jetzt, in diesem Augenblicke, lüge".

IV. Die sogenannte Burali-Fortische Paradoxie. Nach einem Lehrsatz der Mengenlehre gibt es zu jeder Menge von Ordnungszahlen (die zu wohlgeordneten Mengen gehören), wenn man sie entsprechend ihrer Größe geordnet denkt, eine nicht in ihr enthaltene unmittelbar folgende Ordnungszahl. Die Menge der Ordnungszahlen müßte also eine nicht in ihr enthaltene Ordnungszahl liefern.

V. Nach einem Lehrsatz der Mengenlehre ist die Mächtigkeit der Menge der Teilmengen einer Menge M größer als die Mächtigkeit der Menge M selbst. Es müßte also eine Mächtigkeit geben, welche größer ist, als die Mächtigkeit der Menge, die jeden Gegenstand enthält, nämlich die Menge der Teilmengen dieser Menge.

VI. Es sei T diejenige Relation, welche zwischen zwei Relationen R und S immer dann besteht, wenn R nicht in der Relation R zu S steht (vergl. Nr. II).

VII. Man schreibe auf ein Blatt Papier die Ziffern 0, 1, 2, 3, und die Worte „Die kleinste nicht auf diesem Blatte bezeichnete ganze Zahl".

Ohne auf die anderweitigen sehr zahlreichen Umformungen dieser Paradoxien näher einzugehen, wollen wir nun einige Beispiele angeben, die zu zeigen scheinen, daß nicht-prädikative Definitionen im früher präzisierten Sinne, jedenfalls manchmal, keinen Bedenken ausgesetzt sind.

I. Die Menge der ganzen Zahlen gelte hinsichtlich ihrer einfachsten Eigenschaften als bekannt, und man habe die Menge der Primzahlen charakterisiert als die Menge der ganzen Zahlen, die genau zwei Teiler besitzen. Dann ist der Ausdruck „Die kleinste Primzahl" ersichtlich ein legitimer, denn er ist nur ein anderer Ausdruck für den Terminus „zwei".

II. Um den sogenannten Fundamentalsatz der Algebra zu beweisen, demzufolge eine ganze rationale Funktion von z mit reellen oder komplexen Koeffizienten $f(z) = a_0 z^n + a_1 z^{n-1} + \cdots + a_{n-1} z + a_n$ mindestens eine Nullstelle $z = z_0$ besitzt, kann man so vorgehen, daß man zunächst folgenden Hilfssatz ableitet: Zu irgendeinem Wert $z = z'$, für den $f(z') \neq 0$, läßt sich immer in der Umgebung von z' ein anderer Wert z'' derart bestimmen, daß $|f(z'')|$ kleiner ist als $|f(z')|$. Man betrachtet dann $f(z)$ in einem entsprechend gewählten Kreis der komplexen z-Ebene und folgert aus bekannten Sätzen, daß es unter allen Werten von $|f(z)|$ in diesem Kreise einen kleinsten gibt. Dieser kleinste Wert muß schließlich die Null sein, denn sonst gäbe es nach dem erwähnten Hilfssatze in der Umgebung der betreffenden Stelle eine solche, an der $|f(z)|$ noch kleiner sein müßte.

III. Bei dem ersten Beweise des Wohlordnungssatzes von E. Zermelo[1]) wird eine sogenannte Gammafolge einer beliebigen Menge M charakterisiert. Dann wird eine spezielle Gammafolge untersucht, und zwar die umfassendste aller Gammafolgen von M. Bezeichnet man diese besondere Gammafolge von M mit G und die Menge aller Gammafolgen von M mit A, so ist festzustellen, daß bei der Charakterisierung von G die Menge A benutzt wird, die G als Element enthält.

Wenn wir im folgenden daran gehen, die unzulässigen von den anscheinend zulässigen nicht-prädikativen Definitionen zu sondern und ein Kriterium für die unzulässigen bzw. zulässigen zu ermitteln, so treten wir damit in eine Diskussion über die berühmt-berüchtigten Paradoxien ein. Wir werden also gut daran tun, in Anbetracht der bisherigen fast irritierend fruchtlosen Diskussion über diese Paradoxien, eine gewisse Vorsicht obwalten zu lassen. Wir werden deshalb zunächst einmal von dem Streit der sogenannten

---

[1]) Vgl. E. Zermelo, Beweis, daß jede Menge wohlgeordnet werden kann, Mathem. Annalen, 1904; A. Fraenkel, Einleitung in die Mengenlehre, 2. Aufl., 1923, S. 142 ff. wie S. 174, wo Beispiel (III) zu gleichem Zwecke wie oben herangezogen wird.

Intuitionisten und Formalisten völlig absehen, der auch gelegentlich mit in den Streit um die richtige Auflösung der Paradoxien hineinspielt. Tut man das, so gibt es im Prinzip nur vier Versuche, der Paradoxien Herr zu werden. Entweder nämlich man bemüht sich, den Fehler in den Grundlagen derjenigen Disziplinen aufzuspüren, innerhalb deren die Paradoxien auftreten. Oder aber zweitens man unternimmt den Versuch, wenn man also diese Grundlagen nicht ernstlich glaubt in Frage stellen zu können, die Entstehung der Paradoxien auf fehlerhafte Begründungen zurückzuführen, die von an sich in Ordnung befindlichen Voraussetzungen ihren Ausgang nehmen. Oder man macht drittens für die Paradoxien gewisse Pseudodefinitionen verantwortlich oder wenigstens die unzulässige Verwendung gewisser Definitionen, die einem sinnvolle Sätze dort vorzutäuschen scheinen, wo es sich nur um des Sinnes entbehrende, bei korrektem Vorgehen erweislich unzulässige Knüpfungen von Zeichen handelt. Oder aber schließlich man glaubt, daß die Paradoxien aus einer Vereinigung der genannten Fehlerquellen ihren Ursprung hernehmen.

Wir werden nach dem Vorgange H. Poincarés, auf Grund der von B. Russell angestellten Überlegungen den Nachweis zu erbringen suchen, daß die Paradoxien ihr Vorhandensein nur einer zu weit gefaßten Hauptsubstitutionsregel verdanken bzw. der Benutzung von auf ihrer Anwendung beruhenden Pseudodefinitionen. Betrogen von der laxen Sprache des Alltagslebens, die mit in die Formulierungen der wissenschaftlichen Behauptungen eingeht, hat man nämlich eine Hauptsubstitutionsregel angegeben, die in üblicher Weise gedeutet, zu sinnlosen Wortzusammenstellungen führt, welche formal einander widersprechen, und die innerhalb des Kalküls selbst a fortiori im Sinne des Kalküls einander widersprechende Formeln entstehen läßt.

Was zunächst die anscheinend zulässigen nicht-prädikativen Definitionen betrifft, so ist folgendes zu bemerken: Wenn bei einer nicht-prädikativen Definition eines Zeichens z dieses dadurch eingeführt wird, daß man z als ein Element einer Menge M anspricht, wobei dann z noch weitere Beschaffenheiten zugeschrieben werden, wodurch es sich von den anderen Elementen der Menge M unterscheidet, so ist eine derartige Einführung des Zeichens z dann sicher nicht zulässig, wenn man das Symbol M seinerseits nur unter Zuhilfenahme des Zeichens z definieren kann. Denn dann würde man z mit Hilfe von M und M mit Hilfe von z definiert haben.

Nur derjenige, der die sogenannten Definitionen durch Postulate unkritisch benutzt, könnte gegebenenfalls mit einem Scheine von Recht derartig vorgehen. Diejenigen nicht-prädikativen Definitionen also, die einen derartigen Circulus vitiosus enthalten, sind unzulässig. Wie aber steht es mit denjenigen, in denen zwar zur Definition von z das Symbol M benutzt wird, man aber M ganz unabhängig von z, also ohne auf z zurückgreifen zu müssen, definieren kann. Sind sie insgesamt zulässig? B. Russell hat das gelegentlich verneint und folgende Vorschrift in Gestalt eines Circulus vitiosus-Prinzips aufgestellt: Whatever involves *all* of a collection must not be one of the collection[1]) = Was das Ganze einer Gesamtheit voraussetzt, ist nicht Glied dieser Gesamtheit. Nimmt man diese Regel in dem Sinne, daß man behauptet: Dasjenige, dessen Namen nur durch eine Definition definiert werden kann, zu der jedes einzelne Element einer Menge benötigt wird, ist nicht Element eben dieser Menge, so scheint es einsichtig zutreffend zu sein. Nimmt man es aber in einem weiteren Sinne, so ist es folgender Aussage gleichwertig: Dasjenige, dessen Namen man durch eine Definition definiert, zu der eine Menge benötigt wird, ist nicht Element eben dieser Menge. Man kann nun zwar mit Hilfe dieses im weiteren Sinne genommenen Prinzips die erwähnten Paradoxien vermeiden, aber dieses Prinzip erscheint nicht als einsichtig und auch nicht als einsichtig aus einsichtigen Voraussetzungen abzuleiten. Es verbietet einem vielmehr gelegentlich Überlegungen anzustellen, die einwandfrei zu sein scheinen.

Wir wollen nun mit B. Russell zeigen, wie man auf einem etwas anderen Wege durch Einschränkung der Hauptsubstitutionsregel die Paradoxien vermeiden kann. Dabei werden wir uns aber auf die Darstellung der sogenannten unverzweigten Typentheorie[2]) beschränken können, da die verzweigte Typentheorie und mit ihr das Reduzibilitätsaxiom neuerdings auch von B. Russell zugunsten der unverzweigten aufgegeben worden ist.

§ 47. Die unverzweigte Typentheorie, auch wohl Lehre von der unverzweigten Hierarchie der Typen genannt, liefert eine Gliederung der Aussagen, Funktionen bzw. Formeln in Typen und Stufen dergestalt, daß z. B. in bestimmter, später noch genauer anzu-

---

[1]) Vgl. A. N. Whitehead u. B. Russell, Principia Mathematica, Bd. I, 2. Aufl., 1925, S. 37.
[2]) Vgl. ebenda, S. XIV, S. 161 ff. und F. P. Ramsey, The Foundations of Mathematics, Proc. London Math. Soc., 1926, Bd. 25, S. 338 ff.

gebender Weise gebildete Aussagen usw. als von demselben Typus angesehen werden und daß ferner Aussagen über Aussagen von einem bestimmten Typus selbst zu einem Typus von höherer Ordnung gehören. Im einzelnen geht nun B. Russell folgendermaßen vor, indem er sich immer von seinem Circulus vitiosus-Prinzip leiten läßt: Diejenigen Gegenstände, die im Rahmen seines Axiomensystems der Logik weder als Mengen noch als Funktionen auftreten, heißen Individuen und bilden den untersten Typ. Diejenigen Funktionen von einer Variablen, deren Argumente Individuen sind, bilden die Funktionen von nächst höherem Typ usw. Analog ergibt sich die entsprechende Hierarchie der Typen hinsichtlich der Mengen und zwar dergestalt, daß eine Menge, deren Elemente eine Satzfunktion einer Variablen von einem bestimmten Typus befriedigen, selbst als eine Menge vom Typus dieser Satzfunktion betrachtet wird. Durch das Auftreten von Satzfunktionen mehrerer Variablen wie ihrer Extensionen, der sogenannten Relationen, wird die Hierarchie verwickelter. Denn bei derartigen Funktionen ist die Stellung der einzelnen Variablen zu unterscheiden, deren Werte, soweit sie Werte verschiedener Variablen sind, gegebenenfalls von verschiedenem Typus sein können. Ferner können noch die Relationen ihrerseits wieder als Elemente von Mengen erscheinen, über deren Typus noch geeignete Festsetzungen zu treffen sind. Entsprechend dem Vorgehen B. Russells wollen wir übrigens, wie schon erwähnt, die Extensionen der Satzfunktionen von mehreren Variablen Relationen nennen.

Dann hat man nach Russell folgende Hierarchie: Der unterste Typus, d. h. derjenige der Individuen, möge mit $T0$ bezeichnet werden. Der Typus derjenigen Funktionen einer Variablen, deren Werte vom Typus $T0$ sind, sei $T1$ usw. Entsprechend erfolgt die Festlegung der Typen derjenigen Mengen, deren Elemente Individuen usw. sind. Als Typus einer Relation nun, der Einfachheit halber wollen wir uns auf zweigliedrige beschränken, deren Vorderglieder vom Typus Tq und deren Hinterglieder vom Typus Tr sind, gelte der Typus $T(qr)$. So hat etwa eine Relation vom Typus $T(10)$ Vorderglieder vom Typus $T1$ und Hinterglieder vom Typus $T0$. Um nun aber noch Relationen betrachten zu können, deren Glieder selbst wieder Relationen, wenngleich nur Relationen von niederen Typen sind, wird weiterhin folgende Typenregel aufgestellt: Haben die Vorderglieder einer (zweigliedrigen) Relation den Typus Ta und die Hinterglieder denjenigen Tb, wobei a und b nicht notwendig

Die formalistische Theorie 93

Ziffern, sondern u. U. entsprechend zusammengesetzte Ausdrücke bezeichnen, in denen gegebenenfalls Klammerpaare vorkommen können, so sagt man, die betreffende Relation habe den Typus $T(a\,b)$. Dabei ist unter anderem auf die Mitberücksichtigung aller Klammerpaare sorgfältig zu achten. Ein Beispiel mag das noch näher erläutern. Die Vorderglieder einer Relation seien vom Typus $T\,1$, die Hinterglieder vom Typus $T\,(21)$. Dann ist die Relation selbst vom Typus $T\,\{1\,(21)\}$. Eine entsprechende Regel ist auch für Mengen aufzustellen: Haben die Elemente einer Menge den Typus $T\,a$, so gelte die Menge selbst als vom Typus $T\,(a)$, wobei, wenn a eine Ziffer ist, für $T\,(a)$ kurz $T\,a+1$ geschrieben werde in Übereinstimmung mit dem früher Gesagten.

Das Circulus vitiosus-Prinzip gewinnt nun innerhalb dieser Hierarchie der Typen folgende Gestalt: Die Werte einer Variablen sind von gleichem Typus. Daraus ergeben sich dann die wichtigen Sätze: Die Elemente einer Menge sind alle vom selben Typus. Die Vorderglieder einer zweigliedrigen Relation sind alle vom selben Typus, desgleichen die Hinterglieder, wobei aber Vorder- und Hinterglieder zu verschiedenen Typen gehören können. Diejenigen Gegenstände, die eine eingliedrige Funktion befriedigen, sind alle vom selben Typus und zwar von dem gleichen, von dem auch diejenigen Gegenstände sind, die die betreffende Funktion nicht befriedigen.

Die Typen selbst werden ferner noch in verschiedene Stufen eingeordnet. Dabei gilt ein Ausdruck, der von einem bestimmten Typus ist, als zu derjenigen Stufe gehörig, deren Ordnungszahl die Maximalzahl unter denjenigen Zahlen ist, die man erhält, wenn man zu einer in dem Zeichen des Typus auftretenden Zahl die Anzahl der Klammernpaare hinzufügt, die sie umklammern. So ist etwa ein Ausdruck, der vom Typus $T\,\{(04)\,(1)\}$ ist, ein Ausdruck von der Stufe 6. Die Stufe eines Individuums ist dann also 0. Ferner ist z. B. die Stufe einer Menge immer um eins größer als die Stufe ihrer Elemente.

Mit Hilfe dieser Hierarchie der Typen kann man nun mit B. Russell der Paradoxien Herr werden, wobei aber, um sämtliche der angegebenen Paradoxien auszumerzen, noch mancherlei zusätzliche Annahmen erforderlich sind, auf die wir hier nicht näher eingehen wollen. Es sei lediglich noch gezeigt, wie man im Rahmen dieser Hierarchie die Paradoxie von der Menge aller derjenigen Mengen, die sich selbst nicht als Element enthalten, auflösen kann. Diese Paradoxie kommt dadurch zustande, daß man von dem Satze ausgeht: Eine Menge ist entweder Element von sich selbst oder nicht Element von sich selbst. Dieser Satz — er ist keine Aussage — hätte zur Folge, daß gegebenenfalls diejenigen Gegenstände, die Elemente bzw. nicht Elemente einer Menge sind — sie sind insgesamt von gleichem Typus — vom selben Txpus sein müßten wie die fragliche Menge. Da das aber nach der Hierarchie der Typen niemals der Fall ist, gibt es bei Beachtung der zu dieser Hierarchie gehörenden Regeln keine Möglichkeit, um zu der betreffenden Paradoxie zu gelangen. Für denjenigen mithin, der die betreffende Hierarchie für einsichtig hält oder wenigstens für eine solche, die man einsichtig aus Einsichtigem ableiten kann, ist die Paradoxie von der Menge aller derjenigen Mengen, die sich selbst nicht als Element enthalten, aufgelöst. Nun kann man aber das Circulus vitiosus-Axiom, das B. Russell seiner Hierarchie zugrunde legt, jedenfalls in der weiteren Fassung, die Russell ihm zwar gelegentlich gibt, die aber entbehrlich ist, nicht als befriedigend begründet betrachten. Die Hierarchie der Typen ist deshalb insonderheit von mathematischer Seite abgelehnt worden. Andererseits ließ sich aber nicht leugnen, daß in dieser Hierarchie irgend etwas Zwingendes liegt, und es handelte sich also für die Zweifler darum, dieses Zwingende von nicht notwendigen Beimengungen zu befreien, mit denen es angeblich in der Russellschen Hierarchie verbunden sein sollte.

§ 48. Unter diesem Gesichtspunkt wollen wir jetzt eine auf H. Behmann zurückgehende Bemerkung behandeln, die H. Behmann gelegentlich der Tagung der Deutschen Mathematiker-Vereinigung in Prag, 1929, vorgetragen hat und die auf den ersten Blick zu einer Auflösung der Paradoxien, und zwar zu einer überraschend einfachen, zu führen scheint, die die Hierarchie der Typen nicht benötigt. H. Behmann geht von folgender Überlegung aus: Gegeben sei die Formel $\sim f(f)$, die in bekannter Weise inhaltlich gedeutet, besagt, daß die Funktion $f\hat{x}$ sich selbst nicht befriedigt. Man setze jetzt an Stelle der Formel $\sim f(f)$ per definitionem $G(f)$, wobei die Funktion $G\hat{x}$ die Beschaffenheit bezeichnet „sich selbst nicht befriedigen". Schreibt man dies in Form einer Definitionsgleichung, so ergibt sich: $G(f) \cdot = \cdot \sim f(f)$ Df. Daraus folgt dann: $(f): G(f) \cdot \equiv \cdot \sim f(f)$.

Setzt man jetzt für die Variable f die Variable G ein, so ergibt sich die mit einem Widerspruch behaftete Formel: $G(G) \cdot \equiv \cdot \sim G(G)$, die inhaltlich gedeutet besagt, daß die Funktion $G(G)$ logisch äquivalent der Funktion $\sim G(G)$ ist, d. h. logisch äquivalent ihrer Negationsfunktion.

Diese Darstellung scheint zwingend zu zeigen, daß der Widerspruch erst durch die Einführung der angegebenen Definition $G(f) \cdot = \cdot \sim f(f)$ Df. dann entsteht, wenn man den Variabilitätsbereich der in dieser Definitionsgleichung auftretenden Funktionsvariablen so wählt, daß man zu Zeichenzusammenstellungen gelangt — $G(G)$ ist eine solche — die von nachstehenden Beschaffenheiten sind:
1. Eine derartige Zusammenstellung ist zunächst keine Formel.
2. Die in einer derartigen Zusammenstellung auftretenden, neu durch geeignete Definitionen eingeführten Zeichen können aus ihr, wenn man immer das Definiens der fraglichen Definitionsgleichung an Stelle des entsprechenden Definiendum setzt, nicht ausgemerzt werden, d. h. eine derartige Zusammenstellung kann nicht durch Rekurs auf vorgängige Definitionen als eine Formel erwiesen werden. M. a. W. Man kann keine Formel angeben, aus welcher die Zeichenzusammenstellung $G(G)$ auf Grund der angegebenen Definition entstanden sein könnte.

Damit ist aber anscheinend auf eine überraschend einfache Weise gezeigt, daß die Paradoxie von der Menge aller derjenigen Mengen, die sich selbst nicht als Element enthalten (auf diese Paradoxie läuft der obige konstruierte Widerspruch hinaus), bei Beachtung der einfachsten schon von Pascal formulierten Definitionsregel nicht entstehen kann; nämlich derjenigen, die besagt, daß man von einer legitimen Zeichenzusammenstellung, die abgeleitete Zeichen enthält, schließlich zu einer äquivalenten Zusammenstellung von lauter ursprünglichen Zeichen gelangen muß, indem man immer im Hinblick auf die Definitionen der abgeleiteten Zeichen die jeweiligen Definienda durch die betreffenden Definientia ersetzt. Lediglich die Benutzung der üblichen natürlichen Sprache scheint einen also hier in die Irre zu führen, indem sie einem in Gestalt eines grammatisch richtig konstruierten Satzes einen eine Behauptung bezeichnenden Satz vortäuscht, wo ein solcher eine Behauptung bezeichnender Satz, d. h. eine Aussage, gar nicht vorhanden ist. Zugleich hat es den Anschein, als ob diese Behmannsche Überlegung den Zusammenhang aufdeckt, der zwischen dieser Russellschen Paradoxie und einem gewissen unendlichen Regreß besteht, der bei manchen Auflösungsversuchen dieser Paradoxie hervortritt. Man kann nämlich, wenngleich natürlich nicht zwingend, so doch wenigstens einigermaßen plausibel, folgendermaßen argumentieren: Der Satz: „Eine Menge enthält sich selbst als Element" ist ein sinnloser. Denn sei M etwa eine derartige Menge, so enthielte sie ein Element, nämlich sich selbst, das sich seinerseits selbst enthalten müßte, usf. Eine derartige Menge M könne mithin niemals angegeben werden. Da mit einem Satze zugleich auch seine Negation sinnlos ist, ist also, so wird behauptet, die die Paradoxie erzeugende Zeichenzusammenstellung „Eine Menge M enthält sich entweder selbst oder nicht" als eine sinnlose entlarvt. Der bei diesem, wie schon bemerkt, nicht einwandfreien Versuch, die betreffende Paradoxie aufzulösen, auftretende unendliche Regressus findet innerhalb der Behmannschen Auflösung gleichsam sein Analogon in dem Sachverhalt, daß man die abgeleitete Zeichen enthaltende Zeichenzusammenstellung $G(G)$, indem man immer das jeweilige Definiendum durch sein Definiens ersetzt, nicht vermittels der einschlägigen Definitionssubstitutionen auf eine im Kalkül zulässige Zusammenstellung von ursprünglichen Zeichen reduzieren kann.

Der Behmannsche Auflösungsversuch scheint also die Hierarchie der Typen entbehrlich zu machen und das Zustandekommen der Paradoxien auf die Verwendung von Pseudodefinitionen einwandfrei zurückzuführen. Das trifft aber nicht zu. Wie nämlich K. Gödel[1]) gezeigt hat — die betreffenden kalkülmäßigen Überlegungen müssen wir an dieser Stelle unterdrücken —, kann man ohne Benutzung der Hierarchie der Typen zu einer der Russellschen Paradoxie analogen gelangen, obwohl man überhaupt keine Definitionsubstitution verwendet. Man kann nämlich unter den genannten Bedingungen die zum Widerspruch führende Formel ableiten: $(\exists F) \{F(F) \equiv \sim F(F)\}$. Dieses Resultat besagt mithin, daß die Russellsche Hierarchie, entgegen der Behmannschen These, wenigstens teilweise unentbehrlich ist, sofern man über einen widerspruchslosen Logikkalkül verfügen will.

III. Die Definitionen als Zuordnungen von Zeichen zu Objekten

A. Die Strukturtheorie

§ 49. Nachdem wir die Definitionen behandelt haben, insoweit sie Substitutionsregeln über Zeichen sind, wenden wir uns dem

---

[1]) Eine entsprechende Veröffentlichung von Herrn K. Gödel wird demnächst erscheinen.

zweiten Problemkreis innerhalb der Lehre von der Definition im engeren Sinne zu. Es handelt sich hierbei, wie bereits seinerzeit hervorgehoben, um die Gesamtheit aller derjenigen Probleme, die auftreten, wenn man nicht mehr Zeichen auf Zeichen zurückführt, sondern wenn man gewisse Systeme von Zeichen im Sinne von Kalkülzeichen mit den zu erforschenden Objekten in einer solchen Weise zu koppeln sucht, daß dann die in einem Inbegriff von Zeichen eines Kalküls vorliegende wissenschaftliche Theorie als das wissenschaftliche „Abbild" der zu erforschenden Objekte zu betrachten ist.

Um die hier auftretenden Probleme befriedigend lösen zu können, müssen wir etwas weiter ausholen und uns zunächst zwecks Ausschaltung möglicher Äquivokationen in Kürze über die Bedeutung des Terminus „Wahrheit" bzw. „Falschheit" verständigen. Dann werden wir zu ermitteln suchen, welche Bedingungen notwendig und hinreichend dafür sind, daß eine wissenschaftliche Theorie als eine „wahre" zu gelten hat, um schließlich in einer „wahren" Theorie die Rolle der Definitionen im Sinne von Koppelungen zwischen den Kalkülzeichen und zu erforschenden Objekten aufzuhellen.

Gemeinhin nennt man eine Behauptung eine wahre oder eine falsche, je nachdem sie, wie man lax sagt, mit ihrem Gegenstande übereinstimmt oder nicht übereinstimmt. Dabei pflegt man aber keine präzise Auskunft zu erteilen, was denn nun hier unter „Übereinstimmung" zu verstehen sei, eine Auskunft, die wir im Fortgange unserer Überlegungen geben werden. In einem zweiten Sinne des Terminus „Wahrheit" spricht man von der Wahrheit bzw. Falschheit im Sinne von der Beschaffenheit einer Behauptung, eine wahre bzw. eine falsche zu sein. In einem dritten Sinne des Wortes Wahrheit bzw. Falschheit versteht man schließlich unter demselben ein System wahrer bzw. falscher Behauptungen. Zu erwähnen ist schließlich noch die uneigentliche Bedeutung des Terminus „wahr" bzw. „falsch", derzufolge man von einem Gegenstand sagt, er sei ein wahrer bzw. ein falscher, wenn er diejenige Beschaffenheit besitzt bzw. nicht besitzt, die er nach der Benennung haben sollte, die man ihm gibt.[1]

Untersuchen wir jetzt, ob man überhaupt eine einzelne Behauptung ganz unabhängig von anderweitig Bekanntem, insbesondere ganz unabhängig von ihrem Zusammenhange mit einem System

---

[1] Vgl. Bolzano, Wissenschaftslehre, 1837, §§ 22/23.

von Darstellungsmitteln einer Theorie oder einer Pseudotheorie als eine wahre qualifizieren kann. Eine naheliegende Betrachtung lehrt, daß das, überraschend für den, der sich diese Frage zum erstenmal vorlegt, nicht möglich ist. Denn ist die auf ihre Wahrheit zu prüfende Behauptung eine schlichte Wahrnehmungsbehauptung, dann können wir sie, wenn wir sie anscheinend isoliert von anderweitig Bekanntem betrachten, ja bestenfalls nur mit der betreffenden Wahrnehmung vergleichen und schlicht behaupten, daß jedermann, der vernünftig und guten Willens ist, dieselbe Behauptung als wahr hinstellen wird, wenn er sich unter den einschlägigen Umständen das betreffende Wahrnehmungserlebnis verschafft. Dabei betrachten wir aber selbst im einfachsten Falle, obwohl uns dieser Umstand (meist) nicht bewußt ist, das doch schon recht verwickelte System von Bezeichnungsmitteln einer natürlichen Sprache als bekannt. Wir leisten mithin bei der Prüfung der Wahrheit der betreffenden Behauptung dieses: Wir prüfen, indem wir zunächst die betreffende Behauptung in ihrer sprach-schriftlichen Formulierung erfassen (und ohne das kommt überhaupt eine ernstliche Prüfung nicht in Frage) ob dann, wenn wir die dabei benützten Zeichen in bekannter Weise deuten — und darin steckt mindestens ein Ansatz zu einer Theorie — diese Deutung zutrifft, d. h. ob dann den jeweiligen Zeichen oder dem betreffenden Zeichenkomplex auch gerade die im entsprechenden Wahrnehmungserlebnis erfaßten Objekte so korrespondieren, wie wir das auf Grund der Deutung zu erwarten haben. Mit anderen Worten: Wir prüfen gar nicht die betreffende Behauptung unabhängig von anderweitig Bekanntem auf ihre Wahrheit, sondern wir prüfen sie darauf, indem wir sie mit den Mitteln einer als bekannt vorausgesetzten „Sprache" erfassen und dann zusehen, ob den dabei benötigten „Zeichen" (diesen Terminus genommen in dem weiten auch Wörter einschließenden Sinne) auf der Seite der Objekte ein solcher Tatbestand entspricht — zu seiner Ermittlung dient uns das einschlägige Wahrnehmungserlebnis — wie wir das gemäß der uns bekannten Deutung der betreffenden Sprache anzunehmen haben.

Liegt aber keine Wahrnehmungsbehauptung vor, sondern irgendeine andere, die nun isoliert von schon Bekanntem auf ihre Wahrheit zu prüfen ist, so handelt es sich entweder erstens um eine solche, die aus Wahrnehmungsbehauptungen bündig oder mit ausreichender Zuversicht gegebenenfalls unter zuzüglicher Voraussetzung gewisser Grundbehauptungen ableitbar ist. Oder es handelt sich zweitens um eine Behauptung, die einsichtig wahr bzw. einsichtig falsch ist, wobei wir auf die Frage nicht näher eingehen, ob es überhaupt derartige Behauptungen gibt und wenn man das bejaht, welche es sind. Oder man hat es drittens mit einer solchen Behauptung zu tun, von welcher man vermittels der bekannten Ableitbarkeitsverfahren ausgehend von einsichtigen wahren bzw. falschen Behauptungen bündig oder mit ausreichender Zuversicht entscheiden kann, ob sie eine wahre bzw. eine falsche Behauptung ist. Oder man kann schließlich viertens die betreffende Behauptung entsprechend ihrer Eigenart nur dadurch auf ihre Wahrheit prüfen, daß man aus ihr im Rahmen einer zunächst als wahr unterstellten Theorie Behauptungen ableitet, die sich sei es immer, sei es im Durchschnitt der Fälle als wahre Wahrnehmungsbehauptungen erweisen. Ein fünfter noch möglicher Fall, der vorliegt, wenn man von einer Behauptung gar nichts hinsichtlich ihrer Wahrheit bzw. Falschheit ermitteln kann, braucht nicht weiter verfolgt zu werden. Denn kann man über eine Behauptung in besagter Hinsicht nichts ermitteln, dann kann man auch, wie auf der Hand liegt, über sie isoliert von anderweitig Bekanntem in dieser Hinsicht nichts ermitteln.

Welcher der vier von uns im Hinblick auf unsere Behauptung noch zu musternden Fälle nun aber gegebenenfalls auch vorliegt, bei jedem derselben können wir über die hinsichtlich ihrer Wahrheit bzw. Falschheit zu prüfende Behauptung unabhängig von anderweitig schon Bekanntem nichts ausmachen. Das liegt für den Fall (1), für den Fall (3) wie für den Fall (4) auf der Hand. Für den Fall (2) ergibt es sich daraus, daß wir genau so wie früher bei den Wahrnehmungsbehauptungen eine als bekannt vorauszusetzende Sprache benötigen, um überhaupt die betreffende Behauptung erfassen zu können. Auch im Falle (2) also ist ein Rückgriff auf anderweitig schon Bekanntes bei der fraglichen Prüfung unvermeidlich.

§ 50. Diese Bemerkungen, die, wie gesagt, zeigen, daß wir niemals eine einzelne Behauptung isoliert von sonst schon Bekanntem auf ihre Wahrheit prüfen können, sondern daß wir nur gewisse, wenn auch noch so kleine Systeme bestehend aus Behauptungen (mindestens einer) nebst einer als bekannt vorauszusetzenden „Sprache" gegebenenfalls hinsichtlich ihrer Wahrheit zu kontrollieren vermögen, werden uns wichtige Erkenntnisse über die Beschaffenheit wissenschaftlicher Theorien liefern.

Ehe wir aber in abstracto die betreffenden Konsequenzen ziehen wollen, seien noch zwei einfache Beispiele in Kürze zergliedert. Wenn etwa ein Astronom die Kopernikanisch-Keplersche Theorie der Planetenbewegung hinsichtlich des Planeten Mars auf ihre Wahrheit prüfen will, dann kann er nichts anderes als dieses tun: Er kann zunächst nur mit den Mitteln der betreffenden Theorie möglichst viele Stellungen des Mars zuzüglich der entsprechenden Zeitangaben auf Grund geeigneter Beobachtungen in Gestalt von Aussagen wiedergeben, wobei übrigens die Theorie der zur Anstellung der genannten Beobachtungen erforderlichen Meßinstrumente mit in die zu kontrollierende Theorie der Planetenbewegung einzubeziehen ist. Er kann alsdann zusehen, ob die derart ermittelten Stellungen des Mars mit denjenigen Stellungen übereinstimmen oder nicht übereinstimmen, die er auf Grund der Theorie errechnen kann, wenn er drei Stellungen des Mars einschließlich der in Frage kommenden Zeitangaben beobachtet hat.[1] Stimmen nun die derart berechneten Stellungen des Mars in allen praktisch der Kontrolle zugänglichen Fällen mit denjenigen Stellungen überein, die man durch Beobachtungen ermitteln kann, dann wird er die betreffende Theorie hinsichtlich der Bewegung des Planeten Mars für verifiziert erachten.

Dabei ist jedoch hervorzuheben, um gleich an dieses erste Beispiel einige allgemeinere Feststellungen anzuknüpfen, daß durch eine derartige Verifizierung eine wissenschaftliche Theorie niemals abschließend begründet werden kann, sondern daß immer der Fall als möglicherweise dermaleinst eintretend angesehen werden muß, der darin besteht, daß eine bisher durch alle der Beobachtung zugänglich gewesenen Fälle bestätigte Theorie sich hinsichtlich eines neuen Falles nicht bewährt. Waren dabei die mathematisch-logischen Umformungen innerhalb der Theorie ordnungsgemäß durchgeführt, und waren ferner die einschlägigen Beobachtungen einwandfrei angestellt, dann bleibt kein anderer Schluß übrig als der, daß die in Frage stehende Theorie so, wie sie ist, verworfen werden muß. Ob sie nun restlos durch eine andere ersetzt werden muß oder ob nur mehr oder weniger kleinere Umformungen mit ihr vorzunehmen sind, entscheiden dann immer erst weitere Untersuchungen. Wie dem aber auch jeweils sei, der Widerlegung einer Theorie kommt in der Regel ein viel höherer Grad der Zuversicht

---

[1] Es genügen drei Ortsangaben zuzüglich der entsprechenden Zeitangaben.

zu als ihrer Bestätigung. Nennt man nun ein Experiment bzw. eine Beobachtung, angestellt im Rahmen einer zu prüfenden Theorie, ein negatives bzw. eine negative, wenn es bzw. sie anders ausfällt, als das auf Grund von an sich einwandfrei mit den Mitteln der Theorie ausgeführter Berechnungen der Fall sein müßte, so kann man sagen: Die in diesem Sinne negativen Experimente bzw. Beobachtungen sind es, welche über das Schicksal wissenschaftlicher Theorien entscheiden. Denn sie widerlegen in gewisser Weise endgültig eine Theorie, während die entsprechenden positiv ausfallenden Untersuchungen die in Frage stehende Theorie in keiner Weise abschließend sichern. So werden denn auch wissenschaftliche Revolutionen, wie beispielsweise im Hinblick auf die Relativitätstheorie der Michelsonsche Versuch zeigt, durch in unserer Bezeichnung negative Experimente oder Beobachtungen eingeleitet.

Wir kommen zum zweiten Beispiel, das zu ähnlichem Zwecke schon von Leibniz herangezogen worden ist.[1]) Die sogenannten natürlichen Zahlen mögen hinsichtlich ihrer einfachsten Beschaffenheiten als bekannt gelten. Sie sollen im folgenden die Rolle der von einer Theorie zu erfassenden Objekte spielen, zu welchem Zwecke sie als quasi-platonische Gebilde betrachtet werden mögen, ohne daß wir diese Ansicht von der „Natur" der natürlichen Zahlen damit als wahr unterstellen wollen. Als Theorie hinsichtlich dieser Objekte werde ihre allbekannte Darstellung mit den Mitteln des Dezimalsystems zuzüglich der einschlägigen Rechenregeln betrachtet. Wir pflegen nun eine Aufgabe über Zahlen dadurch zu lösen, d. h. bei der unterstellten Auffassung über das Wesen der Zahlen ein Geschenis im Reich der zu betrachtenden Objekte dadurch zu ermitteln, daß wir diese Zahlen mit den Mitteln des Dezimalsystems als Ziffern erfassen, mit den Ziffern nach den Regeln des Dezimalsystems operieren, um schließlich das in Ziffern vorliegende Resultat als eine Aussage über Zahlen zu deuten. M. a. W. Wir sind im Besitz einer im wesentlichen nach beiden Seiten hin zu lesenden Übersetzungsvorschrift, die uns gestattet, gleichsam Geschehnisse im Reich der Zahlen dadurch zu berechnen, daß wir zunächst das Ausgangsgeschehnis in Form einer Rechenaufgabe erfassen, dann diese Aufgabe mit Hilfe der einschlägigen Rechenregeln lösen, um schließlich die Endformel vermittels der

---

[1]) Vgl. Leibniz, Dialogus de connexione inter res et verba, Ausgabe Gerhardt, Bd. VII, S. 190 ff.

erwähnten Übersetzungsvorschrift als eine Aussage über Zahlen zu deuten.

§ 51. Die von uns sogenannte Strukturtheorie behauptet jetzt, daß im Idealfall zwischen einer Theorie und denjenigen Objekten, von denen die Theorie eine Theorie sein soll, diejenige Beziehung besteht, welche zwischen den mit den Darstellungsmitteln des Dezimalsystems formulierten Formeln auf der einen und den natürlichen Zahlen auf der anderen Seite statt hat. Diese Feststellung werden wir aber noch durch Einbeziehung statistischer Überlegungen teils zu verschärfen, teils zu verallgemeinern haben. In anschaulicher Einkleidung ist diese These von der charakteristischen Beschaffenheit einer sich auf wirkliche Objekte beziehenden Theorie wohl erstmalig von Heinrich Hertz im Vorwort zu seiner Mechanik dahin zusammengefaßt: Die Aufgabe einer naturwissenschaftlichen Theorie besteht darin, daß man sich Bilder der zu erforschenden Objekte dergestalt zu machen habe, daß die denknotwendigen Folgen der Bilder wieder Bilder seien von den naturnotwendigen Folgen der ursprünglichen abgebildeten Objekte. Dabei hat aber H. Hertz weder näher präzisiert, was man unter einem „Bilde" in diesem Zusammenhange zu verstehen habe, noch näher angegeben, welches denn das Kriterium für die Feststellung der naturnotwendigen Folgen im Unterschiede zu der der denknotwendigen sei.

Die Beziehung nun, die im Idealfall, wie wir behaupten, zwischen einer Theorie und den Objekten besteht, die mit ihrer Hilfe erfaßt werden sollen, ergibt sich in abstracto durch folgende Überlegungen[1]): Man denke sich zunächst die betreffende Theorie in der früher geschilderten Weise formalisiert, d. h. ersetzt durch einen Kalkül, in welchem es sich darum handelt, aus gewissen Ausgangsformeln vermittels bestimmter Regeln andere Formeln abzuleiten. Es muß dann erstens möglich sein, die in dem Kalkül außer den logischen neu auftretenden Beziehungszeichen[2]) umkehrbar eindeutig zu koppeln mit bestimmten Beziehungen

---

[1]) Wir sehen im folgenden von der Beziehung ab, die bei der üblichen Deutung des Logikkalküls zwischen diesem und den durch ihn erfaßten Objekten besteht. Diese Objekte sind vermutlich in unserem begründenden Verhalten als mitgegeben anzusehen. Vgl. W. Dubislav, Über den sog. Gegenstand der Mathematik, Erkenntnis Bd. I, 1930.

[2]) Die in dem Kalkül als solchem auftretenden logischen Beziehungszeichen sind hierbei also nicht mit Objektsbeziehungen zu koppeln.

innerhalb des Bereiches der zu erforschenden Objekte. Es muß zweitens möglich sein, die Gebilde[1]), welche durch die Beziehungszeichen des Kalküls (sie sollen fortan kurz die Kalkülbeziehungen heißen) miteinander verknüpft werden, umkehrbar eindeutig den zu erforschenden Objekten derart zuzuordnen, daß, wenn zwischen Gebilden der angegebenen Art bestimmte Kalkülbeziehungen obwalten, zwischen den diesen Gebilden entsprechenden Objekten gerade diejenigen Beziehungen bestehen, die den Kalkülbeziehungen vermöge der Zuordnung zugeordnet sind. Man pflegt diese Beziehung die der Isomorphie zu nennen. Man kann sie übrigens für den Fall zweier n-gliedriger Relationen, sagen wir R und R', am einfachsten folgendermaßen charakterisieren: Man sagt, daß R und R' einander relationsähnlich oder isomorph seien, wenn es eine ein-eindeutige Relation E gibt, derart, daß durch sie sämtliche n-Tupel aus dem Felde von R auf sämtliche n-Tupel aus dem Felde von R' abgebildet werden und daß zwischen den Gebilden x_1', x_2', ... x_n' gerade die Relation R' obwaltet, wenn die Relation R zwischen den Gebilden, nennen wir sie $x_1, x_2, \ldots, x_n$, besteht, welche durch die Relation E mit den x_1', x_2', ..., x_n' in dieser Reihenfolge ein-eindeutig gekoppelt sind. Ist die Relation E übrigens nicht ein-eindeutig, sondern viel-eindeutig, so heißt die dann unter sonst gleichen Voraussetzungen zwischen R und R' bestehende Beziehung die der Teilisomorphie. Man kann nun kurz sagen, daß im Idealfall eine mit einer Deutungsvorschrift behaftete Theorie dann und nur dann eine „wahre" ist, wenn zwischen ihr und den zu erforschenden Objekten die Beziehung der Isomorphie statt hat. Dabei wollen wir übrigens von derjenigen Verfeinerung bei der Charakterisierung der Isomorphiebeziehung absehen, die erforderlich ist, wenn innerhalb des die Theorie ausmachenden Kalküls Kalkülbeziehungen auftreten, die ihrerseits zwischen Kalkülbeziehungen gelten. Definiert man nun im Anschluß an B. Russell vermittels einer Gebrauchsdefinition den Terminus Struktur folgendermaßen: Zwei Systeme von Beziehungen haben dieselbe Struktur, wenn sie einander isomorph sind, so kann man in Wahrheit behaupten, daß wissenschaftliche Aussagen Strukturaussagen sind oder jedenfalls vollwertig durch solche ersetzt werden können. Denn gemäß den obigen Überlegungen sind wissenschaftliche Theorien von gleicher Struktur gleichwertig,

---

[1]) Im Sinne des Kalküls äquivalente Gebilde werden als nicht voneinander verschieden betrachtet.

d. h. sie können einander, mit derselben Deutungsvorschrift in demselben Sinne behaftet, salva veritate ersetzen. Daraus ergibt sich, nebenbei bemerkt, zwanglos die Zweckmäßigkeit der von uns gewählten Bezeichnungsweise für die auseinandergesetzte Anschauung von den Hauptbeschaffenheiten einer wissenschaftlichen Theorie.

Die bisherigen Überlegungen gestatten uns, die in der Hertzschen Formulierung benutzten, aber nicht weiter erklärten Termini, nämlich die Termini „denknotwendige" bzw. „naturnotwendige Folgen" zu präzisieren. Die denknotwendigen Folgen der Bilder sind einfach die vermittels der Operationsregeln des Kalküls aus den Ausgangsformeln zuzüglich gewisser anderer Formeln, die den früher erwähnten Wahrnehmungsbehauptungen entsprechen, abgeleiteten Formeln. Die naturnotwendigen Folgen der ursprünglich abgebildeten Objekte sind nichts anderes als diejenigen Gebilde, die man erhält, wenn man die aus den oben angegebenen Formeln abgeleiteten Formeln entsprechend der Deutungsvorschrift deutet. Die sogenannte Naturnotwendigkeit ist also, so paradox das auch klingen mag, nichts anderes als das Resultat, und zwar das gemeinhin durchaus mystisch interpretierte Resultat, der Beherrschung einer Gesamtheit von Objekten vermittels eines Kalküls. Und zwar dergestalt, daß man, ausgehend von bestimmten im Hinblick auf die zu erforschenden Objekte anzustellenden Beobachtungen, zunächst diese Beobachtungen bzw. ihre Resultate, gegeben durch bestimmte Erlebniskomplexe, mit den Mitteln des Kalküls auf Grund der zu einem derartigen Kalkül gehörigen Deutungsvorschrift in Kalkülformeln erfaßt, dann bei Benutzung der Operationsvorschriften des Kalküls aus diesen Formeln unter Umständen zuzüglich gewisser Ausgangsformeln des Kalküls andere Formeln ableitet, die auf Grund der Deutungsvorschrift gedeutet durch Aussagen, sich als solche Aussagen über die zu erforschenden Objekte erweisen, welche in allen praktisch der Kontrolle zugänglichen Fällen sich beobachtbar als zutreffend herausstellen. Die Behauptung mithin (ob sie ihrerseits zutrifft, ist eine ganz andere Frage), daß die Welt kausal-gesetzlich determiniert sei, läuft darauf hinaus, daß man die Welt im angegebenen Sinne vermittels eines Kalküls in allen Einzelheiten isomorph zu erfassen in der Lage ist.

§ 52. Abschließend wollen wir nun andeuten, wie man in den Rahmen unserer Überlegungen das Operieren mit der sogenannten statistischen Gesetzlichkeit, welches sich mehr und mehr dem Operieren mit der alten Kausalgesetzlichkeit überlegen erweist, nicht nur einbeziehen kann, sondern muß. Jede Theorie nämlich hängt, was ihre Prüfung hinsichtlich der durch sie zu erforschenden Objekte betrifft, wie wir fanden, ab von den zu ihrer Verifikation erforderlichen Beobachtungen, die gegebenenfalls auf eigens dazu angestellte Experimente Bezug nehmen. Damit derartige Beobachtungen nun aber als legitime Bestätigungen einer vorgelegten, auf ihre Wahrheit zu prüfenden Theorie gelten können, müssen sie wiederholbar sein. Und die Experimente, auf die sie sich gegebenenfalls beziehen, müssen ebenfalls grundsätzlich reproduziert werden können. Dabei wird man eine Beobachtung wiederholbar nennen, und entsprechend ein Experiment, wenn man sich annähernd dieselben Erlebniseindrücke unter den einschlägigen Voraussetzungen wieder verschaffen kann, die man sich seinerzeit verschafft hat. In diesem „annähernd" liegt aber ein Problem verborgen, dessen Auflösung nur durch Einbeziehung statistischer Überlegungen möglich ist. Man kann nämlich zeigen, hinsichtlich einer näheren Untersuchung sei auf die Arbeit von v. Mises: Über kausale und statistische Gesetzmäßigkeit in der Physik, Die Naturwissenschaften, 1930, S. 13 ff. verwiesen, daß das Ergebnis einer Beobachtung immer eine ganze Zahl ist, nämlich die Anzahl der in Frage kommenden kleinsten eben noch ermittelbaren Maßeinheit. Man wird also festzustellen haben, daß „annähernd" dieselbe Beobachtung vorliegt, wenn sich als Beobachtungsergebnisse unter den einschlägigen Voraussetzungen ganze Zahlen finden, welche merklich nahe beieinander liegen. Lediglich wenn wir die Maßeinheit hinreichend groß wählen, wird es vorkommen, daß wir bei der Wiederholung der Beobachtung dieselben Zahlen erhalten. Beachtet man jetzt weiter, daß durch eine wissenschaftliche Beobachtung nicht eine einzige Zahl, sondern, weil eben erst wiederholbare Beobachtungen eine wissenschaftliche Beobachtung ergeben, ein Kollektiv bestimmt wird, so findet man nach v. Mises als zweckmäßigste Definition: „Wahrer Wert einer Messung heißt der Erwartungswert des zugehörigen Kollektivs."[1]) Man wird dann sagen können: Eine Theorie bewährt sich im Hinblick auf ein bestimmtes Verhalten der durch sie zu erforschenden Objekte, „wenn der berechnete Wert mit dem ‚wahren Wert' der Messung, also dem durch Meßobjekt und Meßanordnung

---

[1]) Vgl. von Mises, Über kausale und statistische Gesetzlichkeit in der Physik, Die Naturwissenschaften, 1930, S. 151.

bestimmten Erwartungswert" übereinstimmt. Da man nun auf Grund der Atomtheorie in einer hier nicht näher anzugebenden Weise, es sei nur an die sogenannte Heisenbergsche Unbestimmtheitsrelation erinnert, eine unbegrenzte Feinheit einer Messung prinzipiell nicht erreichen kann, eine solche zu fordern also sinnlos ist, so hat eine mit einer Deutungsvorschrift behaftete Theorie dann als eine wahre zu gelten, wenn sie das Verhalten der durch sie zu erforschenden Objekte im Durchschnitt zutreffend erfaßt, d. h. im Durchschnitt isomorph oder wenigstens teilisomorph.

B. Die Deutungsvorschrift eines Kalküls als Definition im Sinne einer Koppelung von Zeichen und Objekten

§ 53. Die vorstehenden Überlegungen haben in der Hauptsache gezeigt, daß es sich bei einer wissenschaftlichen Erforschung irgendwelcher realer Gebilde um folgende Aufgabe handelt: Man hat nach Vornahme hinreichend vieler Beobachtungen, die sich auf die zu erforschenden Gebilde erstrecken, zunächst die Beobachtungsresultate mit den Mitteln einer ansatzartig aufgestellten Theorie wiederzugeben. Alsdann hat man im Rahmen dieser Theorie auf Grund dieser von ihr charakterisierten Beobachtungsresultate Berechnungen anzustellen über das Verhalten der in den Beobachtungen, wie man so sagt, erfaßten Objekte, die, wenn sie in allen praktisch der Kontrolle zugänglichen Fällen zutreffen, die Brauchbarkeit der fraglichen Theorie bis auf weiteres erhärten.

Die Aufstellung einer Theorie in diesem Sinne involviert also eine Koppelung von Gebilden der Theorie mit den durch dieselbe zu erforschenden Objekten. Dabei hat man sich die Theorie auf Grund einer auf sie ausgeübten Formalisierung, wie wir fanden, in Gestalt eines Kalküls zu denken, der mit einer Deutungsvorschrift behaftet ist. Diese Deutungsvorschrift, ohne die man lediglich einen Kalkül vor sich hätte, in dem es sich nur darum handelte, aus gewissen Ausgangsformeln nach Maßgabe bestimmter Operationsvorschriften andere und andere Formeln abzuleiten, hat die Aufgabe, den Kalkül zur Berechnung der fraglichen Objekte tauglich zu machen. Daraus folgt, daß diese Deutungsvorschrift, welche die fragliche Koppelung realisiert, in logischer Hinsicht eine willkürliche ist.

Dieser Umstand hat es mit sich gebracht, daß man diese durch eine Deutungsvorschrift eines Kalküls vermittelten Koppelungen als Definitionen, und zwar als Zuordnungsdefinitionen ansprach, als man bei Gelegenheit einer axiomatischen Durchmusterung der Relativitätstheorie auf sie stieß. Erst später bemerkte man, daß derartige „Zuordnungsdefinitionen" gar keine Definitionen im üblichen Sinne des Wortes, d. h. gar keine Substitutionsregeln über Zeichen sind, sondern vielmehr die Zeichen einer formalisierten Theorie mit den vermittels dieser Theorie zu erforschenden Objekten verketten.

§ 54. Ist nun auch eine derartige Deutungsvorschrift als solche eine logisch willkürliche, so wird sie doch in dem Augenblicke eine fundamentale, wo man sie dazu verwendet, den Kalkül zur Berechnung derjenigen Objekte einschließlich der zwischen ihnen obwaltenden Beziehungen zu verwenden, mit denen die Gebilde des Kalküls vermöge der genannten Deutungsvorschrift verkettet zu denken sind. Nur dann nämlich wird der Kalkül sich zu dieser Berechnung eignen, wenn es erstens möglich ist, die in dem Kalkül auftretenden Beziehungszeichen umkehrbar eindeutig zu koppeln mit bestimmten Beziehungen die zwischen den fraglichen Objekten bestehen. Und wenn es dann zweitens gelingt, die Gebilde, welche durch diese Beziehungszeichen miteinander verknüpft werden, umkehrbar eindeutig den erwähnten Objekten derart zuzuordnen, daß, wenn zwischen Gebilden der angegebenen Art bestimmte Kalkülbeziehungen obwalten, zwischen den diesen Gebilden entsprechenden Objekten gerade diejenigen Beziehungen bestehen, die mit den Kalkülbeziehungen vermöge der Deutungsvorschrift verkoppelt sind. Kurz gesagt, nur dann, wenn wir die genannte Deutungsvorschrift derart wählen können — und dieser Umstand hängt sowohl von den Beschaffenheiten des benutzten Kalküls wie von den Beschaffenheiten der zu erforschenden Objekte ab —, daß zwischen dem Kalkül einerseits und den erwähnten Objekten andererseits die Beziehung der Isomorphie oder Teilisomorphie besteht, wird uns mit Hilfe des Kalküls eine zutreffende Berechnung dieser Objekte gelingen.

§ 55. Sei etwa, um das Gesagte noch an Hand eines besonders einfachen Beispieles zu erörtern, eine physikalische Kreislinie gegeben, die wir uns mit kleinen Kugeln belegt denken, welche im Sinne des Uhrzeigers geordnet sein mögen. Wir wollen uns die Aufgabe stellen, vermittels einer Theorie in Gestalt eines mit einer Deutungsvorschrift behafteten Kalküls die Struktur der vorliegenden Objektmannigfaltigkeit zu beschreiben hinsichtlich der

Ordnung, die durch die Aufeinanderfolge der Kugeln im Sinne des Uhrzeigers realisiert wird.

Zu diesem Zwecke haben wir erstens den einzelnen Kugeln umkehrbar eindeutig Zeichen zuzuordnen, und dann zweitens der zwischen ihnen bestehenden räumlichen Beziehung B ein Relationszeichen dergestalt, daß, wenn zwischen Kugeln irgendeine durch die betreffende Beziehung B ihrerseits gestiftete Beziehung C besteht[1]), dann gerade die den Kugeln entsprechenden Zeichen im Kalkül durch dasjenige Relationszeichen verbunden werden, das der Beziehung C entspricht.

Um dies leisten zu können, sammeln wir einige Beobachtungen über die besondere Natur der Beziehung B, die zwischen den Kugeln besteht. Wir stellen zunächst fest, daß man nicht mit Sinn sagen kann, eine Kugel, nennen wir sie $K\,1$, liege im Sinne des Uhrzeigers vor einer anderen, nennen wir sie $K\,2$ auf der Kreislinie. Denn statt von $K\,1$ im Sinne des Uhrzeigers zu $K\,2$ zu gehen, können wir uns ebenso gut auch von $K\,2$ im Sinne des Uhrzeigers auf der Peripherie bewegen und zu $K\,1$ gelangen. Ferner stellen wir fest, daß drei Kugeln $K\,1$, $K\,2$, $K\,3$, welche im Sinne des Uhrzeigers entsprechend ihrer Numerierung aufeinander folgen mögen, so zueinander liegen, daß man nicht sagen kann, $K\,2$ trennt $K\,1$ von $K\,3$. Wir können zwar nicht von $K\,1$ im Sinne des Uhrzeigers ausgehend zu $K\,3$ gelangen, ohne dabei auf $K\,2$ zu stoßen, wohl aber können wir im Sinne des Uhrzeigers von $K\,3$ ausgehen und zu $K\,1$ gelangen, ohne dabei $K\,2$ anzutreffen. Es scheint demnach, als ob erst durch vier Kugeln zusammengefaßt in Gestalt von zwei Paaren von je zwei Kugeln die Anordnung der Kugeln auf der Kreislinie bestimmt wird. Das trifft, wie wir gleich sehen werden, in gewisser Hinsicht in der Tat zu.

Durch Beobachtung stellen wir fest: Zwei Paare von Kugeln können sich wechselseitig trennen. Bildet dabei $(K\,1, K\,2)$ das erste, $(K\,3, K\,4)$ das zweite Paar und liegen die Kugeln im Sinne des Uhrzeigers in der Reihenfolge $K\,1$, $K\,3$, $K\,2$, $K\,4$, so trennt das Paar $(K\,1, K\,2)$ das Paar $(K\,3, K\,4)$. Aber auch umgekehrt trennt das Paar $(K\,3, K\,4)$ das Paar $(K\,1, K\,2)$. Wir stellen zweitens fest: trennt das Paar $(K\,1, K\,2)$ das Paar $(K\,3, K\,4)$, so trennt das Paar $(K\,1, K\,2)$ auch das Paar $(K\,4, K\,3)$. Wir stellen drittens fest: trennt das Paar $(K\,1, K\,2)$ das Paar $(K\,3, K\,4)$, so trennt das

---

[1]) B und C können identisch sein.

Paar ($K\,1$, $K\,3$) nicht das Paar ($K\,2$, $K\,4$). Wir stellen viertens fest: für vier Kugeln $K\,1$, $K\,2$, $K\,3$, $K\,4$ gilt entweder, daß das Paar ($K\,1$, $K\,2$) das Paar ($K\,3$, $K\,4$) trennt, oder daß das Paar ($K\,1$, $K\,3$) das Paar ($K\,2$, $K\,4$) trennt, oder daß das Paar ($K\,1$, $K\,4$) das Paar ($K\,2$, $K\,3$) trennt. Wir stellen schließlich fünftens im Hinblick auf fünf Kugeln fest: Wenn das Paar ($K\,1$, $K\,2$) das Paar ($K\,3$, $K\,4$) trennt, und wenn das Paar ($K\,1$, $K\,4$) das Paar ($K\,2$, $K\,5$) trennt, so trennt auch das Paar ($K\,1$, $K\,4$) das Paar ($K\,3$, $K\,5$).

Diese an Hand des vorliegenden Tatbestandes gemachten Beobachtungsresultate können wir nun probeweise in Ausgangsformeln eines Kalküls verallgemeinernd wiedergeben und dann zusehen, ob wir, in dem Kalkül operierend, immer zu Formeln gelangen, die, gedeutet, zu zutreffenden Aussagen über die Anordnung unserer Kugeln führen. Diesen Kalkül haben wir jetzt, mit entsprechender Deutungsvorschrift ausgestattet, aufzustellen:

Die Kugeln denken wir uns zu diesem Behufe durch kleine lateinische Buchstaben charakterisiert, die als Variablenzeichen in unseren Kalkül eingehen werden. Die Beziehung der Trennung zwischen vier Kugeln drücken wir dadurch aus, daß wir schreiben: $u, v \top w, x$.

Bei Zugrundelegung des Logikkalküls, wie wir ihn seinerzeit zum Zwecke der kalkülmäßigen Charakterisierung der Definitionen entwickelt hatten, gelangen wir dann zu folgenden fünf Ausgangsformeln[1]), die den angegebenen fünf Beobachtungsresultaten entsprechen, wobei wir die „Unverträglichkeitsbeziehung" durch / und die „Entweder-Oder Beziehung" durch $\overline{\vee}$ darstellen und ferner u, v, w, x, y als nur voneinander verschiedener Werte fähig betrachten, was man leicht durch Einfügung von Formeln in die angegebenen auch rein kalkülmäßig ausdrücken könnte, was wir aber unterlassen haben, da die Formeln dann sehr lang werden.

1. $(u, v, w, x)\colon u\,v \top w\,x \cdot \equiv \cdot w\,x \top u\,v$.
2. $(u, v, w, x)\colon u\,v \top w\,x \cdot \equiv \cdot u\,v \top x\,w$.
3. $(u, v, w, x)\colon \{u\,v \top w\,x\}/\{u\,w \top v\,x\}$.
4. $(u, v, w, x)\colon u\,v \top w\,x \cdot \overline{\vee} \cdot u\,w \top v\,x \cdot \overline{\vee} \cdot u\,x \top v\,w$.
5. $(u, v, w, x, y)\colon u\,v \top w\,x \cdot u\,x \top v\,y \cdot \supset \cdot u\,x \top w\,y$.

Mit diesem Kalkül hat man nun gemäß den Operationsvorschriften des Logikkalküls zu operieren. Man wird dann feststellen

---

[1]) Vgl. Vailati, Revue de Mathématiques, Bd. V, S. 76, 183.

können¹), daß man dabei zu Formeln gelangt, die, wenn man sie deutet, zu Aussagen über die Kugeln führen, welche, wie Beobachtungen zeigen, zutreffen. Man könnte übrigens noch als eine letzte Formel eine Formel hinzufügen, durch die die Anzahl der Kugeln näher fixiert wird. Hervorgehoben zu werden verdient ferner, daß durch die Deutungsvorschrift unseres Kalküls die Relation T, welche gegebenenfalls zwischen vier Gebilden des Kalküls gilt, gekoppelt wird mit der gegebenenfalls zwischen vier Kugeln festzustellenden Beziehung der Trennung, welche ihrerseits nur abkürzender Name ist für einen bestimmten physikalischen Tatbestand einer ausgezeichneten Lagerung von Kugeln.

§ 56. Abschließend wollen wir nun noch ermitteln, welche besonderen Voraussetzungen innerhalb einer zu erforschenden Objektsphäre realisiert sein müssen, damit wir sie mit Hilfe eines geeigneten Kalküls messend erfassen können. Folgender Tatbestand muß vorliegen: Man muß zunächst ermitteln können, in welchen Fällen zwei Objekte der fraglichen Klasse als gleich gelten sollen, und in welchen Fällen ein Objekt der Klasse als größer zu betrachten ist, als ein anderes.

Da wir nun verlangen, um von einer Gleichheit reden zu können, die zwischen Gebilden besteht, daß, wenn $a = b$ ist, auch $b = a$ ist, und daß, wenn $a = b$ und $b = c$ ist, auch $a = c$ ist, d. h. verlangen, daß eine Beziehung nur dann als eine Gleichheitsbeziehung gilt, wenn sie sowohl symmetrisch als auch transitiv ist, so muß zunächst durch Beobachtung innerhalb des fraglichen Objektbereiches eine derartige transitive und symmetrische Beziehung aufweisbar sein.²)

Da wir weiter von einem Objekt erst dann zu sagen pflegen, es sei größer als ein anderes, wenn einmal das zweitgenannte seinerseits nicht größer ist als das erste und wenn außerdem bei drei verschiedenen Objekten ein Objekt a auch größer ist als ein Objekt c, wenn wir wissen, daß a größer als b und b größer als c ist, so muß ferner in dem Objektbereich eine Beziehung aufweisbar sein, die die genannten Eigenschaften besitzt. Derartige Beziehungen

---

¹) Ob es sich hierbei um einen sogenannten unvollständigen Induktionsschluß handelt oder ob hierbei, wie der Verf. annimmt, eine lebenspraktische Stellungnahme zu dem mit der genannten Deutungsvorschrift behafteten Kalkül zum Ausdruck gelangt, bleibe dahingestellt.

²) Vgl. zu diesem Paragraphen R. Carnap, Physikalische Begriffsbildung, 1926, S. 20ff.

nennt man im Hinblick auf die erste Eigenschaft asymmetrische, im Hinblick auf die zweite transitive. Um also Gegenstände eines Bereiches nach ihrer Größe ordnen zu können, muß außer einer transitiven und symmetrischen Beziehung auch noch eine transitive und asymmetrische Beziehung zwischen ihnen aufweisbar sein.

Objekten, zwischen denen die transitive und symmetrische Relation besteht, wird man dieselben Zahlen beim Messen zuordnen. Denjenigen Objekten aber, zwischen denen die transitive und asymmetrische Beziehung besteht, werden verschiedene Zahlen beim Messen zuzuordnen sein. Und zwar wird man derjenigen Größe, die zu einer anderen in der transitiven und asymmetrischen Relation steht, ein für allemal eine größere Zahl zuordnen wie der letztgenannten bzw. ein für allemal das umgekehrte Verfahren einschlagen.

Diese Feststellungen in Verbindung mit den getroffenen Festsetzungen genügen aber noch nicht, gesetzt den Fall, man kann sie hinsichtlich eines Bereiches von zu messenden Objekten machen, um die Messung durchzuführen. Dazu bedarf es vielmehr noch drei weiterer Festsetzungen, die gewisse Tatbestände mit gewissen Kalkülformeln koppeln.

Man muß erstens festsetzen, in welchem Falle man von zwei geordneten Paaren aus dem Bereich der zu messenden Objekte sagen will, zwischen dem ersten und dem zweiten Objekt des ersten Paares besteht dieselbe Größendifferenz wie zwischen dem ersten und dem zweiten Objekt des zweiten Paares. Diese Festsetzung pflegt man die Festsetzung über die Skalenform zu nennen. Ihre Wahl ist für die sogenannte deskriptive Einfachheit der Theorie, die man von den fraglichen Objekten gewinnen will, wesentlich, da ihre Änderung an Stelle dieser ursprünglichen Maßzahl eine (eindeutige) monotone Funktion derselben setzt.

Man hat zweitens zu vereinbaren, in welchem Falle einem Objekt aus dem fraglichen Bereiche die Zahl Null zuzuordnen ist. Diese Festsetzung nennt man die Festsetzung über den Nullpunkt der Skala. Bei ihrer Änderung bewirkt man lediglich ein Verschieben der gewählten Skala um eine Konstante.

Schließlich hat man noch drittens über eine Einheit zu verfügen, d. h. zu vereinbaren, wann man einem Objekt aus dem fraglichen Bereiche die Zahl 1 zuordnen soll. Eine Änderung dieser Festsetzung zieht hinsichtlich der den Objekten zuzuordnenden

Maßzahlen eine Änderung nach sich, die man sich als durch Multiplikation mit einem konstanten Faktor aus den ursprünglichen hergestellt denken kann.

Erst wenn man die beschriebenen Feststellungen gemacht und die angegebenen Festsetzungen getroffen hat, ist man in der Lage, die Objekte des fraglichen Bereiches derart im Rahmen eines ihnen zuzuordnenden Kalküls mit Zahlen zu behaften, daß man im Hinblick auf sie von einem Messen derselben sprechen kann, in dem Sinne des Wortes, in dem es in den exakten Wissenschaften verwandt wird. Für unsere Zwecke entnehmen wir daraus, was nämlich die Definitionen im Sinne von Zuordnungen zwischen Zeichen und Objekten betrifft, die Unentbehrlichkeit derartiger Zuordnungen insbesondere im Hinblick auf eine messende Erfassung von Objekten gleich welcher Art. Insbesondere darf die Tatsache, daß in vielen Fällen derartige Vereinbarungen den Anschein der Selbstverständlichkeit erwecken, nicht darüber hinweg täuschen, daß diese Vereinbarungen in logischer Hinsicht willkürliche Operationen sind. Und zwar willkürliche Operationen, die, obwohl sie meist weniger beachtet werden, dann zu außerordentlicher Wichtigkeit gelangen, wenn man sich anschickt, eine vorliegende Theorie auf ihren prägnantesten Ausdruck zu bringen, um sie als Ganzes auf ihre Wahrheit zu prüfen.

§ 57. Unsere Überlegungen zeigten, daß die Willkür an zwei wesentlichen Stellen gleichsam ihren Einzug in die wissenschaftlichen Theorien hält. Einmal nämlich treten willkürliche Vereinbarungen in Gestalt von Substitutionsvorschriften über Zeichen auf, die gewissen Forderungen genügen. Dabei handelt es sich, wie wir fanden, um die Definitionen in dem Sinne des Wortes, in welchem es schon Pascal verwandt hat und nach ihm die Mehrzahl der Mathematiker verwenden. Zum anderen aber begegnen wir willkürlichen Operationen in Form der Deutungsvorschriften, deren jeder Kalkül bedarf, der uns instand setzen soll, gewisse wirkliche Gebilde hinsichtlich ihres Verhaltens zu erfassen, soweit das überhaupt möglich ist. Eine derartige Deutungsvorschrift besteht nämlich, wie wir ermittelten, aus einer an sich in logischer Hinsicht willkürlichen Angabe, mit welchen der zwischen den zu erforschenden Objekten empirisch aufweisbaren Beziehungen man zunächst die sogenannten Kalkülbeziehungen zu koppeln hat und mit welchen Objekten sodann diejenigen Gebilde des Kalküls zu verketten sind, zwischen denen die genannten Beziehungen obwalten. Diese Deutungsvorschrift[1]) eines Kalküls, die an sich willkürlich ist, ist aber naturgemäß für den Wert des Kalküls von außerordentlicher Wichtigkeit, da ja der Kalkül im Hinblick auf die Leistung, die wir von ihm erwarten, nämlich uns die Berechnung der zu erforschenden Objekte zu ermöglichen, völlig von ihr abhängt und auch lediglich als gedeuteter Kalkül auf seine Wahrheit zu prüfen ist.

Wir haben damit die wichtigsten Formen, in denen innerhalb der Wissenschaft die sogenannten Definitionen auftreten in den Hauptzügen erschöpfend behandelt und können uns nunmehr den anderweitig in diesem Zusammenhange auftretenden Problemen bzw. Pseudoproblemen zuwenden, um jene zu lösen und diese als solche zu entlarven.

Zweites Kapitel
Die Begriffsbestimmung

§ 58. Unter einer sogenannten Begriffsbestimmung versteht man entweder eine Konstruktion eines neuen Begriffes aus bereits bekannten Bestandteilen oder eine Zergliederung eines bereits bekannten Begriffes in seine etwaigen Bestandteile. Die Begriffsbestimmungen der ersten Art nennt man wohl auch synthetische, die der zweiten analytische. Bevor wir uns aber den hier vorliegenden Problemen zuwenden können — zumeist wird es sich dabei um die Entlarvung von angeblichen Problemen als bloßen Scheinproblemen handeln —, müssen wir zu klären suchen, was überhaupt ein Begriff ist.

Drei Auffassungen über die „Natur" der Begriffe, von vielen anderen zu schweigen, sind für uns von Interesse. Sie sind aber, um das vorweg zu bemerken, nicht immer in voller Reinheit vertreten worden, sondern werden häufig von seiten einzelner Autoren miteinander vermengt. Wir wollen sie die empiristische (die psychologistische), die idealistische (die Platon-Bolzanosche) und die formalistische (die nominalistische) nennen.

Der empiristischen Auffassung zufolge stellt sich ein Begriff oder, wie man gelegentlich auch sagt, eine Allgemeinvorstellung

---
[1]) Die genannten Deutungsvorschriften bilden, nebenbei bemerkt, den geklärten Sinn dessen, was man gelegentlich als „Definitionen durch Hinweise" angesprochen hat. Vgl. F. Enriques, Probleme d. Wissenschaft, Deutsche Ausgabe von K. Grelling, 1910, Bd. I, S. 171 ff.

oder eine abstrakte dar als eine Vorstellung besonderer Art, die zunächst negativ dadurch charakterisiert wird, daß man sie als eine von jeder Anschauung verschiedene Vorstellung hinstellt. Dabei werden die Anschauungen zumeist als Wahrnehmungen bzw. als die Gedächtnisbilder von solchen bzw. als die Gedächtnisbilder von ehemals wahrgenommenen Objekten betrachtet. Von diesem Standpunkte aus versucht man fernerhin das Zustandekommen eines Begriffes zu schildern, um dadurch den Begriff als solchen näher charakterisieren zu können, nämlich als ein psychisches Gebilde, das auf die und die Weise aus der Bearbeitung von Anschauungen entsteht.

Die sozusagen landläufige Theorie der Begriffsentstehung bei Zugrundelegung dieses Standpunktes ist die sogenannte Abstraktionstheorie. Ihr zufolge soll es primär zur Bildung von Begriffen kommen, wenn wir Abstraktionsprozesse vollziehen, d. h. an verschiedenen Objekten etwas ihnen gleichermaßen Eigentümliches herausheben bzw. an demselben Objekte zu verschiedenen Zeiten unter Absehung von denjenigen Beschaffenheiten, die ihnen nicht gemeinsam seien. So sei etwa der als Zahl „drei" gekennzeichnete Begriff nichts anderes als die Vorstellung, die resultiere, wenn man sich die allen Tripeln von Objekten gleichermaßen zukommenden Beschaffenheiten vereinigt denke. Es ist aber hervorzuheben, daß eine empiristische Auffassung von der Natur der Begriffe nicht notwendig an die skizzierte Abstraktionstheorie gebunden ist, welche übrigens erweislich nicht zutrifft.

Gemäß der zweiten, der idealistischen Auffassung, die auf Platon zurückgeht, und von Bolzano und neuerdings z. B. von H. Lotze (wenn auch mehr gelegentlich) und von E. Husserl vertreten worden ist, bilden die Begriffe keineswegs irgendwelche psychischen Gebilde besonderer Art. Sie sind vielmehr überhaupt nicht als wahrnehmbare Objekte anzusprechen. Sie sind kurz gesagt zwar existierende Gebilde, aber sie besitzen keine wirkliche Existenz, sondern lediglich, wie man gesagt hat, eine ideale. Im Sinne dieser Auffassung hat man z. B. den Begriff „Wahrheit" als eine Geltungseinheit im unzeitlichen Reiche der Ideen angesprochen, oder in etwas anderer Wendung, als eine Idee, deren Einzelfall im evidenten Urteil aktuelles Erlebnis ist. In ähnlicher Weise hat man sich nun auch die anderen Begriffe als unzeitliche Gebilde gewisser Art zu denken. Bolzano, der diese Auffassung mit außerordentlicher Schärfe verfochten hat, unterschied dementsprechend an Vorstellungen zwei Klassen: Die Vorstellungen an sich oder die „objektiven Vorstellungen", wie er sie nannte, und die Vorstellungen im Sinne psychischer Gebilde, die von ihm sogenannten „subjektiven" oder „gedachten Vorstellungen". Diese Gebilde charakterisiert er u. a. folgendermaßen[1]):

Eine subjektive oder gedachte Vorstellung sei eine Erscheinung in unserem Gemüte, deren besondere Arten wir mit Sehen, Hören usw. bezeichnen, sofern es nur keine Urteile sind. Jede derartige subjektive Vorstellung setze ein lebendiges Wesen als das Subjekt voraus, in welchem sie vorgehe. Im Unterschiede nun zu diesen subjektiven Vorstellungen, die ihm also, um das nochmals hervorzuheben, als etwas Wirkliches, in der Zeit Seiendes, Wirkungen Habendes gelten, behauptet Bolzano, daß es zu jeder derartigen Vorstellung eine objektive oder Vorstellung an sich gebe, die ein nicht in der Wirklichkeit zu suchendes Etwas sei, das den nächsten und unmittelbaren Stoff der subjektiven Vorstellung ausmache und nicht wie diese eines Subjektes bedürfe, von dem sie vorgestellt werde. Des weiteren charakterisiert er die objektive Vorstellung als ein Etwas, das zwar nicht ein Seiendes sei, aber doch als ein gewisses Etwas existiere, auch wenn kein einziges denkendes Wesen sie auffassen sollte. Sie wird dadurch, daß mehrere Wesen sie denken, nicht vervielfacht, wie eine ihr zugehörige subjektive Vorstellung, die dann mehrfach vorhanden ist. Er warnt schließlich noch davor, sie mit dem Gegenstande oder den Gegenständen zu verwechseln, auf den oder auf die sie sich gegebenenfalls bezieht, noch mit dem Zeichen, daß man ihr gegebenenfalls zuordnet.

Innerhalb der Klasse dieser objektiven Vorstellungen unterscheidet dann Bolzano Anschauungen und Begriffe in der Weise, wie wir das bei der Behandlung der Aristotelischen Definitionslehre ausgeführt haben. Dieselbe Einteilung überträgt er auf die subjektiven Vorstellungen, indem er eine subjektive Vorstellung eine Anschauung bzw. einen Begriff nennt, je nach dem die mit ihr gekoppelte Vorstellung an sich eine Anschauung an sich bzw. ein Begriff an sich ist.

Wir kommen zur dritten und letzten Auffassung von dem, was ein Begriff ist, zu der von uns sogenannten formalistischen, die wir vertreten. Darnach sind Begriffe im Sinne der Logik

---

[1]) Vgl. Bolzano, Wissenschaftslehre, Neudruck, 1929ff., Bd. I, § 48ff.

lediglich Zeichen besonderer Art. Und zwar Zeichen in Gestalt von Aussage- oder, wie man sie auch genannt hat, Satzfunktionen einer Variablen. Unter einer derartigen Aussagefunktion — wir kamen auf diese Dinge schon bei Gelegenheit der Peanoschen Unterscheidung von eigentlichen und scheinbaren Variablen zu sprechen — versteht man, um es zunächst anschaulich zu sagen, eine Gießform für Aussagen[1]), d. h. ein Gebilde, welches nach bestimmten Anweisungen behandelt, und zwar ausgefüllt, eine Aussage liefert. Genauer: Eine Aussagefunktion einer Variablen resultiert, wenn man sich innerhalb einer Aussage ein Zeichen durch eine Variable im früher angegebenen Sinne des Wortes ersetzt denkt. Und zwar derart ersetzt denkt, daß man als Variabilitätsbereich (als Wertbereich) für die betreffende Variable die Klasse aller derjenigen Zeichen wählt, von denen jedes, anstelle der Variablen in den betreffenden Aussagetorso gesetzt, eine Aussage liefert.

So erhalten wir z. B. aus der Aussage: ,,Siebzehn ist eine Zahl, die genau zwei Teiler hat", wenn wir ,,Siebzehn" durch eine Variable ersetzen, den Ausdruck: ,,x ist eine Zahl, die genau zwei Teiler hat", wobei wir für die Variable x auch ein nichts umschließendes Klammerpaar, eine sogenannte Leerstelle, setzen könnten. Wählen wir hierbei als Wertbereich der Variablen die Klasse der natürlichen Zahlen, so repräsentiert diese Aussagefunktion den Begriff ,,Primzahl", wohl zu unterscheiden von den unter ihn fallenden Objekten, den Primzahlen, die man üblicherweise nur durch eine Gebrauchsdefinition definiert und die gemäß der Hierarchie der Typen von niederem Typus als der Begriff ,,Primzahl" sind.

Man sagt nun von einem Zeichen, das an Stelle einer Variablen einer Aussagefunktion (von einer Variablen) gesetzt, eine wahre Aussage hervorbringt, es befriedigt die Satzfunktion bzw. es fällt unter den Begriff, den die betreffende Satzfunktion der formalistischen Auffassung zufolge ausmacht; anderenfalls es befriedigt die betreffende Aussagefunktion nicht bzw. es fällt nicht unter den betreffenden Begriff. Man pflegt des weiteren die Klasse derjenigen Bestandteile, aus denen eine Aussagefunktion im Rahmen eines als bekannt geltenden Systems von Grundvoraussetzungen einer Theorie gebildet ist, ihren Inhalt zu nennen. Entsprechend bezeichnet man die Klasse der eine Aussagefunktion befriedigenden Gebilde als ihren Umfang oder ihre Extension oder ihren Wertverlauf.

---

[1]) Dieser treffende Ausdruck stammt von L. Couturat.

§ 59. Diese in der Hauptsache auf G. Frege zurückgehenden Bemerkungen bedürfen aber noch einer nicht unwichtigen Ergänzung. Wir haben nämlich bei obiger Erläuterung mit dem Terminus Aussage operiert, ohne denselben näher zu fixieren und ohne Kriterien anzugeben, die uns instand setzen, sinnlose Sätze, d. h. Sätze von der Art: „Der Bruch $^3/_4$ ist keine Primzahl", von wahren bzw. falschen Sätzen, den sogenannten sinnvollen Sätzen oder Aussagen, zu unterscheiden.

Diese Ungenauigkeit haben wir jetzt auszumerzen. Das gesuchte Kriterium für Aussagen ist im Rahmen eines als bekannt vorauszusetzenden Systems von Voraussetzungen auf folgende Weise zu gewinnen: Wir denken uns das betreffende System formalisiert und zwar in der Weise, wir wir das ausführlich behandelt haben. Dann liegt das betreffende System in Gestalt von Formeln (es brauchen keine ableitbaren zu sein) des Logikkalküls vor, und das gesuchte Kriterium für eine Aussage wird identisch mit dem seinerzeit angegebenen Kriterium für diejenigen Gebilde, die im Sinne des Logikkalküls Formeln sind. Der Wertbereich einer Variablen innerhalb einer Formel ist dabei dann identisch mit der Klasse derjenigen Zeichen, die anstelle der Variablen innerhalb dieser Formel gesetzt wieder eine Formel entstehen lassen.

Betrachtet man nun einen Kalkül, der mit einer Deutungsvorschrift im früheren Sinne des Wortes ausgestattet ist, so wird das Analogon einer Aussagefunktion einer Variablen zunächst auftreten in Gestalt einer mit den Mitteln einer natürlichen Sprache vorgenommenen sprach-schriftlichen Fixierung eines Behauptungstorsos. Man kann die Aussagefunktion aber auch direkt interpretieren als einen bestimmten Sachverhalt charakterisierend, nämlich eben den, der gegebenenfalls vermittels des betreffenden Kalküls auf Grund der Deutungsvorschrift gerade von der betreffenden Aussagefunktion erfaßt wird.

§ 60. Ein Zusammenhang dieser Auffassung mit den beiden anderen, der empiristischen wie der idealistischen, ist übrigens vorhanden. Man gewinnt ihn auf folgende Weise: Wenn man die Erläuterungen, die Bolzano für das, was er unter einer Vorstellung an sich verstanden wissen wollte, ihres mystischen Charakters entkleidet, dann ist festzustellen, daß eine Aussagefunktion einer Variablen im obigen Sinne gerade diejenigen Beschaffenheiten besitzt, die Bolzano seinen Vorstellungen an sich zuschrieb. Denkt man sich aber anderseits das Forschungsobjekt der Psychologie durch eine formalisierte Theorie kalkülmäßig erfaßt, dann würden sich als kalkülmäßige Analoga dessen, was man dort üblicherweise Vorstellungen nennt, Aussagefunktionen einer Variablen ergeben, wenngleich die Umkehrung dieser Behauptung nicht zutrifft. Dabei wollen wir aber ausdrücklich hervorheben, daß allem Anschein nach den Ergebnissen der landläufigen Psychologie größtenteils keine lange Lebensdauer mehr beschieden sein dürfte und daß ihre Forschungsverfahren, deren Resultate zuweilen nur in Form einer gleichsam leerlaufenden Terminologie vorliegen, zugunsten völlig anders orientierter Untersuchungen aufzugeben sind. Die sogenannten Bewußtseinsvorgänge (psychischen Vorgänge oder psychischen Gebilde), wie man sie genannt hat — das Untersuchungsobjekt der üblichen Psychologie — scheinen nämlich insoweit chimärenhaften Charakters zu sein, als sie nicht lediglich Beschreibungen beobachtbarer Verhaltensweisen darstellen. Damit soll natürlich nicht der derzeitige Stand der unter dem Namen des Behaviorismus zusammengefaßten Untersuchungen als ein definitiver hingestellt werden. Nur hat es den Anschein, als ob es dem Behaviorismus bereits bei einer Reihe wichtiger Probleme geglückt ist, zu Resultaten zu gelangen, die einen Vergleich mit denjenigen der sogenannten exakten Naturwissenschaften aushalten.

§ 61. Eine Begriffskonstruktion sollte darin bestehen, daß man aus Gebilden, über die man bereits verfügt, einen neuen Begriff gleichsam zusammensetzt. Es fragt sich, nach welchen Methoden man dabei vorgeht und, ohne zu Irrtümern zu gelangen, vorgehen kann. Denn ebenso wie die Logik die in den sogenannten Einzelwissenschaften in concreto benützten Methoden des bündigen Begründens schließender Natur in Gestalt des Logikkalküls abschließend zu erfassen sucht, hat sie die Methoden der sogenannten Begriffskonstruktion als solche auf ihren geklärtesten Ausdruck zu bringen. Diese Methoden sind aber — das zeigten unsere früheren Betrachtungen kalkülmäßiger Art — keine anderen als die speziell auf die Aussagefunktionen einer Variablen angewendeten allgemeinen Verfahren, neue Formeln bzw. „Stücke" von solchen, vermittels einwandfreier Substitutionsvorschriften über Zeichen in Gestalt von Definitionen einzuführen. Und zwar sind diese Methoden in allen Einzelheiten, soweit sie einwandfrei sind, genau dieselben, wie wir sie S. 77 ff. behandelt haben. Dabei machen wir hier, wie wir es auch später tun werden, davon Gebrauch, daß wir im Hinblick auf die Definitionslehre von den kalkülmäßigen Analoga der Begriffskonstruktionen wie auch der Begriffszergliederungen der konventionellen Logik alle wichtigen Erkenntnisse bei unseren kalkülmäßigen Betrachtungen bereits erbracht haben und daß nun diese Ergebnisse teilweise nur noch einmal gleichsam in der Sprache der konventionellen Logik auszusprechen sind.

Erstaunlich bleibt nur die Tatsache, daß man innerhalb der konventionellen Logik niemals das Bedürfnis gefühlt hat, diese Methoden der Begriffskonstruktion analog denen des bündigen Schließens im einzelnen zu erfassen. Das lag vielleicht daran, daß man in der Regel von der irrigen Ansicht ausging, ein neu konstruierter Begriff setze sich lediglich aus schon bekannten Begriffen in Gestalt von durch „und" verbundenen Merkmalen zusammen. Und zwar dergestalt, daß immer die solchermaßen zu einem Begriffe zusammengefügten Merkmale auch Merkmale der etwa unter den Begriff fallenden Gegenstände seien, eine Ansicht, die zu dem Kanon führte: Nota notae est nota rei ipsius.

Daß diese Auffassung aber fehl geht, zeigen bereits ganz einfache Beispiele. Nehmen wir das schon oft behandelte: „x ist eine Zahl, die genau zwei Teiler hat." Bei der sog. Konstruktion dieses Begriffes, man nennt ihn den Begriff „Primzahl", entnimmt man aus Gebilden, die in den Grundvoraussetzungen der elementaren Arithmetik enthalten sind, einige und verbindet sie vermittels der aus der Logik bekannten Knüpfoperationen zu der genannten Aussagefunktion einer Variablen. Dabei benötigt man aber gewisse Knüpfoperationen, die als solche natürlich keine Merkmale sind und die in der konventionellen Logik erstaunlicherweise gänzlich übersehen wurden.

§ 62. Diese Nichtberücksichtigung der, wie wir sie kurz nennen wollen, Knüpfoperationen, die bei der Bildung eines Begriffes benützt werden müssen, ist für die Kantische Fassung dessen, was ein analytisches Urteil ist, besonders nachteilig gewesen. Ein derartiges Urteil ist nämlich nach Kant ein solches, dessen Prädikat bereits entweder Bestandteil des Inhaltes des Subjektsbegriffes ist oder mit einem solchen in der Relation des logischen Ausschlusses steht. Im ersten Fall ist es nach Kant ein wahres, im zweiten ein falsches. Einfache Beispiele scheinen das zu bestätigen. Wenn man etwa den Begriff „einer sowohl durch zwei wie durch drei teilbaren Zahl" bildet — nennen wir diesen Begriff kurz B, unter Weglassung der Variablen — dann ist der im Kantischen Sinne analytische Satz: „Eine Zahl, die unter B fällt, ist durch zwei teilbar" in der Tat ein wahrer. Und der negative Satz: „Eine Zahl, die unter B fällt, ist eine ungerade" ist ein falscher. Dieser Sachverhalt trifft aber keineswegs immer zu. Bilden wir das im Kantischen Sinne analytische Urteil: „Eine durch zwei oder drei teilbare Zahl ist durch zwei teilbar", so ist dieses Urteil ein falsches, obwohl das Prädikat desselben in dem Subjektsbegriff als Bestandteil enthalten ist. Ganz abgesehen also davon, daß die Kantische Einteilung der Urteile in analytische und synthetische selbst schon vom Standpunkte der konventionellen Logik aus eine merklich unzweckmäßige ist, weil sie nur die kategorischen Urteile erfaßt, ist sie auf Grund des Gesagten zugunsten anderer aufzugeben.[1]) Dabei sei aber ausdrücklich erwähnt, daß Kant bei seiner Einteilung etwas außerordentlich Wichtiges vorgeschwebt hat, wenngleich er das nicht auf Begriffe brachte, aus Gründen, die hier nicht zur Debatte stehen.

§ 63. Mit obigen Bemerkungen steht in engerem Konnex die bei der Aufstellung von Begriffskonstruktionen auftretende Frage nach dem Verhältnisse von Umfang und Inhalt eines Begriffes. Unter dem Inhalte eines Begriffes versteht man gemeinhin die Klasse derjenigen Bestandteile, aus denen man sich im Rahmen eines vorgelegten Systems von Voraussetzungen den Begriff auf Grund einer entsprechenden Konstruktion zu bilden hat. Als Umfang gilt die Menge derjenigen Gegenstände, die unter ihn fallen. Behauptet wird nun seit altersher, daß Umfang und Inhalt eines Begriffes sich quasi reziprok verhalten. Und zwar in dem Sinne, daß eine Vermehrung des Inhaltes eines Begriffes, d. h. die Hinzufügung mindestens eines weiteren Bestandteiles (dieser kann mit einem alten Bestandteil übereinstimmen) zu seinem Inhalte seinen Umfang verengert dergestalt, daß der Umfang des so aus dem alten gebildeten neuen Begriffes erstens nur Objekte enthält, gesetzt den Fall er ist kein leerer Begriff, die auch schon im Umfange des alten enthalten sind und zweitens mindestens ein Objekt aus dem Umfange des alten Begriffes nicht enthält. Daß dieser an Alter ehrwürdige Kanon — das ist aber auch der einzige Gesichtspunkt, unter dem er diesen Namen verdient — falsch ist, wußte bereits Bolzano[2]),

---

[1]) Vgl. W. Dubislav, Über die sog. analytischen und synthetischen Urteile, 1926.

[2]) Vgl. Bolzano, Wissenschaftslehre, Neudruck 1929ff., § 120. In neuerer Zeit hat Fr. Hoensbroech in einer Abhandlung, Über Beziehungen zwischen Umfang und Inhalt von Begriffen, diese Dinge unter Heranziehung der Logistik behandelt. Vgl. Erkenntnis, Bd. 1, 1930/31.

und belegte es durch Beispiele. Man bilde etwa mit Bolzano den Begriff eines „Kenners aller europäischen Sprachen" und vermehre jetzt den Inhalt dieses Begriffes durch Hinzufügung des Bestandteiles „lebend" zu dem Begriff „Kenner aller lebenden europäischen Sprachen". Man bemerkt, daß man den Inhalt des ersten Begriffes zwar erweitert hat, daß aber der Umfang des derart aus dem ersten entstehenden neuen Begriffes den Umfang des alten als Teilklasse enthält. Der alte Kanon ist also falsch.

Darüber hinaus ist es von Interesse festzustellen, ob man in der Lage ist, wichtigere Arten der Inhaltsvermehrung anzugeben und u. U. zugleich Gesetze darüber, wie sich bei derartigen Inhaltsvermehrungen der Umfang ändert. Fünf wichtigere Inhaltsveränderungen kommen hauptsächlich, wie Fr. Hoensbroech gezeigt hat, in Betracht.

I. Die sogenannte konjunktive bzw. disjunktive Anfügung. Sie besteht darin, daß man einem Begriffe eine Aussagefunktion, sei es konjunktiv oder disjunktiv, anfügt. In der Bezeichnungsweise des Logikkalküls ist das darzustellen durch einen Übergang etwa von $f\hat{x}$ zu $f\hat{x} \cdot g\hat{x}$ oder durch den Übergang von $f\hat{x}$ zu $f\hat{x} \vee g\hat{x}$.

Im ersten Falle kann der Umfang des neuen Begriffes höchstens derselbe bleiben, wird aber in der Mehrzahl der Fälle verengert werden. Es handelt sich hierbei ja auch nur um die sogenannte „Und-Verbindung", die die konventionelle Logik allein bei Inhaltsvermehrungen in Betracht zog und daraufhin dann, die in diesem Falle obwaltenden Ergebnisse voreilig verallgemeinernd, zu dem irrtümlichen Kanon gelangte.

II. Die sogenannte konjunktive bzw. disjunktive Einfügung. Anstatt eine Aussagefunktion anzufügen, kann man sie auch an einer geeigneten Stelle innerhalb einer entsprechend zusammengesetzten derartigen Funktion einfügen. Ein formelmäßiger Ausdruck dafür ist z. B. der Übergang von $\sim f\hat{x}$ zu $\sim \{f\hat{x} \cdot g\hat{x}\}$ bzw. von $\sim f\hat{x}$ zu $\sim \{f\hat{x} \vee g\hat{x}\}$.

III. Das Operieren mit der Negation, formelmäßig dargestellt z. B. durch den Übergang von $f\hat{x}$ zu $\sim f\hat{x}$.

IV. Die Substitution einer Konstanten anstelle einer Variablen. Der Übergang von $\hat{x} R \hat{y}$ zu $\hat{x} R a$ liefert ein kalkülmäßiges Beispiel für diesen Fall.

V. Der Wechsel der Begriffsvariablen. Ein kalkülmäßiges Beispiel hierfür wird durch den Übergang von $f\hat{x}$ zu $\{fa \vee g\hat{y}\}$ gegeben.

Bei den genannten Operationen können nun, wie ein Blick lehrt, alle möglichen Veränderungen hinsichtlich des Umfanges die Folge sein, und es zeigt sich mit aller Deutlichkeit, wie restlos verfehlt die übliche Fassung des alten Kanons ist. Sein Ursprung, um das noch abschließend zu bemerken, scheint auf eine wohl zuerst in der Logik von Port-Royal[1]), der sogenannten „L'art de penser", auftretende Behauptung zurückzugehen, die etwa folgendermaßen lautet: Bezeichnet man den Inbegriff derjenigen Beschaffenheiten, die jedem der unter einen Begriff fallenden Gegenstände zukommen, als den Inhalt des Begriffes, so hat eine Änderung des Begriffes, die auf eine Vermehrung des derart charakterisierten Begriffsinhaltes hinausläuft, eine Verengerung des Begriffsumfanges zur Folge, wobei aber ein Konstantbleiben des Umfanges nicht ausgeschlossen ist. Offenbar durch ein Mißverständnis ist es dann zu dem falschen Kanon gekommen, indem man unter dem Inhalte eines Begriffes etwas ganz anderes verstand, trotzdem aber ohne ausreichende Prüfung den erwähnten Satz der Logik von Port-Royal beibehielt.

§ 64. Wir wenden uns jetzt der Erörterung derjenigen Probleme zu, die sich bei der Aufstellung besonderer Begriffskonstruktionen ergeben, welche man wohl am zweckmäßigsten als ontologische Begriffskonstruktionen bezeichnet. Sie haben übrigens viele Berührungspunkte mit denjenigen Pseudodefinitionen, die von uns seinerzeit unter dem Namen sogenannter schöpferischer Definitionen erörtert worden sind.

Wenn man bei der Entwicklung einer Disziplin sein Augenmerk nicht auf die kalkülmäßige Fassung derselben richtet, sondern vielmehr auf die eine derartige Formalisierung, wie man glaubt, tragende Begriffsbildung, so gelangt man leicht zu der Überzeugung, daß man in einer als schöpferisch zu bezeichnenden Weise aus den ursprünglich gegebenen Begriffen neue zu bilden vermag, und daß weiterhin deren Konstruktion als eine eigentliche Erweiterung der betreffenden Disziplin anzusprechen ist. Und mehr als das. Gibt es nicht vielleicht auch, so hat man bei dieser Gelegenheit gefragt, Begriffskonstruktionen der Art, daß ihrem Resultate, dem neuen Begriffe, kraft unmittelbarer Einsicht Erfülltheit in

---

[1]) Obwohl bereits 1662 erschienen, ist die Logik von Port-Royal trotzdem eine der besten Darstellungen der konventionellen Logik, ja durchbricht sogar gelegentlich deren Rahmen.

dem Sinne zuerkannt werden muß, daß es Gegenstände gibt, die unter ihn fallen.

Was die erste Bemerkung betrifft, so ist festzustellen, daß ein aus schon bereits bekannten Gebilden neukonstruierter Begriff für den, der die Konstruktion erstmalig vornimmt, eine, wenn man so will, schöpferische Bereicherung seiner Kenntnisse darstellt. Aber dabei handelt es sich um ein Abgleiten in zur Sache nichts beitragende psychologisierende Überlegungen. Es geht hier nämlich nicht darum, festzustellen, ob eine derartige Begriffskonstruktion in subjektiver Hinsicht etwa als eine schöpferische Bereicherung der Kenntnisse des sie Aufstellenden bzw. als eine schöpferische Leistung desselben zu bewerten ist oder nicht. Sondern es handelt sich hier allein darum, zu ermitteln, ob überhaupt durch irgendeine einwandfreie Begriffskonstruktion hinsichtlich eines Systems von Voraussetzungen der Bereich der Gegenstände geändert werden kann, der durch dieses System gegenüber anderen abgegrenzt ist. Dazu ist auf Grund der früher erzielten Resultate über die Definitionen nur zu sagen, daß jede im Rahmen einer Disziplin einwandfrei vollzogene Begriffskonstruktion insofern in objektiver Hinsicht eine, wenn man so will, notwendigerweise unschöpferische ist, als der durch sie erzeugte Begriff in keiner Weise den durch das betreffende System konstituierten Bereich irgendwie wesentlich ändert. Denn der fragliche Begriff, nennen wir ihn $B\hat{x}$, erweist sich als durch eine bestimmte innerhalb des Systems nach den einschlägigen Regeln vollziehbare Knüpfung ersetzbar, sofern er überhaupt einwandfrei gebildet wurde.

Wenn nun aber, und damit kommen wir zur zweiten Frage, auch ein vermittels einer einwandfreien Begriffskonstruktion gebildeter Begriff $B\hat{x}$ den einschlägigen Bereich nicht wesentlich ändert, da er ja durch das Definiens der zu ihm gehörenden Definitionsgleichung ersetzbar ist, kann nicht vielleicht mittelbar durch $B\hat{x}$, wenn gegebenenfalls seine Erfülltheit von vornherein feststünde, der betreffende Bereich durch die Gegenstände erweitert gedacht werden, die unter $B\hat{x}$ fallen? Die Antwort lautet nein. Denn, wenn es derartige Begriffskonstruktionen gäbe, so würde das heißen, daß man sich manche sogenannte Existentialbeweise ersparen könnte, eben auf Grund von Begriffskonstruktionen, deren Erfülltheit angeblich kraft unmittelbarer Einsicht feststünde. Derartige chimärenhafte Begriffskonstruktionen nun — chimärenhaft, denn es gibt sie nicht — mögen im Anschluß an G. Frege als ontologische bezeichnet werden. Daß sie in der Tat, wie behauptet, keine legitimen Bildungen sind, erhellt wieder durch den immer vollziehbaren Übergang zu dem Kalkül, der als der präziseste Ausdruck der fraglichen Disziplin zu gelten hat und in welchem es eben keinerlei Operationen gibt, die den „ontologischen Konstruktionen" entsprechen.

Man kann dasselbe aber noch anders zeigen. Statt nämlich von einem aus bekannten Gebilden konstruierten Begriff $B\hat{x}$ zu behaupten, und zwar ohne nähere Begründung, daß er ein erfüllter ist, kann man auch das nachstehende äquivalente Verfahren in Gestalt einer Forderung einschlagen: Man denke sich eine Menge M von Objekten, sie mögen $x$se heißen, die die Aussagefunktion $B\hat{x} = f\hat{x} \lor g\hat{x} \ldots$ befriedigen. Man bemerkt, daß die Behauptung: „Der die fragliche Satzfunktion ausmachende Begriff ist ein erfüllter", darauf hinaus läuft, die These beweislos aufzustellen, daß das durch die obige Funktion repräsentierte Postulatsystem ein widerspruchsloses ist. Ein derartiges Verfahren aber, das jeweils zu postulieren, was man haben möchte, und dies zu legitimieren durch Berufung auf angeblich vorhandene schöpferische Fähigkeiten, ist abzulehnen.

§ 65. Die obigen Pseudokonstruktionen werden deshalb ontologische genannt, weil sie in einem gewissen Zusammenhange mit dem sogenannten ontologischen Argumente stehen. Dasselbe läuft bekanntlich darauf hinaus, daß man versucht, dadurch die Erfülltheit eines neu zu bildenden Begriffes zu sichern, daß man einfach die angebliche Beschaffenheit der Existenz im Hinblick auf die unter den Begriff fallenden Gegenstände mit in den Begriffsinhalt aufnimmt. Man bildet sich also einen Begriff von der Form: $B\hat{x} = (\hat{x}$ hat die Beschaffenheit zu existieren, etwa im Sinne von „wahrnehmbar zu sein") $\cdot f\hat{x} \ldots$. In Worten: Man bildet einen Begriff von einem x, das erstens die Beschaffenheit hat zu existieren und dann noch einige weitere, eben die, von welchen man wünscht, daß x sie hätte. Ein Anhänger der ontologischen Konstruktionen glaubt nun, durch die Vollziehbarkeit einer derartigen Konstruktion sei, wenn auch nicht immer, so doch gelegentlich, sichergestellt, daß es auch $x$se, mindestens eins, gebe, welche die verlangten Beschaffenheiten besäßen. Man sei also mit anderen Worten zweifellos in der Lage, die sogenannte Existenz der unter einen Begriff fallenden Gegenstände als ein Merkmal derselben mit in den Begriffsinhalt aufzunehmen. Und daraus könne man dann auf die Existenz der fraglichen Gegenstände schließen.

Diese Überlegung ist eine sehr alte, desgleichen aber auch eine Widerlegung, die die Fehlerhaftigkeit derselben durch ein Gegenbeispiel erbringt, ohne allerdings den Grund des Irrtums aufzudecken. Schon Anselm von Canterbury[1]) nämlich glaubte auf Grund der von ihm behaupteten Tatsache, daß jede Vernunft im Besitze eines Begriffes von einem vollkommensten Wesen sei, in Wahrheit schließen zu dürfen: Ein derartiges Wesen müsse auch existieren. Denn wäre in seinem Begriffe nicht auch die Beschaffenheit der Existenz enthalten, so könnte man sich ein vollkommeneres denken, nämlich ein solches, in dessen Begriffe neben allen anderen auch noch die Beschaffenheit zu existieren enthalten sei. Ein vollkommenstes Wesen existiere mithin, weil in seinem Begriff bereits das Merkmal der Existenz enthalten sei.

Zu dieser eigenartigen Überlegung, sie trägt den Namen eines ontologischen Gottesbeweises, bemerkte bereits der Mönch Gaunilo[2]), daß sie unmöglich schlüssig sein könne. Um das einzusehen, brauche man nur den Begriff einer vollkommensten Insel zu bilden. Aus der Vollziehbarkeit dieser Begriffskonstruktion könne man nämlich keineswegs einwandfrei schließen, daß es nun auch eine vollkommenste Insel gebe.

Mit dieser Gauniloschen Bemerkung ist die angebliche Stringenz der Anselmschen Überlegung durch Aufstellung eines Gegenbeispieles widerlegt. Über den eigentlichen Grund des Irrtums herrscht aber bis zur Gegenwart hin keine Einhelligkeit, so daß noch A. Meinong glaubt folgendes feststellen zu müssen: „Gesunder erkenntnistheoretischer oder eigentlich erkenntnispraktischer Takt, kürzer der gesunde Menschenverstand, hat das Argument jederzeit abgelehnt: daß wir aber auch heute noch so wenig geschickt sind, den Irrtum, den wir fühlen, aufzudecken, das könnte für sich allein schon klar machen, wie wenig es bisher gelungen ist, Fragen dieser Art mit wirklich adäquaten Mitteln beizukommen ..."[3])

Nach Kant ist die hier als besonders verwickelt hingestellte Auflösung der mit dem sogenannten ontologischen Gottesbeweise verbundenen Schwierigkeiten darin zu suchen, daß man unberechtigter Weise die Existenz als eine Beschaffenheit von Objekten be-

---

[1]) Im zweiten Kapitel des Proslogion.
[2]) In seinem anonym erschienenen Liber pro insipiente.
[3]) Vgl. A. Meinong, Über die Stellung d. Gegenstandstheorie im System d. Wissenschaften, 1907, S. 18.

trachtet. Diese zu einer gewissen Berühmtheit gelangte Behauptung, die unter anderem auch schon Hume vertreten hatte, wird von ihm folgendermaßen begründet. Entsprechend den Bestimmungen, auf denen die Einteilung der Urteile in analytische und synthetische beruht, gelangt man zu analytischen Urteilen, wenn man von den unter einen Begriff fallenden Gegenständen etwas prädiziert, was schon als Bestandteil im Inhalte des betreffenden Begriffes enthalten ist. Würde also zugegeben, daß Wirklichkeit, besser Wirklichsein, als Bestandteil, als „Teilbegriff", wie Kant sagt, im Inhalt eines Begriffes enthalten sein könnte, so müßte die Aussage, in welcher Wirklichsein von den unter den betreffenden Begriff fallenden Gegenständen prädiziert wird, eine analytische sein. Nun sind aber nach Kant alle Existentialaussagen synthetische. Wirklichsein könne also nicht, wie das bei jeder nach dem ontologischen Argumente erfolgenden Begründung geschieht, als Bestandteil im Inhalte eines Begriffes enthalten sein. Damit sei der Grund des Zustandekommens für einen jeden derartigen Trugschluß aufgedeckt.

Diese Kantsche Argumentation beruht ersichtlich auf der Aussage, daß Existentialurteile synthetische Urteile sind, eine Behauptung, die Kant ihrerseits nur begründen kann, wenn er ganz unabhängig von obiger Argumentation zu zeigen vermag, daß eben Wirklichsein niemals als „Teilbegriff" im Inhalte eines Begriffes enthalten sein kann, oder, was in seiner Terminologie dasselbe besagt, daß Wirklichsein keine „Bestimmung" eines Gegenstandes ist. Kann man diese Behauptung nun einwandfrei begründen, dann läßt sich natürlich die Fehlerhaftigkeit des ontologischen Beweises viel einfacher auch ohne den Umweg über die Einteilung der Urteile in analytische und synthetische aufdecken.

Daß nun Wirklichsein keine „reale Bestimmung" von Objekten ist, ergibt sich nach Kant folgendermaßen: Sage man „Ein Etwas, kurz x genannt, existiert", so setze man kein neues Prädikat zum Begriffe von x hinzu, sondern man setze „nur das Subjekt an sich selbst mit allen seinen Prädikaten, und zwar den Gegenstand in Beziehung auf meinen Begriff". „Beide müssen genau einerlei enthalten, und es kann daher zu dem Begriffe, der bloß die Möglichkeit ausdrückt, darum, daß ich dessen Gegenstand als schlechthin gegeben (durch den Ausdruck: er ist) denke, nichts weiter hinzu kommen."[1]) Die Vorstellung von hundert möglichen Talern sei

---

[1]) Vgl. Kritik d. reinen Vernunft, S. 627.

dieselbe wie die von hundert wirklichen Talern. Denn, wenn das nicht der Fall wäre, so würde, wie Kant behauptet, der Begriff von hundert Talern nicht auf hundert vor uns liegende Taler passen. Es würden dann nämlich, so glaubt Kant, genau genommen, nicht hundert Taler existieren, sondern der Gegenstand, der unter den Begriff fällt, welcher entstehen würde, wenn man den Inhalt des Begriffes von hundert Talern durch die Beschaffenheit „Wirklichsein" erweiterte. Wirklichsein könne also keinen Bestandteil für den Inhalt eines Begriffes abgeben. Jede das ontologische Argument benutzende Begründung sei mithin zu verwerfen.

Obwohl, wie gesagt, die Kantische Behauptung, daß Wirklichsein keine Beschaffenheit von Objekten ausmacht, zu einer gewissen Berühmtheit gelangt ist und gemeinhin als zutreffend betrachtet wird, müssen wir doch diese Behauptung bestreiten und infolgedessen auf andere Weise den mit dem ontologischem Argumente verbundenen Irrtum aufklären. Was zunächst die Kantische Behauptung betrifft, daß Wirklichkeit keine Beschaffenheit darstelle, so ist festzustellen, daß die Aussagefunktion: „$\hat{x}$ ist wirklich" äquivalent ist mit der aus lauter Disjunktionen bestehenden Aussagefunktion: „($\hat{x}$ ist grün) $\vee$ ($\hat{x}$ ist salzig) $\vee$ ....., wobei die Eigenschaften von Objekten die Glieder dieser aus Disjunktionen bestehenden Funktion bilden. Wirklichsein ist also zunächst eine Beschaffenheit.

Man kann ferner die Aussagefunktion „$\hat{x}$ ist wirklich" ohne weiteres in den sogenannten Inhalt zu bildender Begriffe mit aufnehmen. Daraus folgt dann aber keineswegs, daß es auch Objekte gibt, die unter einen derart gebildeten Begriff fallen. Denn der Satz gilt eben nicht, daß man Bestandteile aus dem Inhalt eines Begriffes ohne weiteres von den etwa unter den Begriff fallenden Objekten prädizieren kann, wie der Übergang zu der diesem Satze entsprechenden Formel des Logikkalküls zeigt. Wollte man aber, um dennoch das ontologische Argument zu retten, in den Inhalt eines Begriffes, sagen wir $f\hat{x}$, die Aussage mit einbeziehen: $(\exists x)fx$, in Worten: Es gibt ein x, das $f\hat{x}$ befriedigt, so zeigt die Anwendung der Hauptregel der Hierarchie der Typen, daß das nicht möglich ist. Und diese Regel drückt, angewendet auf diesen Fall, nur den Umstand aus, daß es keine Definitionsgleichung gibt, deren Definiendum $f\hat{x}$ ist und in deren Definiens $(\exists x)fx$ auftreten kann, weil die Bildung von $(\exists x)fx$ eine vorgängige Einführung von $f\hat{x}$ voraussetzt.

§ 66. Ein anderes in diesen Zusammenhang gehörendes Scheinproblem, das sich aber ebenfalls, mit unseren Mitteln in Angriff genommen, leicht als ein solches entlarven läßt, liefert die vielfach auch neuerdings behandelte Frage nach den sogenannten Undingen oder Chimären. Eine entsprechende Klärung ist insofern wichtig, als man zu Widersprüchen oder zu Sinnlosigkeiten gelangt, sobald man eine Chimäre zum Subjekt einer Aussage zu machen sucht. Analysieren wir ein Beispiel. Man bilde sich einen Begriff von einem (regulären) Körper, der von 17 gleichseitigen Dreiecken begrenzt wird und bezeichne die etwa unter diesen Begriff fallenden Gegenstände als reguläre, von 17 gleichseitigen Dreiecken begrenzte Siebzehnflächner, nennen wir sie S. Nun stelle man die beiden anscheinend einwandfreien Aussagen auf: S wird von 17 Dreiecken begrenzt. S wird nicht von 17 Dreiecken begrenzt. Die genannten Sätze scheinen einander zu widersprechen, sind aber trotzdem anscheinend beide falsch. Denn weder wird S von 17 Dreiecken begrenzt, noch nicht von 17 Dreiecken begrenzt, d. h. von irgendeiner anderen Anzahl von Dreiecken, oder einer Anzahl von anderen Polygonen. Es gibt nämlich überhaupt gar kein S im Sinne der vorausgeschickten Definition.

Auf den ersten Blick scheint hier also ein Fall vorzuliegen, in welchem Fundamentalsätze der Logik unerwarteterweise versagen. Das trifft aber, wie wir gleich sehen werden, nicht zu. Unterscheidet man nämlich — und daß diese Unterscheidung erforderlich ist, zeigt u. a. auch die Hierarchie der Typen — Begriff und Begriffsvariable und weiter die Begriffsvariable von ihren etwaigen Werten, so liegt die Auflösung der genannten Schwierigkeit nahe. Sie besteht in folgendem: Man kann sich zwar völlig einwandfrei den (überfüllten) Begriff eines regulären, von 17 gleichseitigen Dreiecken begrenzten Körpers bilden. Denn dazu bedarf es lediglich im Rahmen eines geeigneten Systems von Voraussetzungen der Bildung der (überfüllten) Satzfunktion: „($\hat{x}$ ist ein regulärer Körper)·($\hat{x}$ ist von 17 gleichseitigen Dreiecken begrenzt)." Und diese Satzfunktion kann man, wenn man will, auch durch ein Kurzzeichen ersetzen und dasselbe gegebenenfalls als Subjektswort einer Aussage verwenden (in einer Formel gebrauchen). Ganz anders steht es aber mit den diese Satzfunktion etwa befriedigenden Gegenständen, anders ausgedrückt mit den unter diesen Begriff etwa fallenden Gegenständen. Es gibt nämlich, wie in der Lehre von den regulären Körpern gezeigt wird, derartige Körper wie S nicht. Sucht man also zum Subjektswort einer Aussage ein Zeichen zu machen, das als Zeichen für einen unter die genannte Satzfunktion fallenden Gegenstand eingeführt worden ist, so gelangt man nicht zu einer Aussage, sondern nur zu einem grammatischen Satz, der lediglich aus einer sinnlosen Wortzusammenstellung besteht.

Im Logikkalkül zeigt sich dieser Umstand darin, daß es keine Definitionsgleichung gibt, deren Definiendum eine Konstante ist und deren Definiens ein Zeichen für einen bestimmten Gegenstand darstellt, der eine vorgelegte Satzfunktion befriedigt, ohne daß dabei feststeht, daß dies auch in der Tat zutrifft.[1]) Eine Chimäre stellt mithin lediglich ein Produkt einer leichtfertigen Anwendung einer Sprache dar. Sie ist nur ein Wort, das als Zeichen für einen angeblichen Gegenstand von gewissen Beschaffenheiten genommen wird, obwohl gar kein Gegenstand mit diesen Beschaffenheiten vorhanden ist, wenngleich es den fraglichen, aber leeren Begriff gibt.

§ 67. Hatte man nach traditioneller Auffassung bei einer sogenannten Begriffskonstruktion einen Begriff aus Bestandteilen zu bilden, über die man bereits verfügte, so soll nun eine Begriffszergliederung darin bestehen, einen bekannten Begriff in seine etwaigen noch unbekannten Bestandteile zu zerlegen. Man dachte dabei immer an Aufgaben wie etwa diese: Jeder mathematisch Gebildete verfügt über eine im allgemeinen präzise Vorstellung von den ,,natürliche Zahlen" genannten Gebilden. Eine Begriffszergliederung hinsichtlich des Begriffes einer ,,natürlichen Zahl" besteht nun darin, diesen Begriff auf eine Schicht tiefer liegender Fundamente zu reduzieren.

Eine Begriffszergliederung leistet also in der Hauptsache dasselbe wie eine Begriffskonstruktion. Denn dem Resultat nach zeigt eine durchgeführte Begriffszergliederung, wie man den betreffenden Begriff aus anderen Gebilden einwandfrei gegebenenfalls konstruieren kann. Nur wird meist von der Begriffszergliederung überdies noch verlangt, daß man vermittels mehr oder weniger strittiger psychologischer Erwägungen zeige, daß es auch kein anderer Begriff ist, den man auf diese Weise zergliedern kann, als eben der, dessen etwaige Bestandteile man kennen zu lernen wünscht. Für eine strengeren Forderungen entsprechende Definitionslehre ist mithin die ganze konventionelle Theorie der Begriffszergliederung noch

---

[1]) Der Ausdruck: ,,Das x, das $f\hat{x}$ befriedigt", hat im Kalkül dann und nur dann Sinn, wenn feststeht, daß $f\hat{x}$ von genau einem Gegenstand befriedigt wird.

ungleich problematischer als die der Begriffskonstruktionen. Was nun im Einzelfall an einer vorgelegten Begriffszergliederung haltbar ist, und was nicht, das zeigt sich sofort, sobald man zu der Formalisierung der Disziplin übergeht, innerhalb welcher die betreffende Zergliederung vorgenommen wird. Ist nämlich das kalkülmäßige Analogon eine Definitionsgleichung, dann ist die fragliche Begriffszergliederung eine einwandfreie, und umgekehrt, trifft das nicht zu, dann ist sie zu verwerfen.

§ 68. Wir haben schließlich noch einen Blick auf die landläufigen Definitionsregeln zu werfen. Gemäß traditioneller Auffassung ist eine eigentliche Definition immer eine Angabe der Bestandteile eines Begriffes, also kurz gesagt eine Aussage den Inhalt des zu definierenden Begriffes betreffend. Die nachstehenden Regeln sind dabei angeblich immer zu beachten, in denen übrigens die Mehrzahl der konventionellen Logiker miteinander übereinstimmen.

1. Eine Definition hat durch Angabe des nächsthöheren Gattungsbegriffes (genus proximum) wie des Artunterschiedes (differentia specifica) zu erfolgen.

2. Eine Definition muß angemessen oder adäquat sein, d. h. genau das treffen, was man zu präzisieren beabsichtigt. Sie muß sich, was das sie wiedergebende Urteil betrifft — es gilt im allgemeinen als ein analytisches — sowohl rein konvertieren wie rein kontraponieren lassen. Eine zu weite Angabe hinsichtlich des Inhaltes eines zu definierenden Begriffes liefere nämlich einen Begriff, unter den Gegenstände fallen, die nicht unter ihn zu fallen hätten. Sie sei also nicht rein konvertierbar. Entsprechendes wird hinsichtlich der reinen Kontraponierbarkeit von einer zu engen Definition behauptet.

3. Eine Definition hat abgemessen oder nicht abundant zu sein. Sie muß nur die sogenannten wesentlichen Merkmale, nicht aber auch die ableitbaren enthalten.

4. Eine Definition darf keinen Zirkel enthalten (keine Diallele, kein idem per idem).

5. Eine Definition darf keine negativen Angaben enthalten, noch auf Einteilungen oder Beschreibungen beruhen.

6. Eine Definition darf keinen Widerspruch enthalten, und zwar weder eine contradictio in terminis, noch eine contradictio in adiecto.

7. Eine Definition hat klar zu sein und unter anderem die Benutzung bildlicher Redewendungen zu vermeiden.

Von diesen Regeln, das zeigt die seinerzeit durchgeführte kalkülmäßige Behandlung der Definitionsgleichungen, ist lediglich die vierte dann in Ordnung, wenn man sie folgendermaßen interpretiert: Im Definiens einer Definition darf weder ausdrücklich noch versteckt das Definiendum enthalten sein. Obwohl, wie gesagt, diese einfache Bemerkung der Regel (4) zutrifft, so garantiert doch ihre Befolgung keineswegs, daß man es dann auch gegebenenfalls mit einer Definition zu tun hat. M. a. W. Sie ist ein zwar notwendiges, aber nicht hinreichendes Merkmal der Definitionen. Was jedoch die anderen Regeln betrifft, so verdanken sie lediglich ihre Existenz der Vermengung metaphysischer, psychologischer und logischer Erwägungen und können höchstens ein historisches Interesse beanspruchen.

Drittes Kapitel
Die Zeichenerklärung

§ 69. Als Zeichenerklärung (Worterklärung) oder als Zeichenanalyse (Wortanalyse) gilt uns die Feststellung, nicht etwa Festsetzung, der Bedeutung, die ein Wort oder allgemeiner ein Zeichen besitzt, bzw. die Feststellung der Verwendung, die es findet. Eine solche Feststellung ist als solche ersichtlich zutreffend oder unzutreffend. Und die Begründung, die mithin jeder derartigen Feststellung beizugeben ist, damit sie als eine zutreffende betrachtet werde, ist, wie auf der Hand liegt, vorzugsweise eine historisch-philologische Angelegenheit. Wenn man etwa fragt, was verstand Kant unter den Wörtern „transzendental" und „a priori" und wie grenzte er die Bedeutung, die das erste Wort ihm zufolge besitzt, gegen die Bedeutung ab, die er dem Terminus „a priori" gegeben hat, so verlangt man als Antwort zunächst eine und zwar zutreffende Feststellung über den Kantischen Sprachgebrauch bezüglich dieser beiden Termini, wie über das Kant zufolge bestehende Verhältnis der Bedeutung des ersten zu der Bedeutung des zweiten. Darüber hinaus wird man unter Umständen noch auf die Angabe von Belegstellen Wert legen. Es ist selbstverständlich, daß der Logiker in Sachen dieser Zeichenerklärungen nur Weniges zu sagen vermag. Das Wichtigste, was er dazu zu bemerken hat, kann am bequemsten in einer Forderung zusammengefaßt werden: Man verwechsele nicht Definitionen mit derartigen Zeichenerklärungen.

§ 70. Darüber hinaus ist nur noch auf folgendes hinzuweisen: Ein und dasselbe Zeichen pflegt in der Regel in vierfachem Sinne verwandt zu werden, nämlich (a) als ein von ihm selbst verschiedenes Etwas bezeichnend, das oft ein Begriff ist, (b) als einen bestimmten unter den betreffenden Begriff fallenden Gegenstand bezeichnend, (c) als eine Variable bezeichnend, deren Wertbereich der Umfang des erwähnten Begriffes ist, (d) in uneigentlicher Verwendung als sich selbst bezeichnend. So gebraucht man z. B. das Wort „Primzahl" im Sinne von (a), wenn man durch dasselbe die früher angegebene logische Funktion, den Primzahl genannten Begriff, bezeichnen will. Man gebraucht es im Sinne von (b), wenn man die triviale Behauptung ausspricht: Die Primzahl drei ist die kleinste ungerade derartige Zahl. Man gebraucht es im Sinne von (c), wenn man behauptet, daß drei eine Primzahl ist, und im Sinne von (d), wenn man die Feststellung macht, daß die Übersetzung des deutschen Fachausdrucks „Primzahl" ins Französische „nombre premier" lautet.

Ein Wort einer natürlichen Sprache bezeichnet meist keinen Begriff, sondern, falls es überhaupt ein vollständiges Zeichen ist, meist von Anwendung zu Anwendung verschiedene Gegenstände, die weitgehend dieselben Beschaffenheiten besitzen.

Schließlich ist noch hervorzuheben, daß man bei der Darstellung einer Wissenschaft gelegentlich der Aufstellung einer Definition (in unserem Sinne) zugleich meist eine Begriffskonstruktion zu vollziehen pflegt. Und man beansprucht in der Regel überdies, wenigstens wenn über bereits Bekanntes abgehandelt wird, daß mit der Definition eine solche Festsetzung über zu benutzenden Sprach- bzw. Zeichengebrauch vereinbart wird, die bereits bestehenden Sprach- bzw. Zeichengebrauch zutreffend wiedergibt.

Viertes Kapitel
Die Sacherklärung

§ 71. Seitdem Aristoteles von einer Definition verlangte, wenigstens soweit es sich nicht um die Definition eines Namens handelte, daß in ihr das sogenannte Wesen des zu definierenden Gebildes erfaßt werde, ist die Frage nach diesem „Wesen" nicht mehr verstummt. Vielmehr sind so gut wie alle philosophischen und auch einzelwissenschaftlichen Bemühungen durch das Suchen nach dem berühmt-berüchtigten Wesen ihrer jeweiligen Forschungsobjekte mehr oder weniger weitgehend bestimmt.[1]) Und die Antwort auf diese alte, aber immer neu gestellte Frage ist eigentlich in letzter Instanz das, was die einzelnen Positionen trennt bzw. eint.

Entweder nämlich ist man davon überzeugt, daß durch unser Erkennen auch das sogenannte Wesen der jeweils zu erforschenden Gebilde erfaßbar ist. Dann ist man wenigstens in dieser Hinsicht ein Vertreter des Naturalismus. Oder man glaubt, daß dieses Wesen, sei es gar nicht, sei es nur stückweise, erkannt werden könnte und daß hinter den irdischen Dingen, wie man sie nennt, und den zwischen ihnen etwa obwaltenden Beziehungen ein Reich läge, das „nicht von dieser Welt" sei und infolgedessen nur geahnt, aber nicht selbsttätig erkannt werden könne und dessen Beschaffenheiten uns höchstens auf dem Wege der Offenbarung mitteilbar seien. Dann ist man ein Vertreter des Supranaturalismus im weitesten Sinne dieses Wortes.

Im folgenden werden wir zeigen, daß keine stichhaltige Begründung dafür angegeben werden kann, daß der Beobachtung zugängliche Gebilde prinzipiell unerkennbar sind. Wir werden also den Nachweis erbringen, daß es eine in wissenschaftlicher Hinsicht unbegründbare, mithin haltlose These ist, im Hinblick auf die gesuchte Lösung mancher Probleme ein „ignorabimus" kühn zu behaupten, statt ein „ignoramus" schlicht festzustellen. Dabei ist es aber erforderlich, „Probleme" von „Scheinproblemen" zu unterscheiden, wobei sich ergeben wird, daß die Scheinprobleme Sinnloses fordern, nämlich die Ermittlung von Beschaffenheiten angeblicher Gebilde, die, wenn sie existieren würden, unter erweislich leere Begriffe fallen müßten.

§ 72. Wir nehmen von der Bolzanoschen Beantwortung der Frage nach dem Wesen von Objekten und seiner Charakterisierung einer entsprechenden Wesens- bzw. Sacherklärung derselben unseren Ausgang. Wie wir bei der Behandlung der aristotelischen Definitionslehre fanden, charakterisiert Bolzano das Wesen eines Gegenstandes folgendermaßen: Man habe eine wahre Behauptung

---

[1]) Wie B. Russell, Unser Wissen von der Außenwelt, Deutsche Ausgabe, 1926, S. 1, behauptet, trifft dabei für die Philosophen folgendes zu: Immer, seitdem Thales die These aufgestellt hat, alles sei Wasser, sind die Philosophen schnell fertig gewesen mit der Verbreitung schwatzhafter Behauptungen über das Wesen der Dinge, und stets, seitdem Anaximander dem Thales widersprach, haben andere in ebenso leichtfertiger Weise gegenteilige Behauptungen aufgestellt.

über einen unter einen reinen Begriff fallenden Gegenstand und zwar die nachstehende: A hat die Beschaffenheit b. Dann wird, so behauptet er, die Beschaffenheitsvorstellung b den Gegenständen, die unter den genannten reinen Begriff fallen, vermöge des bloßen Begriffes zukommen, unter dem wir sie auffassen. In diesem Falle ist b als eine wesentliche Beschaffenheit der unter den erwähnten Begriff fallenden Gegenstände anzusprechen. Das Wesen eines Gegenstandes sei nun nichts anderes als der Inbegriff der soeben gekennzeichneten wesentlichen Beschaffenheiten desselben. Und eine Wesens- oder Sacherklärung eines Objektes bestehe in der Angabe seiner wesentlichen Beschaffenheiten.

Wie kann aber Bolzano, das ist zu fragen, seine These begründen, daß die genannte Beschaffenheitsvorstellung b den fraglichen Gegenständen vermöge des bloßen Begriffes zukommt, unter dem wir sie aufzufassen pflegen? Er ist genötigt, sich zu diesem Zwecke auf seine Lehre von den Wahrheiten an sich und Vorstellungen an sich zu beziehen sowie noch einige andere Überlegungen anzustellen, die in der Hauptsache darauf hinauslaufen, zu ermitteln, daß derartige Aussagen nicht nur relativ zu einem als wahr unterstellten System von Grundvoraussetzungen gelten, sondern schlechthin. Damit wird aber sein Begründungsversuch für uns hinfällig. Denn weder ist es ihm gelungen, seine Lehre von den Wahrheiten an sich und Vorstellungen an sich zu erhärten, noch kann zugestanden werden, daß es wahre Aussagen über irgendwelche Objekte gibt, die ohne Bezug auf ein mehr oder weniger weitschichtiges System von Grundvoraussetzungen Geltung besäßen. Denn wir konnten bei Gelegenheit der Begründung der von uns sogenannten Strukturtheorie zeigen, daß man, ohne wenn auch noch so kleine Systeme von Grundvoraussetzungen ansatzartig zu unterstellen, keine einzige Aussage auch nur angeben kann.

§ 73. Wir müssen uns also nach einer anderen Lösung des sogenannten Wesensproblemes umsehen. Zu diesem Zwecke vergegenwärtigen wir uns noch einmal das Resultat unserer früheren Überlegungen hinsichtlich der möglichen Leistungen einer Wissenschaft. Wir gingen von dem bekannten Worte von H. Hertz aus, demzufolge es Aufgabe einer Wissenschaft ist, ein Bild von den zu erforschenden Objekten zu liefern, so daß die denknotwendigen Folgen der Bilder wieder Bilder sind von den naturnotwendigen Folgen (Wirkungen) der ursprünglich abgebildeten Objekte. Wir fanden dann, daß man diese Hertzsche Charakterisierung von der

Die Sacherklärung *135*

Aufgabe einer Wissenschaft dahin umzugestalten und zu verschärfen hat:

Aufgabe einer nicht bloß kalkülmäßigen Wissenschaft ist es, den zu erforschenden Gebilden einen mit einer Deutungsvorschrift behafteten Kalkül so zuzuordnen, daß man erstens mit Hilfe des Kalküls die hinsichtlich der fraglichen Objekte gesammelten Beobachtungen bzw. Beobachtungsresultate in Gestalt von Formeln fixieren kann und daß man zweitens mit Hilfe des Kalküls bei Benutzung der genannten Formeln, auf ihnen basierender kalkülmäßiger Berechnungen wie deren vermittels der erwähnten Deutungsvorschrift vollziehbarer Deutung das künftige wie das vergangene Verhalten der betreffenden Objekte im Durchschnitt anzugeben in der Lage ist.

§ 74. Dabei ist aber noch der Ausgangspunkt eines derartigen Vorgehens einer näheren Betrachtung zu unterwerfen. Ein ansatzartig aufgestellter, noch mit einer beiderseitshin zu lesenden Deutungsvorschrift behafteter Kalkül sollte uns doch zunächst in die Lage versetzen, daß wir unsere einschlägigen Beobachtungen bzw. deren Resultate formelmäßig erfassen können. Darin ist aber eingeschlossen, daß wir zunächst entweder fraglos bestimmte Erlebnisse in Gestalt von Beobachtungen hinzunehmen haben, deren unterschiedliche Charakterisierung uns unmittelbar gelingt, oder daß wir bestimmte uns unmittelbar entgegentretende Sachverhalte in Gestalt von Beobachtungsresultaten erfassen können. Vertritt man die erste Auffassung, nimmt also seinen Ausgang von dem sogenannten Gegebenen in Gestalt der eigenen Erlebnisse, dann kommt man zu dem Resultate, daß jede einschlägige wissenschaftliche Aussage, im Kalkül ist sie in Gestalt einer Formel gegeben, schließlich zurückgeht auf eine in der Regel sehr verwickelte Aussage über bestimmte Elementarerlebnisse. Dann ist man erkenntnistheoretischer Positivist.

Vertritt man aber die zweite Auffassung, so geht man aus von Beobachtungsresultaten, die einem angeblich unmittelbar zufließen und nicht nur Resultate hinsichtlich des Habens gewisser Erlebnisse sind. Man ist dann erkenntnistheoretischer Realist und überdies Behaviorist, wenn man die sogenannten Erlebnisse als bestimmte Verhaltungsweisen auf Grund entsprechender Überlegungen auffaßt.

In dem einen wie in dem anderen Falle aber nimmt man seinen Ausgang von Erfahrungen, die zunächst, wenigstens in gewisser

Hinsicht, fraglos hinzunehmen sind, und die nur nachträglich auf Grund anderweitiger derartiger Erfahrungen einer Korrektur unterworfen werden können und unter Umständen auch müssen. In dieser Hinsicht also ist jede nicht rein kalkülmäßige Wissenschaft an Erfahrungen gebunden und insofern eine empirische. Dieser grundsätzliche Empirismus einer Wirklichkeitswissenschaft wurde übrigens schon von Leibniz bei seiner Auseinandersetzung mit Clarke gelegentlich seiner Einwände gegen die Einführung einer absoluten Bewegung, an der Newton festhielt, klar hervorgehoben. Er bemerkt in dieser Sache etwa folgendes: Jede Rede von einer Bewegung des Universums ist sinnlos, die nicht einen relativen Stellenwechsel seiner Teile behauptet. Denn sonst würde eine der Beobachtung grundsätzlich unzugängliche Veränderung als vorhanden unterstellt. Wenn man dagegen aber einwürfe, die Realität einer Bewegung sei doch unabhängig von unserer Beobachtung derselben, beispielsweise könne doch ein Schiff sich vorwärtsbewegen, ohne daß man es in seinem Inneren zu bemerken brauche, so ist zu erwidern, daß zwar gegebenenfalls Bewegung vermittels hier und jetzt anzustellender Beobachtung nicht ermittelbar sei, daß sie aber prinzipiell durch Beobachtung aufgezeigt werden könne. Denn eine durch keinerlei mögliche Beobachtung feststellbar gedachte Veränderung gebe es gar nicht.[1]) M. a. W. Eine angebliche Aussage über Wirkliches, die auf keinerlei Beobachtungen oder Beobachtungsresultaten, sei es unmittelbar, sei es mittelbar beruht, ist eine Chimäre. Jede derartige Aussage basiert vielmehr in einer Hinsicht direkt oder indirekt auf Beobachtungen.

§ 75. Die erwähnten Beschaffenheiten einer nicht rein kalkülmäßigen Wissenschaft bedingen, daß man eine derartige Disziplin immer nur als Ganzes auf ihre Wahrheit prüfen kann. Man kann nämlich immer nur feststellen, ob man auf Grund bestimmter Beobachtungen oder Beobachtungsresultate, deren kalkülmäßiger Erfassung mit den Mitteln der betreffenden Disziplin, der darauf basierenden Berechnungen und der Deutung der Resultate derselben, auch zu solchen Aussagen gelangt, die, wie Beobachtung zeigt, wenigstens im Durchschnitt zutreffen. Ist das in jeder von uns im Augenblicke nachprüfbaren Hinsicht der Fall, dann wird man eine derartige Disziplin als wahr zu unterstellen haben. Und

---

[1]) Vgl. Fünftes Schreiben von Leibniz an Clarke, Abschnitt zu § 13; Leibniz, Ges. Werke, Teilausgabe der Philos. Bibl. in deutscher Übersetzung von A. Buchenau mit Anmerkungen von E. Cassirer, Bd. I, S. 188.

zwar solange, bis in ihrem Rahmen einwandfrei zu gewinnende Vorhersagen sich auf Grund einschlägiger Beobachtungen als irrtümlich erweisen. Man kann also niemals endgültig eine solche Disziplin erhärten, sondern muß immer damit rechnen, daß sie wegen einer ihrer Konsequenzen, die mit unseren Erfahrungen kollidiert, mehr oder weniger weitgehend umzugestalten bzw. gänzlich fallen zu lassen ist. Dabei sei aber noch ausdrücklich hervorgehoben, daß dieser Satz selbst gemäß der Hierarchie der Typen nicht zu den Sätzen einer der Disziplinen gehört, von denen in ihm die Rede ist.

Ferner ergibt sich aus unseren Resultaten, wie weit man überhaupt vorgelegte Objekte erfassen kann, oder korrekt formuliert, was es eigentlich heißt, ein Objekt wissenschaftlich, d. h. vermittels mitteilbarer Erkenntnisse zu erfassen. Es heißt das eben nichts anderes als in der geschilderten Weise die Gesamtheit möglicher Beobachtungen bzw. Beobachtungsresultate hinsichtlich dieses Objektes mit Hilfe eines mit einer Deutungsvorschrift behafteten Kalküls im Durchschnitt zutreffend zu berechnen. Darin ist die wichtige, bereits eingangs erwähnte Aussage mitenthalten, daß man nicht begründen kann, es gebe unerkennbare Beschaffenheiten wirklicher Gebilde. Denn eine derartige Begründung müßte u. a. zeigen, daß man eine angebbare Beschaffenheit mit keinem wie immer gearteten Kalkül zu fixieren in der Lage ist. Die Tatsache jedoch, daß man diese Beschaffenheit überhaupt kennzeichnen kann, liefert einem auch die Mittel, sie gegebenenfalls wissenschaftlich zu erfassen. Man braucht dazu nur die Aussage, in der eine solche Beschaffenheit angegeben wird, zu formalisieren und hat dann die gesuchten kalkülmäßigen Mittel an der Hand, um die Beobachtung bzw. das Beobachtungsresultat in Formeln fassen zu können, welche bzw. welches für das Vorhandensein der fraglichen Beschaffenheit charakteristisch ist. „Eine nicht angebbare Beschaffenheit" aber ist eine Chimäre, d. h. eine sinnlose Wortzusammenstellung von der Art, daß ein durch sie charakterisiertes Gebilde, wenn es vorhanden wäre, unter einen Begriff fallen müßte, der, wie man weiß, ein leerer ist. Dieser Umstand zeigt sich übrigens auch darin, daß die Formalisierung der in Anführungsstrichen stehenden Wörter zu einer Pseudoformel von der Art führt, wie sie bei den Paradoxien auftreten. Diese Scheinprobleme, die sich an die Aufstellung derartiger Chimären knüpfen, laufen also selbst im besten Falle auf den hoffnungslosen Versuch hinaus, aus Sinnlosem vermittels in Ordnung befindlicher Überlegungen Sinnvolles herauszuklauben. Sie bilden den Inhalt der Metaphysik im Sinne einer angeblichen Disziplin, in der es sich darum handelt, zu solchen Aussagen über Wirkliches zu gelangen — sie tragen den stolzen Titel von Vernunftaussagen oder Aussagen a priori und sind doch nur sinnlose Wortzusammenstellungen — die durch Erfahrungen weder zu begründen noch zu widerlegen sind.

Die auseinandergesetzte Auffassung über die Leistungen einer Wissenschaft bedarf noch einer Ergänzung. Wir hatten gefunden, daß eine wissenschaftliche Erforschung irgendwelcher Gebilde darin besteht, diesen Gebilden einen mit einer Deutungsvorschrift behafteten Kalkül zuzuordnen, so daß man unter anderem auf Grund geeigneter Beobachtungen zukünftiges und vergangenes durchschnittliches Verhalten derselben berechnen kann. Es ist aber denkbar, daß mehrere mit geeigneten Deutungsvorschriften ausgestattete Kalküle dies in allen bisher der Kontrolle zugänglich gewesenen Fällen leisten. Gibt es dann nicht gleichsam mehrere Wahrheiten über diese Gebilde?

Eine nähere Betrachtung zeigt, daß das nicht der Fall ist. Entweder nämlich sind die beiden Kalküle einander isomorph. Dann unterscheiden sie sich lediglich in der technischen Wiedergabe und differieren bei geeigneter Fassung dann auch nur so voneinander wie zwei verschiedene Wiedergaben ein und derselben eben gespielten Schachpartie. Oder aber sie sind einander nicht isomorph. Dann gibt es mindestens eine Formel, die in dem einen Kalkül gilt, in dem anderen aber nicht. Die Interpretation einer derartigen Formel würde dann jedoch zu einem bestimmten Verhalten der zu erforschenden Gebilde führen, das der anderen Disziplin zufolge nicht statt hat. Beobachtung könnte mithin, wenigstens im Prinzip, über die beiden miteinander quasi in Konkurrenz liegenden Theorien einen Entscheid herbeiführen. Daraus folgt aber nun nicht etwa, daß eine Wissenschaft nur bis auf eine isomorphe Abbildung genau ihr Objekt erfasse und daß dann dahinter etwas prinzipiell Unerforschbares liege, sondern daraus ergibt sich nur, daß es, von ökonomischen Erwägungen abgesehen, gleichgültig ist, welchen Kalkül aus einer Klasse von einander isomorphen man gegebenenfalls zwecks Erforschung irgendwelcher Objekte wählt.

§ 76. An einem Beispiele, das auch sachlich von Interesse ist, wollen wir diese Bemerkungen noch im einzelnen erhärten. Man kann die Lehre von den gewöhnlichen komplexen Zahlen, wenn man schon über die Theorie der reellen Zahlen verfügt, nach Hamil-

Die Sacherklärung

ton mit Hilfe von Paaren reeller Zahlen in bekannter Weise, wir beschränken uns auf Addition und Multiplikation, folgendermaßen begründen:

Unter einer komplexen Zahl verstehe man ein Paar reeller Zahlen (x, y). Die Addition zweier derartiger Zahlen (a, b) und (c, d) wird durch die nachstehende Definitionsgleichung festgelegt:

$$(a, b) + (c, d) = (a + c,\ b + d)\quad \text{Df.}$$

Desgleichen definiert man die Multiplikation zweier komplexer Zahlen (a, b) und (c, d) durch die Definitionsgleichung:

$$(a, b) \cdot (c, d) = (a c - b d,\ a d + b c)\quad \text{Df.}$$

Vereinbart man weiter, daß unter dem Produkt einer reellen Zahl m mit einer komplexen Zahl (x, y) die komplexe Zahl $(m x, m y)$ zu verstehen ist, so kann man jede komplexe Zahl (x, y) auf die Form bringen:

$$(x, y) = x\,(1,0) + y\,(0,1),$$

wobei

$$(1,0) \cdot (1,0) = (1,0) \quad \text{und} \quad (0,1) \cdot (0,1) = (-1,0) = -(1,0)$$

wird.

Schreibt man noch der Bequemlichkeit halber, wenngleich das nicht korrekt ist (weil nämlich zwischen den fraglichen Gebilden nicht Identität besteht, sondern sie einander nur entsprechen, innerhalb zweier zueinander isomorpher Kalküle) für $(1,0)$ kurz 1 und für $(0,1)$ kurz i, wobei dann $i^2 = -1$ ist, so hat man den Anschluß an die landläufige Darstellung der komplexen Zahlen erreicht. Denn es wird nun

$$(x, y) = x\,(1,0) + y\,(0,1) = x \cdot 1 + y \cdot i = x + y\,i.$$

Man kann aber auch auf eine ganz andere Weise zu einem einwandfreien Aufbau der Lehre von den komplexen Zahlen gelangen. Man verstehe unter einer zweireihigen quadratischen Matrix irgendeine Zusammenstellung von vier reellen Zahlen in der Gestalt: $\begin{pmatrix} w, & x \\ y, & z \end{pmatrix}$. Man definiere ferner vermittels nachstehender Definitionsgleichung die Addition derartiger Matrizen:

$$\begin{pmatrix} a, & b \\ c, & d \end{pmatrix} + \begin{pmatrix} e, & f \\ g, & h \end{pmatrix} = \begin{pmatrix} a + e, & b + f \\ c + g, & d + h \end{pmatrix}\quad \text{Df.}$$

Entsprechend führe man die Multiplikation zwischen derartigen Matrizen mit Hilfe der Definitionsgleichung ein:

$$\begin{pmatrix} a, b \\ c, d \end{pmatrix} \cdot \begin{pmatrix} e, f \\ g, h \end{pmatrix} = \begin{pmatrix} ae + bg, af + bh \\ ce + dg, cf + dh \end{pmatrix} \text{ Df.}$$

Ferner verstehe man unter dem Produkt einer reellen Zahl m mit einer Matrix $\begin{pmatrix} w, x \\ y, z \end{pmatrix}$ die Matrix $\begin{pmatrix} mw, mx \\ my, mz \end{pmatrix}$.

Man betrachte jetzt nur Matrizen von der besonderen Art: $\begin{pmatrix} x, y \\ -y, x \end{pmatrix}$. Es wird behauptet: Die soeben in aller Kürze eingeführten Operationen mit komplexen Zahlen hätten wir ebensogut durch ein Operieren mit derartigen Matrizen $\begin{pmatrix} x, y \\ -y, x \end{pmatrix}$ einführen können. Zwischen dem ersten Kalkül mit Zahlenpaaren und diesem zweiten mit zweireihigen quadratischen Matrizen spezieller Art besteht nämlich Isomorphie.

Um das zu zeigen, müssen wir erstens die Zahlenpaare aus dem ersten Kalkül mit den angegebenen Matrizen aus dem zweiten Kalkül eineindeutig koppeln. Es muß dann zweitens möglich sein, den zwischen den Zahlenpaaren bestehenden Relationen die zwischen den Matrizen bestehenden Relationen derart eineindeutig zuzuordnen, daß, wenn zwischen zwei Zahlenpaaren eine Relation besteht, zwischen den ihnen eineindeutig zugeordneten Matrizen gerade diejenige Beziehung gilt, die der genannten Relation eineindeutig in dem Kalkül mit den Matrizen entspricht. Dazu ist es also zunächst erforderlich, die zwischen Zahlenpaaren auf der einen und Matrizen auf der anderen Seite eingeführten Operationen der Addition bzw. Multiplikation, die wir der Kürze halber in beiden Kalkülen gleich benannten, als Relationen zwischen Zahlenpaaren bzw. Matrizen zu interpretieren. Das geschieht auf folgende Weise: Wir wollen sagen, die Relation „+" besteht dann und nur dann zwischen den Zahlenpaaren (a, b), (c, d) und (e, f), wenn die Gleichung $(a, b) + (c, d) = (e, f)$ gilt, was bekanntlich seinerseits dann und nur dann der Fall ist, wenn $(a + c) = e$ und $b + d = f$ ist. Entsprechend fassen wir die Operation „·" mit Zahlenpaaren als eine dreigliedrige Relation zwischen solchen auf. Die Relation „·" soll zwischen den Zahlenpaaren (a, b), (c, d) und (e, f) dann und nur dann gelten, wenn $(a, b) \cdot (c, d) = (e, f)$ ist, was dann und nur dann zutrifft, wenn die beiden Gleichungen $ac - bd = e$ und $ad + bc = f$ bestehen.

Die Sacherklärung

Analog interpretieren wir die Operationen „+" und „·" im Matrizenkalkül. Wir wollen vereinbaren, die Relation „+" gilt dann und nur dann zwischen den Matrizen

$$\begin{pmatrix} a, b \\ -b, a \end{pmatrix}, \begin{pmatrix} c, d \\ -d, c \end{pmatrix} \text{ und } \begin{pmatrix} e, f \\ -f, e \end{pmatrix},$$

wenn die Gleichung

$$\begin{pmatrix} a, b \\ -b, a \end{pmatrix} + \begin{pmatrix} c, d \\ -d, c \end{pmatrix} = \begin{pmatrix} c, f \\ -f, e \end{pmatrix}$$

besteht. Das ist seinerseits wiederum dann und nur dann der Fall, wenn die Gleichungen zwischen reellen Zahlen: $a + c = e$ und $b + d = f$ simultan bestehen. Entsprechend führen wir die Relation „·" zwischen Matrizen ein. Dann und nur dann nämlich soll diese Relation zwischen drei Matrizen

$$\begin{pmatrix} a, b \\ -b, a \end{pmatrix}, \begin{pmatrix} c, d \\ -d, c \end{pmatrix} \text{ und } \begin{pmatrix} e, f \\ -f, e \end{pmatrix}$$

bestehen, wenn nachstehende Gleichung gilt:

$$\begin{pmatrix} a, b \\ -b, a \end{pmatrix} \cdot \begin{pmatrix} c, d \\ -d, c \end{pmatrix} = \begin{pmatrix} e, f \\ -f, e \end{pmatrix}.$$

Diese Gleichung zwischen Matrizen gilt genau wie früher ihrerseits dann und nur dann, wenn nachstehende Gleichungen zwischen reellen Zahlen statthaben:

$$ac - bd = e \quad \text{und} \quad ad + bc = f.$$

Nach diesen Vorbereitungen ist die Isomorphie der beiden Kalküle leicht festzustellen. Man ordne dem Zahlenpaar (x, y) die Matrix $\begin{pmatrix} x, y \\ -y, x \end{pmatrix}$ eineindeutig zu. Ferner koppele man eineindeutig die Relation „+" zwischen Zahlenpaaren mit der gleichbenannten zwischen Matrizen und analog die Relation „·" zwischen Zahlenpaaren mit der gleichbenannten zwischen Matrizen. Gilt dann die Relation „+" zwischen den drei Zahlenpaaren (a, b), (c, d) und (e, f), d. h. besteht die Gleichung: $(a, b) + (c, d) = (e, f)$, dann gilt auch, wie eine kleine Rechnung zeigt, zwischen den den Zahlenpaaren zugeordneten Matrizen

$$\begin{pmatrix} a, b \\ -b, a \end{pmatrix}, \begin{pmatrix} c, d \\ -d, c \end{pmatrix} \text{ und } \begin{pmatrix} e, f \\ -f, e \end{pmatrix}$$

die entsprechende gleichbenannte Relation wegen des Bestehens der Gleichungen: $a + c = e$, $b + d = f$; und umgekehrt. Analog zieht das Bestehen der Relation „·" zwischen drei Zahlenpaaren die gleichbenannte Relation zwischen den diesen Zahlenpaaren zugeordneten Matrizen nach sich auf Grund der Gleichungen: $ac - bd = e$, $ad + bc = f$; und umgekehrt. Daraus ist zu schließen, daß Isomorphie zwischen unseren beiden Kalkülen in der Tat statt hat. Es ist mithin völlig gleichgültig, wenn man von bloßen Zweckmäßigkeitserwägungen absieht, welchen Kalkül man wählt. Die sogenannten gewöhnlichen komplexen Zahlen werden vom ersten wie vom zweiten Kalkül gleichermaßen erfaßt. Sie sind nämlich nichts anderes als gewisse ausgezeichnete Formeln bzw. Formelbestandteile in einem Kalküle, wobei es nicht darauf ankommt, welches besonderen Kalküls wir uns bedienen, wenn der gewählte nur demjenigen isomorph ist, mit dessen Hilfe die komplexen Zahlen ursprünglich eingeführt wurden.

Darüber hinaus führt die von uns vertretene Auffassung — man nennt sie nach D. Hilbert in ihrer Anwendung auf die Mathematik die formalistische — dazu, die endlosen Streitigkeiten über den sogenannten Gegenstand der Mathematik zu klären.[1]) Die Mathematik als eine rein kalkülmäßige Disziplin hat dann nämlich als solche gar keinen Gegenstand. Zahlen speziell sind dann Formeln bzw. Formelbestandteile im Mathematikkalkül, aber keineswegs, wie etwa noch Bolzano wollte, ideale Gegenstände, die zwar Existenz besäßen, aber nicht wirklich seien.

§ 77. Im Zusammenhange mit der Frage nach der Leistungsfähigkeit einer irgendwelche Objekte erforschenden Disziplin steht die andere, ob man es in einer Wirklichkeitswissenschaft bloß zu Beschreibungen bringen könne oder auch noch zu Erklärungen, oder ob es sich in ihr letztlich überhaupt nicht um Beschreibung und Erklärung der jeweilig zu erkennenden Gebilde handele, sondern um ein Verstehen derselben. Die sogenannten Naturwissenschaften nämlich, so hat man behauptet, sollen vorzugsweise erklärende sein, die sogenannten Geisteswissenschaften aber vorzugsweise verstehende. Man hat auch wohl, vielleicht auf Grund der erkannten Fragwürdigkeit dieser Einteilung, derzufolge die Mathematik keine Geisteswissenschaft wäre, zwischen Natur- und

---

[1]) Vgl. W. Dubislav, Über den sogenannten Gegenstand der Mathematik, Erkenntnis, 1930, Bd. I; Derselbe, Zur Wissenschaftstheorie der Geometrie, Blätter für ... Philosophie, 1930, Bd. IV.

Kulturwissenschaften unterschieden bzw. zwischen nomologischen oder Gesetzeswissenschaften (erklärenden Wissenschaften) und idiographischen oder Einmaliges in seiner unverlierbaren Einzigkeit verstehend erfassenden Disziplinen.

Was zunächst die strittige Frage betrifft, ob man innerhalb einer Wirklichkeitswissenschaft außer Beschreibungen auch noch Erklärungen geben könne, so geht eine besonders unter Naturforschern weit verbreitete Auffassung dahin, daß das nicht möglich sei. Einer der bekanntesten Wortführer derselben im letzten Viertel des vorigen Jahrhunderts, der theoretische Physiker G. R. Kirchhoff, behauptet z. B. in der viel erwähnten Vorrede zu seinen Vorlesungen über mathematische Physik[1]): Aufgabe der Mechanik ist es, die in der Natur vor sich gehenden Bewegungen zu beschreiben, und zwar vollständig und auf die einfachste Weise zu beschreiben. Nach ihm hat dann vor allem E. Mach diesen Gedanken aufgegriffen und zu zeigen versucht, daß es Erklärungen gar nicht geben könne, sondern daß allein ein gemäß dem Ökonomieprinzip erfolgendes Beschreiben des Gegebenen Aufgabe der Wissenschaft sei.

Zu dieser Auffassung ist zu sagen, daß man erst näher präzisieren muß, was man als eine Beschreibung bzw. als eine Erklärung hinstellen will, bevor sich entscheiden läßt, ob es neben den Beschreibungen auch noch Erklärungen gebe und ob bejahendenfalls in diesen die eigentliche Hauptaufgabe einer Wissenschaft zu erblicken sei. Bezeichnet man nun als eine Beschreibung eines Gebildes, eines „Dies da", die Angabe von Aussagen über dasselbe, die man sofort erfahrungsmäßig überprüfen kann, und versteht man unter seiner Erklärung den Inbegriff gegebenenfalls später durch Beobachtung zu verifizierender Aussagen über dasselbe, die man im Rahmen eines mit einer Deutungsvorschrift ausgestatteten Kalküls auf Grund von Beobachtungen oder Beobachtungsresultaten im Vorhinein berechnen kann, dann gibt es neben bloßen Beschreibungen auch Erklärungen. Das zeigten unsere früheren Resultate zu der von uns sogenannten Strukturtheorie, die wir hier nicht noch einmal begründen wollen. M. a. W. Nennt man solche Berechnungen von Gebilden, die man auf Grund vorgängiger Kenntnis gewisser anderer im Rahmen einer Disziplin gewinnen kann, Erklärungen, so gibt es nicht nur Erklärungen, sondern es ist mit eine Hauptaufgabe einer nicht bloß kalkülmäßigen Disziplin,

---

[1]) Vgl. G. R. Kirchhoff, Vorlesungen über mathem. Physik, 1876 ff.

derartige Erklärungen im Hinblick auf ihre Forschungsobjekte zu gewinnen. Beherzigenswert ist also an der E. Machschen Ansicht lediglich das sie tragende Motiv, welches, auf Begriffe gebracht, darauf hinauskommt, a limine supranaturalistische Tendenzen von jeder eigentlichen, d. h. mit Recht so zu nennenden Wissenschaft fern zu halten. Seine eigenen diesbezüglichen Lehren aber, sofern nicht bloß ein von dem unsrigen abweichender Sprachgebrauch hinsichtlich des Terminus Beschreibung bzw. Erklärung bei ihm vorliegen sollte, sind abzulehnen. Und das um so mehr, als nicht sein Ökonomieprinzip, nicht ein Prinzip der Einfachheit, sondern die negativen Beobachtungen bzw. Beobachtungsresultate im früher erörterten Sinne, d. h. kurz gesagt ein Wahrheitsprinzip, in letzter Instanz über das Schicksal wissenschaftlicher Theorien entscheidet.

§ 78. Aber ist es nicht eine Hauptaufgabe einer Wirklichkeits- oder, wie man sie auch genannt hat, Realwissenschaft[1]) neben den erwähnten Beschreibungen und geschilderten Erklärungen, die in Form der Beobachtung gleichsam vorauseilenden Berechnungen auftreten, auch noch zu einem sogenannten „Verstehen" der jeweils zu erforschenden Phänomene zu gelangen? Und ist etwa gerade innerhalb der sogenannten Geisteswissenschaften alles bloße Beschreiben und Erklären, sofern dies dort überhaupt möglich ist, gleichsam „tot"? Und liefert etwa erst ein beseelendes, wertorientiertes Verstehen „lebendige" Erkenntnisse, so wie sie in den Geisteswissenschaften gesucht werden? Dazu ist auf Grund der Strukturtheorie folgendes zu erwidern: Alle derartigen gefühlsmäßig gestellten Forderungen sind, wenn man genauer zusieht und die subtilen Hilfsmittel der logistischen Analyse zur Anwendung bringt, sinnlose, teilweise auf der sogenannten Affektprojektion beruhende Forderungen. Und zwar sinnlose Forderungen deshalb, weil man Chimären fordert, die nur von Seiten einer im Grunde romantischen Einstellung hoch bewertet zu werden pflegen. Eine Wirklichkeitswissenschaft nämlich kann gar nichts anderes liefern als Beschreibungen und Erklärungen im oben angegebenen Sinne. Wer etwas anderes von ihr verlangt, die mitteilbare Erkenntnisse liefern

---

[1]) Außer den sogenannten Realwissenschaften, die, wie gezeigt wird, eine Einheit bilden, gibt es noch zwei innig zusammenhängende Formalwissenschaften (Kalküldisziplinen), nämlich reine Logik und reine Mathematik und eine Disziplin gleichsam zweiter Ordnung, die Wissenschaftstheorie oder Wissenschaftslehre. Sie enthält u. a. die (an Umfang geringen) wissenschaftlich haltbaren Teile der Philosophie.

soll, der wendet sich gleichsam an die falsche Instanz. Eine Wissenschaft ist kein Inbegriff von Heilspredigten oder Erlösungsbotschaften oder rationalisierten Mythen oder Gedankendichtungen in Prosa, die auf Affektprojektionen und deren Pseudorationalisierung basieren. Sondern sie ist ein Inbegriff wenigstens im Prinzip erfahrungsmäßig nachprüfbarer Aussagen nebst den dazu gehörenden Beobachtungen, Experimenten und kalkülmäßigen Umformungen. Richtig ist nur, daß man, um überhaupt eine Wirklichkeitswissenschaft aufstellen und weiter entwickeln zu können, gewisser aktivistischer, auch gefühlsmäßiger Antriebe bedarf, und daß also natürlich nicht aus Wissenschaft eine Wissenschaft zustande kommt, was manche Ideologen zu vermuten scheinen.

Man hat nun aber versucht, das sogenannte „Verstehen" eines Gebildes, zu dem es eine Geisteswissenschaft bringen soll, objektiv zu charakterisieren.[1]) Man hat gesagt, daß das genannte Verstehen eines zu erforschenden Gebildes zu einem Erfassen desselben führt, das seinerseits beruhen soll auf einem nachfühlenden oder einfühlenden Erleben bei gleichzeitiger Einordnung des fraglichen Gebildes in ein Wertsystem. Demgegenüber ist hervorzuheben, daß alles darauf ankommt, wie das genannte Erfassen näher charakterisiert werden kann, und wie man wissenschaftlich einwandfrei zu dem betreffenden Wertsystem zu gelangen vermag. Ehe nämlich darauf keine präzise Antwort erteilt wird — und diese pflegen die Vertreter der Geisteswissenschaften nicht zu geben, welche für ihr Gebiet eine besondere Erkenntnis in Gestalt des genannten Verstehens propagieren — bleibt die Rede von dem Verstehen als einer sowohl von dem Beschreiben wie von dem Erklären zu unterscheidenden Aufgabe, die zu leisten den Geisteswissenschaften vorbehalten sei, eine leere. Aber mehr als das. Durch Benutzung des Wortes „Verstehen", das eine uns allen im Gebrauch geläufige, wenngleich nicht ganz leicht zu fixierende Bedeutung hat, wird noch obendrein der Anschein erweckt, als handele es sich bei einem solchen Verstehen um etwas ganz Besonderes.

Daß dem aber keineswegs so ist, zeigt bereits eine entsprechende Analyse Bolzanos, die wir jetzt mit einigen Abänderungen durchführen wollen. Man sagt, man kennt einen Gegenstand, wenn man

---

[1]) Vgl. u. a. E. Spranger, Verstehen u. Erklären, Bericht d. VIII. Int. Kongresses f. Psychologie, 1927; derselbe, Sinn d. Voraussetzungslosigkeit in d. Geisteswissenschaften, Sitzungsberichte d. Pr. Akademie d. Wissenschaften, Hist.-Phil. Klasse, 1929.

im Rahmen einer Disziplin oder innerhalb der Überlegungen des täglichen Lebens hinreichend viele wahre Aussagen über ihn fällen kann, die einen instand setzen, ihn von den anderen seinesgleichen zu unterscheiden. Unter denselben Voraussetzungen bezeichnet man einen Gegenstand als einen erkannten, wenn man sein Verhalten einigermaßen weitgehend, gegebenenfalls auf Grund von Berechnungen, anzugeben in der Lage ist. Man sagt ferner, man erkennt etwas als einen Gegenstand a bzw. erkennt es wieder als einen solchen, wenn man feststellt, daß es nichts anderes ist, als eben das, was man mit a zu bezeichnen pflegt. Ist man darüber hinaus hinsichtlich eines Gegenstandes im Rahmen einer Disziplin in der Lage, eine vergleichsweise vollständige Angabe über sein durchschnittliches Verhalten mit Hilfe einschlägiger Berechnungen zu machen, so sagt man, man begreife sein Verhalten oder sehe es ein. Und zwar verwendet man den Terminus Einsehen meist dann, wenn man die erwähnte Kenntnis über das Verhalten des betreffenden Gegenstandes mehr dem eigenen Nachdenken und Forschen zuschreiben will, während von einem Begreifen wohl auch dort die Rede ist, wo man vorwiegend durch die Kenntnisnahme der Resultate anderer dazu gelangte. Schließlich redet man von einem Verstehen sowohl im Sinne von Einsehen wie im Sinne von Begreifen. Hauptsächlich aber verwendet man diesen Terminus dann, wenn es sich darum handelt, eine erlangte oder gewünschte Einsicht im Hinblick auf die Handlungen, Absichten usw. anderer zu kennzeichnen. Man gebraucht ihn ferner auch noch im Sinne von bezeichnen, wenn man etwa bei der Aufstellung einer Definition sagt: „Unter x werde verstanden ...".

§ 79. Man entnimmt aus dieser Analyse, daß das genannte Verstehen keineswegs den Geisteswissenschaften vorbehalten ist. Darüber hinaus liegt die Vermutung nahe, daß lediglich die Unbestimmtheit des Wortes Verstehen in der Alltagssprache und in der der Wissenschaft wie seine Verkoppelung mit gefühlsmäßigen Einstellungen teilweise romantischen Charakters zu dem Versuche führen konnte, dieses Verstehen zu einem zentralen Begriffe einer Klasse von Disziplinen zu machen. Aber dieser Versuch ist nicht nur tatsächlich mißlungen, sondern er kann auch in Zukunft niemals gelingen. Denn alle Disziplinen, in denen es sich darum handelt, wirkliche Gebilde zu erforschen, sind grundsätzlich, weil dieselbe Forschungsmethode anwendend, von gleichem Charakter. Nur aus ökonomischen, forschungstechnischen Erwägungen heraus sind sie

Die Sacherklärung 147

in eine Unzahl von Disziplinen gespalten, die aber, wie die Erfahrung zeigt, gelegentlich zu einer Einheit gleichsam verwachsen, sehr zum Erstaunen derjenigen, denen die allen Disziplinen gemeinsame Forschungsmethode entgangen ist. In allen derartigen Disziplinen nämlich, möge nun ihr Objekt ein lebendiger Organismus sein oder nicht, einmalig gegeben oder in Millionen von Exemplaren vorliegend, kann es sich nur darum handeln, die zu erforschenden Gebilde im Rahmen ansatzartig unterstellter Theorien — es sind, wie wir fanden, mit Deutungsvorschriften behaftete Kalküle — zu beschreiben und zu erklären, um sie auf Grund der Erklärung unseren jeweiligen Zwecken dienstbar zu machen.

Aber nicht nur in methodologischer Hinsicht bilden die Wirklichkeitswissenschaften eine Einheit. Sie sind es auch in sachlicher Hinsicht und zwar insofern, als alle Aussagen über irgendwelche Gebilde schließlich, sofern es sich dabei überhaupt um Aussagen und nicht um sinnlose Sätze handelt, reduzierbar sein müssen auf das Gegebene, das schlicht zu Konstatierende. Das heißt mit anderen Worten: Mögen die in einer Disziplin auftretenden Begriffe auch auf den ersten Anschein hin für noch so verschiedenartig gehalten werden, sie sind schließlich zurückführbar auf die Begriffe von dem Gegebenen, d. h. auf diejenigen Zeichen, die wir im Rahmen der akzeptierten Theorie mit denjenigen Gebilden zu koppeln pflegen, welche wir wenigstens zur Zeit schlicht als solche hinnehmen müssen. Dabei sind die Methoden dieser Begriffs- oder besser Zeichenreduktionen keine anderen als diejenigen, welche wir bei der Behandlung der Definitionen, insonderheit bei der der Gebrauchsdefinitionen kennengelernt haben, woraus noch einmal die außerordentliche Wichtigkeit derselben erhellt.

Damit sind wir endlich in der Lage, zu den sogenannten Wesens- oder Sacherklärungen abschließend Stellung zu nehmen. Eine Sacherklärung eines vorgelegten Gebildes ist nichts anderes als der Inbegriff der Aussagen, den man im Rahmen der Wissenschaft über dasselbe ermitteln kann, bzw. der echte Teil des genannten Inbegriffes, aus dem man alle weiteren Aussagen einschlägiger Art nunmehr lediglich durch Berechnungen, durch logisch-mathematische Umformungen gewinnen kann. „Dinge an sich" als prinzipiell unbeobachtbare Träger dessen, was uns erscheinen soll, d. h. dessen, was wir beobachten können, sind mithin Chimären.

Zusammenfassung

Wir haben gefunden, daß in der Wissenschaft fünf Arten von Definitionen auftreten, deren Beschaffenheiten wir im einzelnen ermittelten. Definitionen treten auf:

1. im Sinne von Substitutionsvorschriften besonderer Art, durch die neue Zeichen (Marken) in den Rahmen eines Kalküles eingeführt werden. Und zwar derart eingeführt werden, daß die von dem Kalküle auf Grund einer ihm beigegebenen Deutungsvorschrift erfaßten Sachverhalte von ihm auch nach seiner Erweiterung durch Einbeziehung der betreffenden Substitutionsvorschriften unverändert erfaßt werden.

2. im Sinne von Deutungsvorschriften von Kalkülen, durch die Formeln oder Formelbestandteile aus einem Kalküle gekoppelt werden mit kraft des Kalküles zu erforschenden Sachverhalten.

3. im Sinne von Begriffskonstruktionen bzw. Begriffszergliederungen. Nach unserer Auffassung bilden diese Begriffskonstruktionen oder Begriffszergliederungen in der Hauptsache einen Sonderfall der unter (1) charakterisierten Definitionen.

4. im Sinne von Zeichenerklärungen, wie sie hauptsächlich innerhalb historischer und juristischer Untersuchungen auftreten, bei denen es sich darum handelt, einen vorliegenden Zeichen- bzw. Sprachgebrauch zutreffend zu ermitteln. Schließlich

5. im Sinne von Sacherklärungen. Dabei ist eine derartige Sacherklärung eines Gebildes, den Terminus Sacherklärung im weitesten Sinne genommen, der Inbegriff der wissenschaftlichen Aussagen über dasselbe bei ausdrücklicher Einbeziehung derjenigen dieser Aussagen, die sich im Rahmen der als gültig betrachteten Theorie zur Zeit lediglich durch logisch-mathematische Umformungen aus den Grundvoraussetzungen und den einschlägigen Wahrnehmungsurteilen gewinnen lassen.

Literaturverzeichnis

Ackermann, W., Begründung des „tertium non datur"... Math. Ann. Bd. 93. 1924.
—, Vgl. Hilbert-Ackermann.
Ajdukiewicz, K., Beiträge zur Methodologie d. deduktiven Wissenschaften. (Polnisch.) 1921.
D'Alembert, J., Discours préliminaire. 1751. (Deutsche Ausgabe von E. Hirschberg 1911.)
—, Essai sur les éléments de philosophie ... 1759/70.
Aristoteles, Topik I, 102a, 103b, wie Buch VI und VII.
—, Analyt. post. II, 3, 10, 13, 90b/91a, 93b/94a, 96a ff.
—, Metaph. VII, 4, 1029b, 1030a, 1030b.
Aster, E. v., Prinzipien d. Erkenntnislehre. 1913.

Baldus, R., Formalismus u. Intuitionismus in d. Mathematik. 1924.
—, Zur Axiomatik d. Geometrie. I. Math. Ann. Bd. 100. 1928.
Bavink, B., Formalistisches u. realistisches Definitionsverfahren in d. Physik. ZS. f. ph. u. ch. Unterricht. 1918.
—, Ergebnisse u. Probleme d. Naturwissenschaften. 4. Aufl. 1930.
Becher, E., Naturphilosophie. 1914.
Becker, J. C., Abhandlungen aus dem Grenzgebiete d. Mathematik u. Philosophie. 1870.
Becker, O., Beiträge zur phänomenologischen Begründung d. Geometrie u. ihrer physikalischen Anwendungen. Jahrbuch f. Philosophie u. phänom. Forschung. Bd. 6. 1923.
—, Mathematische Existenz. Ebenda, Bd. 8. 1927.
—, Das Symbolische in d. Mathematik. Blätter f. ... Philosophie. Bd. I. 1928.
Behmann, H., Mathematik u. Logik. 1927.
—, Zu den Widersprüchen d. Logik u. Mengenlehre. Vortrag, Deutsche Math.-Ver. Prag, 1929.
Bergmann, H., Über den analytischen Charakter des Existenztheorems in d. reinen Mathematik. Annalen d. Naturphilosophie. 1913.
Bernays, P., Axiomatische Untersuchung d. Aussagenkalküls der „Principia mathematica". Math. Zeitschrift. Bd. 25. 1926.
—, Die Philosophie d. Mathematik u. d. Hilbertsche Beweistheorie. Blätter f. ... Philosophie. Bd. 4. 1930.
Betsch, Chr., Fiktionen in d. Mathematik. 1926.
Bôcher, M., The fundamental conceptions and methods of mathematics. Amer. Math. Soc. Bull. Bd. 11. 1904.
Boehm, K., Begriffsbildung. 1922.
Bolzano, B., Paradoxien d. Unendlichen. Neudruck 1920.
—, Wissenschaftslehre 1837 (Neudruck 1929 ff.). §§ 500, 509, 515, 554 ff., 668—670.

Boutroux, P., L'idéal scientifique des mathématiciens . . . 1920.
Boole, G., The mathematical analysis of logic. 1847.
—, An investigation of the laws of thought. 1854.
Brouwer, L. E. I., Intuitionisme en formalisme. Antrittsrede. Groningen 1912.
—, Intuitionistische Mengenlehre, Jahresberichte d. Deutsch. Math.-Ver. 1919.
—, Begründung der Funktionslehre unabhängig vom logischen Satze vom ausgeschlossenen Dritten. I. Teil, 1923.
—, Zur Begründung der intuitionistischen Mathematik. Math. Ann. 1925 u. 1926.
—, Intuitionistische Zerlegung mathematischer Grundbegriffe. Jahresber. d. Deutsch. Math.-Ver. 1925.
—, Intuitionistische Betrachtungen über den Formalismus. Sitzungsber. d. Preuß. Akad. d. Wissensch. 1928.
—, Mathematik, Wissenschaft und Sprache. Monatshefte f. Math. u. Phys. 1929.
Brunschvicq, L., Les étapes de la philosophie mathématique. 2. Aufl. 1922.
Burali-Forti, C., Logica matematica. 2. Aufl. 1919.
—, Sur l'égalité et sur l'introduction des éléments dérivés dans la science. Enseignement Math. 1899.
Burkamp, W., Begriff u. Beziehung. 1927.

Cantor, G., Über unendliche, lineare Punktmannigfaltigkeiten. I—VI. Math. Annalen 1879 ff.
—, Beiträge zur Begründung d. transfiniten Mengenlehre. I. u. II. Math. Annalen. 1895/97.
—, Zur Lehre vom Transfiniten. 1890.
Carnap, R., Physikalische Begriffsbildung. 1926.
—, Eigentliche u. uneigentliche Begriffe. Symposion. 1927.
—, Der logische Aufbau d. Welt. 1928.
—, Abriß d. Logistik. 1929.
Cassirer, E., Substanzbegriff u. Funktionsbegriff. 1910.
Chwistek, L., The Theory of constructive Types . . . 1923/25.
—, Neue Grundlagen d. Logik u. Mathematik. Math. Zeitschrift. 1929.
Clifford, W. K., Der Sinn d. exakten Wissenschaften . . . 1913.
Cohn, J., Voraussetzungen u. Ziele d. Erkennens. 1908.
Condillac, E. B. de, Logique . . . 1781.
—, La langue des calculs. 1798.
Couturat, L., La logique de Leibniz . . . 1901.
—, Les définitions mathématiques. Enseignement Math. 1905.
—, Définitions et démonstrations math. Ebenda. 1905.
—, Die philos. Prinzipien d. Mathematik. Deutsche Ausgabe 1908.
—, Die Prinzipien d. Logik, in Encyclopädie d. Philos. Wissenschaften, Bd. I, Logik, 1912.
Christiansen, B., Kritik d. Kantischen Erkenntnislehre. 1911.

Dalgarno, G., Ars signorum, vulgo character universalis et lingua philosophica. 4. Aufl. Glasgow, 1834.
Davidson, W. L., The logic of definition. 1885.
Dedekind, R., Was sind u. was sollen die Zahlen? 1. Aufl. 1888.
Degerando, Des signes et de l'art de penser considérées dans leurs rapports mutuels, 1798.

Delboeuf, J., Prolégomènes philosophiques de la géometrie et solution des postulats. 1860.
—, Logique algorithmique. 1877.
Destutt de Tracy, A. L. Cl., Projets d'éléments d'idéologie, insbesondere Teil II: Grammaire générale, 2. Aufl. 1825/27.
Dingler, H., Das Experiment. 1928.
Doetsch, G., Der Sinn d. reinen Mathematik u. ihrer Anwendung. Kantstudien. 1924.
Driesch, H., Ordnungslehre. 1. Aufl. 1912.
Dubislav, Walter, Systematisches Wörterbuch d. Philosophie. 1923. (In Verbindung mit C. W. Clauberg).
—, Über das Verhältnis der Logik zur Mathematik. Annalen d. Philosophie. 1925.
—, Über d. sog. analytischen und synthetischen Urteile. 1926.
—, Die Friessche Lehre von der Begründung. Darstellung und Kritik. 1926.
—, Zur kalkülmäßigen Charakterisierung d. Definitionen. Annalen d. Philosophie. 1928.
—, Zur Lehre von den sog. schöpferischen Definitionen. Philosophisches Jahrbuch. Teil I 1928, Teil II 1929.
—, Zur Methodenlehre des Kritizismus. 1929.
—, Über Bolzano als Kritiker Kants. Philosophisches Jahrbuch. 1929.
—, Zur Philosophie der Mathematik und Naturwissenschaft. Annalen d. Philos. 1929.
—, Über die Definitionen durch Abstraktionen. Archiv für systematische Philosophie und Soziologie. 1929.
—, Elementarer Nachweis der Widerspruchslosigkeit des Logikkalküls. Crellesches Journal für Mathematik. 1929.
—, Zur Wahrheitstheorie. Philosophie u. Sch. 1930.
—, Über den sog. Gegenstand der Mathematik. Zeitschrift: Erkenntnis. 1930.
—, Zur Wissenschaftstheorie der Geometrie. Blätter für... Philosophie. Bd. IV. 1930.
Du Bois-Reymond, Paul, Allgemeine Funktionstheorie. 1. (einz.) Teil: Metaphysik u. Theorie d. mathem. Grundbegriffe. Größe, Grenze, Argument u. Funktion. 1882.
Dühring, E., Logik u. Wissenschaftstheorie. 1878.
Duhem, P., Ziel u. Struktur d. physikalischen Theorien. Deutsche Ausgabe 1908.

Eaton, R. M., Symbolism and truth ... 1925.
Einstein, A., Geometrie u. Erfahrung. 1921.
Enriques, F., Probleme d. Wissenschaft. Deutsche Ausgabe von K. Grelling. 1910.
Erdmann, B., Logik. Bd. I. 3. Aufl. 1923.
Essen, E., Die Definition nach Aristoteles. Programm des Gymnasiums in Stargard. 1864.

Feigl, H., Theorie u. Erfahrung in der Physik. 1929.
Fraenkel, A., Zehn Vorlesungen über d. Grundlegung d. Mengenlehre. 1927.
—, Einleitung in die Mengenlehre. 3. Aufl. 1928.
Frank, Ph., Was bedeuten d. g. phys. Theorien f. d. allgem. Erkenntnislehre? Naturwissenschaften. 1929.
Frantz, C., Die Philosophie d. Mathematik. 1842.

Frege, G., Begriffsschrift . . . 1879.
—, Über den Zweck d. Begriffsschrift. Sitz. d. Jenaer Gesellsch. f. Med. u. Naturw. 1879.
—, Die Grundlagen d. Arithmetik . . . 1884.
—, Grundgesetze d. Arithmetik. Bd. I 1893, Bd. II 1903.
—, Über d. Grundlagen d. Geometrie. Jahresberichte d. Deutschen Math.-Vereinigung. 1903.
Fries, J. F., Logik, Ausgabe d. Fries-Gesellschaft, 1914. S. 208ff., S. 298ff.

Gätschenberger, R., Symbola. 1920.
Gallucci, G., Saggio di una introduzione alla filosofia delle matematiche. 1902.
Gauss, C. Fr., Gesammelte Werke. 1863 ff. (Insbesondere Briefwechsel.)
Geiger, M., Systematische Axiomatik d. Eukl. Geometrie. 1924.
Gergonne, J. D., Essai de dialectique rationelle. Annales de math. pures et appliquées. 1816.
—, Essai sur la théorie des définitions. Ebenda. 1818/19.
Girard, H., La philosophie scientifique. 1880.
Gonsett, F., Les fondements des mathématiques. 1926.
Grelling, K., u. Nelson, L., Bemerkungen zu den Paradoxien von Russell u. Burali-Forti. Abhandl. d. Friesschen Schule. 1906.

Hadamard, J., La logistique et la notion du nombre entier. Rev. gén. des sciences. 1906.
Hagemann, G., Logik u. Noetik. 9. u. 10. Aufl. 1915.
Hamel, G., Über d. philos. Stellung d. Mathematik. 1928.
Hamilton, W. R., Theory of conjugate functions . . . Transactions of the . . . Irish Academy, Vol. XVII. 1837.
Hasse, H., u. Scholz, H., Die Grundlagenkrisis d. griechischen Mathematik. Kantstudien. 1928.
Hausdorff, F., Grundzüge d. Mengenlehre. 1914.
Helmholtz, H., Zählen u. Messen. Wissensch. Abhandl. Bd. III, 1895.
—, Schriften zur Erkenntnistheorie, hrsg. von M. Schlick u. P. Hertz. 1921.
Herschel, J. F., A preleminary Discourse of the Study of Natural Philosophy. 1831.
Hessenberg, G., Grundbegriffe d. Mengenlehre. 1906.
—, Willkürliche Schöpfungen d. Verstandes? Jahresberichte d. Deutschen Math.-Vereinigung. 1908.
Heymans, G., Die Gesetze u. Elemente des wissenschaftl. Denkens. 2. Aufl. 1915.
Heyting, A., Die formalen Regeln d. intuitionistischen Mathematik. Sitzungsberichte d. Pr. Akademie d. Wissenschaften. Phys.-Math. Klasse. 1930.
Hilbert, D., Grundlagen d. Geometrie. 1. Aufl. 1899.
—, Axiomatisches Denken. Math. Ann. 1918.
—, Neubegründung d. Mathematik. Abhandl. aus dem Math. Seminar d. Hamburgischen Universität. 1922 (Teil I).
—, Die logischen Grundlagen d. Mathematik. Math. Ann. 1923.
—, Über das Unendliche. Ebenda. 1925.
—, Die Grundlagen d. Mathematik. Abhandl. aus dem Math. Seminar d. Hamburgischen Universität. 1928.

Hilbert, D., u. Ackermann, W., Grundzüge d. theoretischen Logik. 1928.
Hobbes, Th., De corpore. 1655.
Höfler, A., Logik. 1922.
Hölder, O., Die mathematische Methode. 1924.
Hönigswald, R., Zum Streit über d. Grundlagen d. Mathematik. 1912.
Horák, J. M., Sur les antinomies de la théorie des ensembles Bulletin ... de l'Académie ... de Bohême. 1926.
Husserl, E., Philosophie d. Arithmetik. 1891.
—, Logische Untersuchungen. 3. Aufl. 1922.
—, Ideen zu einer reinen Phänomenologie und phänomenologischen Philosophie. 1913.
—, Formale und transzendentale Logik. 1929.

Jevons, W. St., Leitfaden der Logik. Deutsche Ausgabe (nach der 22. Aufl. des Originals) 2. Aufl. 1913.

Kaila, E., Der logistische Neupositivismus. Turku 1930. (Annales Universitatis Aboensis.)
Kant, I., Kritik d. reinen Vernunft, Ausgabe d. Philos. Bibl. S. 529ff., S. 610ff.
—, Logik. Ausgabe d. Philos. Bibl. S. 153ff.
Kaufmann, F., Das Unendliche in der Mathematik und seine Ausschaltung. 1930.
Kempe, A. B., Memoir on the theory of mathematical form. Philos. Transact. of the Royal Society. 1886.
Kepler, J., Gesammelte Werke. Ausgabe Ch. Frisch, 1858/71 (Schrift über die Hypothese).
Kerry, B., System einer Theorie der Grenzbegriffe. 1890.
Keyser, C. J., Mathematical Philosophy. 2. Aufl. 1924.
Kober, I., Über die Definitionen d. geometrischen Grundbegriffe. Zeitschr. f. math. Unt. 1870.
König, J., Neue Grundlagen d. Logik, Arithmetik u. Mengenlehre. 1914.
Korsch, K., Sombarts „verstehende Nationalökonomie". Grünbergs Archiv. 1930.
Korselt, A., Über die Grundlagen d. Geometrie. Jahresberichte d. Deutschen Math.-Vereinigung. 1903.
—, Über die Grundlagen d. Mathematik. Ebenda 1905.
—, Über die Logik d. Geometrie. Ebenda 1908.
—, Über mathem. Erkenntnis. Ebenda 1911.
—, Was ist Mathematik? Archiv d. Mathem. u. Physik. 1913.
Kotarbiński, T., Elemente d. Erkenntnistheorie ... (Polnisch.) 1929.
Kroman, K., Unsere Naturerkenntnis. Deutsche Ausgabe. 1883.
Kronecker, L., Über den Zahlbegriff. 1899.
Külpe, Fr., Die Realisierung. 1912ff.

Lambert, J. H., Neues Organon. 1764.
Langer, S. K., Confusion of symbols and confusion of logical types. Mind. 1926.
—, Form and content: a study in paradox. The Journal of Philosophy. 1926.
Leibniz, G. E., Betrachtungen über die Erkenntnis, die Wahrheit u. die Ideen. Ed. Gerhardt, IV, S. 422ff.
—, Über die universelle Synthese u. Analyse ... Ebenda. VII, S. 292ff.

Leibniz, G. E., Metaphysische Abhandlung. Ausgabe d. Philos. Bibl. Bd. II, S. 168ff.

—, Nouveaux Essais ... Ausgabe von R. E. Raspe 1765. Buch III.

—, Zur characteristica universalis. Ed. Gerhardt. VII, S. 184ff.

—, Scientia Generalis. Characteristica. Ebenda. Beitrag. XIX und XX. Von C. I. Lewis im Anhang zu seinem „Survey of symbolic logic", 1918, ins Englische übersetzt.

—, Dialog über die Beziehung zwischen Sachverhalten und Wörtern. Ebenda. VII, S. 190ff. Auch vom Verf. im Anhang zu der Abhandlung „Zur Wahrheitstheorie", Philosophie u. Sch. 1930, ins Deutsche übertragen.

Leśniewski, St., Über die Grundlagen d. Mathematik. (Polnisch.) 1927ff.

Lewis, C. I., A survey of symbolic logic. 1918.

Lewy, P., Sur le principe du tiers exclu et sur les théorèmes non susceptibles de démonstration. Revue de Métaphysique et de Morale, 1928.

Liard, L., Des définitions géométriques et des définitions empiriques. 2. Aufl. 1888.

Locke, J., An Essay concerning ... 1689/90. Buch III.

Lotze, H., Logik. Ausgabe von Georg Misch. 1912.

Łukasiewicz, J., Über die Umkehrbarkeit des Verhältnisses des Grundes und der Folge. Przeglad Filozoficzny. 1913.

MacColl, H., On the growth and use of symbolical language. Mem. Manchester Lit. and Philos. Soc. 1881.

MacFarlane, A., On exact analysis as the basis of language. Transact. Texas Academy of Science. 1892.

Mach, E., Erkenntnis u. Irrtum. 4. Aufl. 1920.

—, Die Mechanik in ihrer Entwicklung. 8. Aufl. 1921.

Mannoury, G., Methodologisches u. Philosophisches zur Elementar-Mathematik. 1910.

Medicus, F., Bemerkungen zum Problem d. Existenz mathematischer Gegenstände. Kantstudien. 1914.

Meinong, A., Über die Stellung d. Gegenstandstheorie im System d. Wissenschaften. 1907.

Menger, K., Der Intuitionismus. Blätter f. ... Philosophie. Bd. IV. 1930.

Mill, J. St., Logik. Deutsche Ausgabe. 2. Aufl. 1862.

Mises, R. von, Wahrscheinlichkeit, Statistik, Wahrheit. 1928.

—, Über kausale u. statistische Gesetzlichkeit in d. Physik. Naturwissenschaften. 1930.

Mollerup, J., Die Definition des Mengenbegriffs. Math. Annalen. 1907.

Moore, E. H., On the foundations of mathematics. Americ. Math. Soc. Bull. 1903.

Morgan, De, Formal logic ... 1847.

Murphy, J. J., Relation of logic to language. Belfast Nat. Hist. and Philos. Soc. 1875.

Natorp, P., Die logischen Grundlagen d. exakten Wissenschaften. 1910.

Nelson, L., Über das sogenannte Erkenntnisproblem. 1908.

—, Kritik d. praktischen Vernunft. 1917.

—, Kritische Philosophie und mathematische Axiomatik. Unterrichtsblätter f. Mathem. u. Naturwissenschaften. 1928.

Neumann, J. v., Zur Hilbertschen Beweistheorie. Math. Zeitschrift. 1927.
Neurath, O., Definitionsgleichheit und symbolische Gleichheit. Archiv f. system. Phil. 1910.
Newton, I., Philosophiae naturalis principia mathematica. 1686. Deutsche Ausgabe. 1872.
Nicod, J. G. P., A reduction in the number of the primitive propositions of logic. Proc. of the Cambridge Philos. Soc. 1917/20.
Noel, G., La philosophie positive. 1868.

Padoa, A., Essai d'une théorie algébrique des nombres entiers précédé d'une introduction logique à une théorie déductive quelconque. Bibl. du Congrès Intern. de Philos. Bd. III. 1901.
—, La logique déductive dans sa dernière phase de développement. 1912.
Pascal, Bl. siehe Port-Royal, Logik von ...
Pasch, M., Vorlesungen über neuere Geometrie. Neuausgabe 1926.
—, Mathematik und Logik. 1919.
Peano, G., Notations de Logique Mathématique. 1894.
—, Les définitions mathématiques. Biblioth. d. Congrès Intern. de Philos. Bd. III. 1901.
—, Formulaire de Mathématiques. 2. Aufl. 1908.
Pearson, K., The Grammar of Science. 1892.
Pieri, M., Sur la compatibilité des axiomes de l'arithmétique. Revue de Mét. et de Morale. 1906.
Poincaré, H., Wissenschaft und Hypothese. Deutsche Ausgabe. 1. Aufl. 1904.
—, Der Wert d. Wissenschaft. Deutsche Ausgabe. 2. Aufl. 1910.
—, Wissenschaft und Methode. Deutsche Ausgabe. 1914.
—, Letzte Gedanken. Deutsche Ausgabe. 1914.
Port-Royal, Die Logik von. Darin abgedruckt die Abhandlungen von Bl. Pascal, Sur l'esprit de la géométrie u. De l'art de persuader. 1662.
Post, E. L., Introduction to a general theory of elementary propositions. American Journal of Mathem. 1921.

Ramsey, F. P., The foundations of mathematics. Proc. of the London Math. Soc. 1927.
—, On a problem of formal logic. Proc. of the London Math. Soc. 1929.
Reichenbach, H., Axiomatik d. relativistischen Raum-Zeit-Lehre. 1924.
—, Ziele u. Wege d. physikalischen Erkenntnis. Aus Handbuch d. Physik von H. Geiger u. K. Scheel, Bd. IV. 1929.
Rethwisch, E., Der Begriff d. Definition ... 1880.
Richard, J., Sur la philosophie des mathématiques. 1903.
Rickert, R., Zur Lehre von der Definition. 2. Aufl. 1915.
Riehl, A., Beiträge zur Logik. 1912.
Rothacker, E., Logik u. Systematik d. Geisteswissenschaften. Aus Handbuch d. Philosophie herausgegeben von A. Baeumler u. M. Schröter. 1926.
Rougier, L., La structure des théories déductives. 1921.
Royce, J., Prinzipien d. Logik. In: Encyclopädie d. philos. Wissenschaften. Bd. I. Logik. 1912.
Russell, B., The principles of Mathematics. 1903.

Russell, B., On denoting. Mind. 1905.
—, Einführung in die mathematische Philosophie. Deutsche Ausgabe 1923.
—, Unser Wissen von d. Außenwelt. Deutsche Ausgabe 1926.
—, Die Analyse des Geistes. Deutsche Ausgabe 1927.
—, Philosophie d. Materie. Deutsche Ausgabe 1929.
—, Siehe Whitehead, A. N., und Russell, B.

Scheffler, H., Wesen d. Mathematik ... 1895/96.
Schlick, M., Allgemeine Erkenntnislehre. 2. Aufl. 1925.
—, Erkenntnistheorie u. moderne Physik. Scientia. 1929.
Schlosser, Fr. Ph., De cautione philosophica circa definitiones. Vitemb. 1725.
Schoenfliess, A., Über die Stellung d. Definition in der Axiomatik. Jahresberichte d. Deutschen Math.-Verein. 1911.
Scholz, H., Warum haben die Griechen die Irrationalzahlen nicht aufgebaut? Kantstudien, 1928.
—, Die Axiomatik der Alten. Blätter für ... Philosophie. Bd. IV. 1930.
Schröder, E., Über das Zeichen. 1890.
—, Vorlesungen über die Algebra d. Logik. 1890ff.
Shaw, J. B., Lectures on the philosophy of mathematics. 1918.
Shearmann, A. T., Definition in symbolic logic. Mind. 1910.
Sigwart, Chr., Logik. 5. Aufl. 1924.
Smart, H. R., The philosophical presuppositions of mathematical logic. 1925.
—, On mathematical logic. Journal of Philosophie. 1926.
Spranger, G., Sinn d. Voraussetzungslosigkeit in d. Geisteswissenschaften. Sitzungsberichte d. Pr. Akademie d. Wissensch. Phil.-Hist. Klasse. 1929.
Stallo, J. W., Die Begriffe u. Theorien d. modernen Physik. Deutsche Ausgabe. 2. Aufl. 1911.
Stammler, G., Der Zahlbegriff seit Gauss. 1925.
—, Begriff, Urteil, Schluß. 1928.
Study, E., Die realistische Weltansicht u. d. Lehre vom Raum. 1914.

Tarski, A., Sur le terme primitif de la logistique. Fundamenta Mathematicae. 1923.
—, Über einige fundamentale Begriffe der Metamathematik. Comptes rendus ... de Varsovie. Classe III. 1930.
—, Fundamentale Begriffe d. Methodologie d. deduktiven Wissenschaften. Monatshefte f. Math. u. Phys. 1930.
Ternus, J., Zur Philosophie d. Mathematik. Philosophisches Jahrbuch. 1926.

Überweg, F., System d. Logik. 2. Aufl. 1865.

Vailati, G., La logique mathématique ... Revue de Mét. et de Morale. 1899.
Vater, J. S., Pasigraphie u. Antipasigraphie; ... 1799.
Venn, J., Symbolic Logic. 2. Aufl. 1894.
Veronese, G., Grundzüge d. Geometrie ... Deutsche Ausgabe. 1894.
Voigt, A., Was ist Logik? Vierteljahresschrift f. wiss. Philosophie. 1892.
Volkmann, P., Erkenntnistheoretische Grundzüge d. Naturwissenschaften .. 2. Aufl. 1910.

Vorreden u. Einleitungen zu den klassischen Werken d. Mechanik. 1899.
Voss, A., Über das Wesen der Mathematik. 2. Aufl. 1913.
—, Über die mathematische Erkenntnis. 1914.

Waismann, F., Logik, Sprache, Philosophie. (Im Erscheinen begriffen.)
Warrain, F., Les mathématiques et la réalité. Revue de Philosophie. 1925.
Wavre, R., Y a-t-il une crise des mathématiques? . . . Revue de Métaphysique et de Morale. 1924.
—, Logique formelle et logique empiriste. Ebenda. 1926.
Weber, M., Über einige Kategorien d. verstehenden Soziologie. Ges. Aufsätze z. Wissenschaftslehre. 1922.
Weyl, H., Über die Definitionen d. mathematischen Grundbegriffe. Math. Naturw. Blätter 1910.
—, Das Kontinuum. 1918.
—, Der circulus vitiosus in d. heutigen Begründung d. Analysis. Jahresber. d. Deutschen Math.-Ver. 1919.
—, Über die neue Grundlagenkrise d. Mathematik. Math. Zeitschrift. 1921.
—, Randbemerkungen zu Hauptproblemen d. Mathematik. Ebenda. 1924.
—, Die heutige Erkenntnislage in d. Mathematik. Symposion. 1925.
—, Philosophie d. Mathematik u. Naturwissenschaft. 1926.
Whewell, A. W., The Philosophy of the inductive sciences. 1840.
Whitehead, A. N., und Russell, B., Principia Mathematica. 2. Aufl. 1925 ff.
—, A treatise on universal Algebra . . . 1898.
Wien, W., Physik u. Erkenntnistheorie. In: Vorträge über die neuere Entwicklung d. Physik u. ihrer Anwendungen. 1919.
Wilkins, J., Essay toward a real character and philosophical language. 1668.
Wittgenstein, L., Tractatus Logico-Philosophicus. 1922.
Wronski, H., Introduction à la philosophie des mathématiques. 1811.
Wundt, W., Logik. 3. Aufl. 1906 ff.

Young, J. W., Lectures on the fundamental concepts of algebra and geometry. 1911.

Zaremba, St., La logique des mathématiques. 1926.
Zermelo, E., Untersuchungen über die Grundlagen der Mengenlehre. Math. Annalen. 1904.
Ziehen, Th., Lehrbuch Logik. 1920.
Zindler, K., Beiträge zur Theorie d. mathem. Erkenntnis. 1889.

Alphabetisches Namen- und Sachverzeichnis

Die Ziffern geben die Seiten an. — Die Namen von Autoren, welche nicht im Text, sondern lediglich im Literaturverzeichnis erwähnt werden, sind nachstehend nur ausnahmsweise mit aufgeführt.

Ackermann 76.
D'Alembert 2.
Anschauung 4, 14.
Anselm von Canterbury 125.
Aristoteles 2ff., 15, 17, 24, 63ff., 115, 132.
Artunterschied 6, 15.
Aussage 37, 116.
Aussagefunktion 36ff., 116ff.
Axiom 32, 64ff.
Axiome und Definitionen 64ff.

Bedeutung 31, 32.
Begriff 4, 12, 113ff.
Begriffsbestimmung 2, 113ff.
Begriffserklärung 12ff.
Begriffsexposition 13, 16.
Begriffskonstruktion 2, 12ff., 118ff.
Begriffszergliederung 2, 13ff., 129ff.
Behmann 94ff.
Benennung 2, 7, 18.
Bernays 50, 75.
Beschaffenheit, wesentliche und außerwesentliche 4ff.
Beschreibung 143ff.
Boethius 6.
Bolzano 4ff., 12, 27, 51, 63, 84, 97, 113, 114ff., 117, 120, 133ff., 142.
Boole 68, 69.
Burali-Forti 40, 45, 88.

Cantor 150.
Carnap 56, 59, 110.
Cassirer 136.
Chimäre 128ff., 147.
Circulus vitiosus Axiom 91.
Couturat 45, 116.

Dedekind 59.
Definiendum 39.

Definiens 39.
Definition 2ff., 7ff., 17ff., 20ff., insbesondere 28ff., 148, siehe auch Begriffsbestimmung, Zeichenerklärung, Sacherklärung.
— durch Abstraktion 45ff.
— durch Forderungen (Postulate) 40, 42ff., 57.
— durch Aufweisung (Hinweis) 113.
—, erzeugende oder ontologische oder schöpferische 57ff., 122ff.
—, explizite 39ff.
—, Gebrauchsdefinition 39ff.
—, genetische 26.
—, implizite 39ff.
— durch Induktion 60ff.
—, nicht-prädikative 86ff.
—, rekurrente 60ff.
Definitionen und Existenzialbehauptungen 66.
— und Prämissen (Axiome) 64ff., 67.
— als Substitutionsvorschriften 30ff., 68ff.
— als Zuordnungen von Zeichen zu Objekten 96ff.
Definitionsarten 39ff.
Definitionsgleichung 39.
Definitionsregeln 33ff.
Definitorische Identität (Gleichheit per definitionem) 66.
Deutungsvorschrift eines Kalküls 106ff.
Differentia specifica 6, 15, 130.
Dubislav 11, 45, 57, 69, 80, 102, 120, 142.
Duhem 151.

Enriques 113.
Erklärung 143ff.
Essentialdefinition 24.
Existenz 125ff.
Exposition 13, 16.

Festsetzung, die Definition als 2, 20 ff., 28.
Feststellung, die Definition als 2, 17 ff., 28.
Fraenkel 56, 89.
Frege 27, 30 ff., 57, 117, 123.
Fries 7 ff., 60.

Gattung 6.
Gattungsbegriff 15.
Gaunilo 125.
Genus proximum 6, 15, 130.
Gergonne 27, 40 ff.
Gleichheit per definitionem 66.
Grelling 152.
Grundbegriff 32.
Grundbehauptung siehe Axiom.
Grundlagen einer Disziplin 32 ff.
Grundzeichen 33, 60 ff.

Hamilton 138.
Hausdorff 61.
Hertz 102, 104, 134.
Hessenberg 60, 61, 87.
Hilbert 50, 62, 69, 71, 76, 142.
Hobbes 21.
Hoensbroech 120 ff.
Hume 126.
Husserl 114.

Identität, definitorische 66.
Inhalt eines Begriffes 12, 120 ff.

Kant 7 ff., 119 ff., 125 ff., 131.
Kausaldefinition 24.
Kirchhoff 143.
Kirchmann 19.
Konstante 35 ff.
Korselt 153.
Kriterium, kalkülmäßiges der Definitionen 80 ff.
Kritik 8, 102.

Leerstelle 36 ff.
Leibniz 23 ff., 45, 101, 136.
Lewis 69.
Logik 8, 102.

Mach 143, 144.
Mathematik 8, 69, 142.
— und Philosophie nach Kant und Fries 8 ff.
Meinong 125.
Merkmal 3.

Messen 110 ff.
Metaphysik 8.
Mises 105.

Negation (Verneinung) 74.
Nelson 20 ff.
Newton 136.
Nominaldefinition 7, 17, 18 ff., 23, 24, 25, 26.
Nominalismus 113 ff.

Occam 46.
Ontologische Definitionen 57 ff., 122 ff.

Pascal 21 ff., 24, 27, 62, 95, 112.
Peano 34 ff., 45, 116.
Permanenz der formalen Gesetze 38.
Platon 51, 113, 114.
Poincaré 86, 90.
Porphyrius 6.
Port-Royal 21, 122 ff.
Post 80.

Ramsey 91.
Realdefinition 7, 17, 23, 24, 25, 26.
Reichenbach 155.
Richard 86, 87.
Rickert 155.
Riehl 155.
Russell 45, 49 ff., 61, 70, 76, 84, 86, 90 ff., 103, 133.

Sacherklärung 2, 28, 132 ff.
Schoenfliess 156.
Scholz 65.
Schröder 156.
Sigwart 26 ff.
Sinn 31, 32.
Spinoza 66 ff.
Spranger 145.
Strukturtheorie 96 ff.
Study 48.
Substitutionsregel über Zeichen 29, 30 ff.

Thaer 48.
Transzendentale Methode 8 ff.
Typentheorie 91 ff.

Ueberweg 3 ff.
Umfang 12, 120 ff.
Urteil, analytisches 8.
— a posteriori 8.

Urteil a priori 8.
—, synthetisches 8.

Vailati 109.
Variable 35 ff.
Verbalmethode der Erschleichungen 20.

Werttafel 80 ff.
Wesen 2 ff.
Wesensbestimmung 2 ff.
Weyl 45.
Whitehead 52, 54, 70, 76, 91.
Wittgenstein 80.

Wortanalyse 28, 131 ff.
Wundt 25 ff.

Zeichen 30 ff.
—, abgeleitetes 33.
—, Grundzeichen 33.
—, unvollständiges 31.
—, vollständiges 31.
Zeichenerklärung = Zeichenanalyse 28, 131 ff.
Zergliederung, Verfahren der 9, 16.
Zermelo 89.
Zuordnungsdefinition 30, 107.

PIERRE DUHEM
Ziel und Struktur
der physikalischen Theorie

Photomechanischer Nachdruck der Übersetzung von Friedrich Adler (1908) mit einer Einleitung, Register und Bibliographie herausgegeben von Lothar Schäfer. 1978. LIV*, VIII, 374 Seiten. Kartoniert DM 36,–

Duhems klassisches Werk der modernen Wissenschaftstheorie übt unvermindert Einfluß auf die Entwicklung des logischen Empirismus aus. In einer ausführlichen Einleitung über Duhems Bedeutung für die Entwicklung der Wissenschaftstheorie zeigt Lothar Schäfer Verbindungen Duhems zu den derzeit in der Wissenschaftstheorie diskutierten Problemen auf, die mit Namen wie Quine, Popper, Feyerabend oder Kuhn verbunden werden.

FELIX MEINER VERLAG · HAMBURG